森岡孝二 編

格差社会の構造

グローバル資本主義の断層

桜井書店

はしがき

本書は「格差社会」と「グローバリゼーション」をキーワードに現代経済を読み解くことを課題にしている。

日本において経済格差の拡大が議論され始めたのはバブル崩壊後の不況が悪化した一九九〇年代後半であった。ここ数年、景気回復が言われるようになったなかでも、格差は解消に向かうどころか、拡大しさえしている。いまや日本は再び誰の目にも明らかな格差社会になった観がある。

日本社会が抱える格差は、所得格差、資産格差、地域格差、教育格差、医療格差、ジェンダー格差など多岐にわたっているが、近年とくに大きな問題になってきたのは、非正規雇用の増大に起因する若年層の労働所得の二極分化である。パート、アルバイト、派遣などの非正規労働者は、雇用が有期かつ細切れで、たいていは時給が低く、昇給制度もなく、賞与その他の諸手当がほとんどなく、社会保険も適用されないことが多い。その結果、一人の労働所得だけで生活している場合には、勤勉に働きながら貧しい生活から抜けられず、文字通りワーキング・プアの状態に置かれる。

非正規雇用のなかで近年とりわけ批判が集まっているのは派遣労働である。派遣の「常用代替」としての活用が拡がるなかで、正社員の業務をさせられたり、派遣契約にはない残業をさせられたりする派遣労働者が増えてきた。また、労働者派遣法の相次ぐ規制緩和によって、製造業への派遣の導入が堰を切ったように進むなかで、「偽装請負」と呼ばれる、実態は派遣でありながら、請負契約を装うことで企業が使用者責任や直接雇用義務をまぬがれる、違法な働かせ方がメーカーの生産現場に拡がってきた。さらに最近では、携帯電話やメールで指示を与え、あちこちでその日その日の肉体労働をさせ六〇〇〇～七〇〇〇円の日当を支払う「スポット（日雇い）派遣」が急増してきた。

格差社会の進行のなかで、正社員の間でも労働環境の悪化が深刻な問題になっている。さき頃発表された二〇〇七年版『労働経済白書』は、正社員の働き方に言及して、六〇時間以上働く労働者が三〇～四〇歳台の男性で増加し、長時間労働にともなう職場ストレスの増大が生じていると指摘する。そして、最近の景気回復過程ではとくに大企業において利益改善が著しく、配当金の大幅な増加に加えて、内部留保と役員報酬の増加がみられる一方で、「労働生産性の上昇の成果は、賃金の上昇にも労働時間の短縮にも配分されていないために……労働分配率は、大きく低下している」（二四〇ページ）ことを強調する。この点で留意すべきは、正規雇用と非正規雇用の間の賃金や労働時間の二極分化をともないつつも、「経済成長と労働生産性向上の成果について、十分な配分が受けられていないという点においては、正規雇用も非正規雇用も同じ課題を有している」（二四一ページ）ことである。

同白書でも示唆されているように、こうした経済社会の変化や雇用システムの変容の大きな背景をなしているのは、グローバリゼーションにほかならない。世界の諸地域間の経済関係の時間的・空間的結びつきの緊密化をもたらした経済活動のグローバル化は、この四半世紀に次のような動きをともなって進行してきた。

（1）資本の自由化が進んで、資本の国際移動がますます活発になるとともに、国際金融取引がかつてなく大規模になってきた。
(2)いくつもの国に生産設備や販売拠点をもつ多国籍企業を中心に、先進国相互間および先進国と途上国の間で対外直接投資と対外現地生産が拡大してきた。
(3)インターネットや衛星通信などの情報通信技術の高度な発達によって、経済活動の世界的一体化と二四時間化が進んできた。
(4)「小さな政府」と「競争社会」をスローガンに規制緩和と民営化を唱える新自由主義の政治思想が巨大企業の自由を拡大し、グローバル化を後押ししてきた。
(5)旧ソ連や東欧諸国で社会主義が挫折し、それらの地域が資本主義に転換するとともに市場経済に全面的に移行してきた。
(6)韓国、台湾、香港、シンガポール以外のアジア諸地域でも工業化が加速し、中国が「世界の工場」といわれるまでに急激な経済成長を遂げてきた。

経済産業省の二〇〇五年度版「海外事業活動基本調査結果概要」によると、製造業における日本企業の海外生産比率は過去最高の一六・七%になった。業種別では情報通信機械は三四・九%、輸送機械は三七・一%に達している。日本企業の現地法人による雇用者数は四三五万人、うち製造業が三六一万人を数える。地域別ではアジアが三〇五万人で最も大きな割合を占める。こうしてグローバリゼーションが進むと、低価格競争が世界的に激化し、多国籍企業の進出先で働く現地労働者の低賃金の影響を受けて、本国の不熟練労働者の雇用が不安定化し、賃金が切り下げられる傾向がある。日本国内の製造現場において、パート、派遣、請負などの非正規雇用が拡がっているのもその表れである。

本書は、右に述べたことを共通の課題意識として、全体を次のような構成で論じている。

序章「こうして拡大した格差と貧困」は、労働所得格差の拡大に焦点を合わせ、その背景をなす非正規雇用の増大、性別・雇用形態別賃金格差、雇用と労働の規制緩和の流れなどを分析し、また日本政府のバブル崩壊後の新自由主義的な経済再生戦略を取り上げ、それが格差社会を政策的に推し進めたものであったことを明らかする。

第一章「新しい働きすぎとホワイトカラー・エグゼンプション」は、見せかけの時短のもとで深刻化する働きすぎ／働かせすぎの実態を考察し、世界に拡がるアメリカ発の新しい働きすぎの諸要因にふれ、政府と財界が導入を企図してきた「ホワイトカラー・エグゼンプション」と呼ばれる労働時間規制の適用除外制度の狙いを論ずる。

第二章「雇用の外部化と製造業における派遣・請負」は、二〇〇三年の労働者派遣法の改定（〇四年施行）を契機に急増した製造現場における派遣・請負・偽装請負の実態を概観し、雇用の外部化が格差拡大や雇用の不安定化を招くのみならず、熟練、品質、安全などにおいても大きな困難を生み出していることを明らかにする。

第三章「アメリカのスタッフィング・サービス産業と労働市場改革」は、拡大し続ける人材派遣会社などのスタッフィング・サービス産業（人材ビジネス）が低賃金で付加給付のない不安定な雇用を生み出している現状を分析し、それに対抗して底辺労働者によりよい雇用を創り出すことを目指した労働市場の改革運動が拡がっていることを紹介する。

第四章「ディーセントワークと日本の労働基準」は、グローバル化の進展のもとで世界的に労働基準の切り下げが進んでいる状況を踏まえ、ＩＬＯ（国際労働機関）が提唱した「ディーセントワーク」の内容を、「企業活動の公正なルール」や「公正なグローバル化」との意義と関連させて検討し、日本の労働改革にとってのＩＬＯ基準の重要性を説く。

第五章「家計の資産格差と生活格差」は、所得格差に比較して論じられることの少ない資産格差に焦点を当て、家計資産における実物資産（土地・住宅）と金融資産の分布状況を概括し、所得分布の上位階層ほど両資産の保有比率が高く、最近では富裕な上層世帯への家計金融資産の集中が一層強まっていると結論する。

第六章「日本経団連の税制提言と格差問題」は、日本の財界を束ねる経団連の税制提言を取り上げ、企業収益と内部留保が増大しているもとで、法人税率の引き下げと消費税率の引き上げを柱とする税制改革を進めることは、これまでの税制と社会保障の改変によって拡がった格差をさらに拡大するものであると批判する。

第七章「繊維産業のグローバル化とユニクロ経営」は、繊維産業における輸入依存度の上昇とグローバル化の流れを概観し、短期間に急成長を遂げた衣料品の生産販売会社・ユニクロを取り上げて、その成功の原因と直面する問題を探り、不振に喘ぐ日本の繊維産業がグローバル化時代に生き延びる方向と課題を展望する。

第八章「バイオテクノロジーと多国籍種苗企業」は、遺伝子組み換え作物であるとうもろこしに焦点を合わせ、グローバル・アグリビジネスである多国籍種苗企業によるバイオテクノロジーの支配と農業の工業化、株主会社化について述べ、農業・食糧問題から、市場原理にもとづく資本主義に代わる経済システムの可能性を模索する。

本書の執筆者たちは、基礎経済科学研究所・大阪支部の社会人ゼミナール（大阪第三学科、金融・流通・協同組合論）に所属している。その第一回ゼミは三〇年前の一九七七年一〇月二〇日に行われた。その後、ゼミは現在まで五三〇回以上にわたって開催されてきた。本書の執筆者八人のうち六人はこのゼミの最初からの参加者である。

いま思い出すのは、この社会人ゼミの最初の共著『勤労者の日本経済論――構造転換と中小企業』（法律文化社、一九八六年）の出版である。同書の「序」で、私は編者として、「本書はまさしく全章が労働者研究者の手による著作である」と強調し、次のように書いた。「本書は基礎経済科学研究所の第三学科・大阪ゼミナールのほぼ一〇年に及ぶ共同研究の産物である。／筆者たちはみな『働きつつ学ぶ研究者』であり、季刊雑誌『経済科学通信』の有力な書き手である」。

二度目の共同出版は『現代日本の企業と社会――人権ルールの確立を目指して』（法律文化社、一九九四年）である。その「はしがき」で、私はこう書いている。「最近は、大学院にも社会人コースが設けられ、働きながらあるいは退職後に高度な専門能力を修得するという人が増えているが、論文を持続的に発表する人はまだ少ない。そういうなかにあって、特筆に値するのは、本書の執筆者の誰もが、社会人の大学院入試や夜間大学院がある種のブームになるずっと以前から、基礎経済科学研究所とそれが設置する夜間通信研究科に所属し、働きつつ研究して経済学の専門的論文を書いてきたことである」。

基礎研大阪第三学科の共同出版第三弾の準備が誰からともなく話題にのぼったのは、「大阪第三学科開講二五周年記念」誌として、『変化のなかの企業と社会——労働者の経済科学を求めて』(二〇〇三年三月)が発行されたときであったと思う。その後、二〇〇五年一月にはそれが具体的プランとして検討されるにいたった。そして同年五月、八月、二〇〇六年六月、一〇月に合宿および集中研究会をもち、本書に結実する出版プロジェクトを練り上げてきた。私としては、多年にわたって本書の執筆者たちと討論を重ね、三度も共同出版企画に加わり、編者の役割を受け持つことができたのは望外の幸せであった。

最後になったが、桜井書店の桜井香氏には、厳しい出版事情のなかで本書の刊行をお引き受けくださり、細部にわたって内容と表現の改善のためにずいぶんお骨折りをいただいた。ここに記して心より感謝を申し上げたい。

二〇〇七年八月五日

森岡孝二

目次

格差社会の構造

グローバル資本主義の断層

序章　こうして拡大した格差と貧困

森岡孝二

はじめに

近年、労働所得格差の拡大とそれにともなうワーキング・プアの増大が大きな社会問題になってきた。日本において格差社会の進行が議論を呼び始めたのは、バブル崩壊後の不況が深刻化した一九九〇年代の後半からである。(1) その後、事態は、小泉政権の誕生（二〇〇一年四月）とともにいっそう悪化し、後継の安倍政権が発足（二〇〇六年九月）するや、格差問題が国会論戦の最大の争点の一つになるまでになった。

二〇〇五年夏、筆者は『働きすぎの時代』（岩波新書）を著した。ちょうどそのころから、格差社会とホワイトカラー・エグゼンプション（労働時間規制の適用除外制度）が政治問題化し始めた情勢と重なって、雇用と労働をめぐる議論が忽然と巻き起こってきた。(2) その背景には、労働分野の規制緩和によって、正社員の働きすぎとパート・アルバイト・派遣・請負などの細切れ雇用がかつてなく深刻化し、労働時間制度のあり方と関連して「働き方」の問題が人々の大きな関心になってきたという事情がある。

筆者はまた、アメリカの貧困を抉ったデイヴィッド・K・シプラー『ワーキング・プア――アメリカの下層社会』（岩波書店、二〇〇七年）の翻訳出版に加わった。(3) 原書が出たのは二〇〇四年二月であったが、当時、日本ではワーキング・プアという言葉はまだほとんど使われていなかった。しかし、その後、この言葉はほかならぬ日本の現実を表す言葉として広く知られるようになり、二〇〇六年にはNHKスペッシャルが七月二三日と、一二月一〇日の二度にわたって「ワーキングプア」の特報番組を放映し、大きな反響を呼んだ。

日本における近年の格差と貧困の拡大は、景気回復が進めば解消する問題ではない。それは、以下に考察するように、正社員とパートタイム労働者の著しい賃金格差を残したままでの、雇用・労働分野の規制緩和による非正規雇用の増大と、長期不況からの日本経済の「再生戦略」にもとづく「構造改革」によって推進され、ここ数年の景気回復にもかかわらず深刻化してきたものである。

I　ここまで拡大した格差と貧困

二〇〇六年七月に発表されたOECD「対日経済審査報告」(4)は、世帯人員を勘案した等価可処分所得が中央値の半分の金額に満たない人口が全人口に占める割合を「相対的貧困率」とする定義にしたがって、一八歳から六五歳の生産年齢人口についての二〇〇〇年のデータから、日本は先進一七か国中、アメリカに次いで相対的貧困率が高いことを明らかにし、貧困論議に一石を投じた（図0-1）。同報告は、高齢化が高い貧困率の一因になっているといいつつも、「主な要因は労働市場における二極化の拡大にある」と指摘している。それというのも、非正規雇用者の割合が最近の一〇年間に全労働者の一九％から三〇％以上に増加したにもかかわらず、その大半を占めるパートタイム労働者の時間賃金はフルタイム労働者の四

図0-1　OECD諸国の相対的貧困率

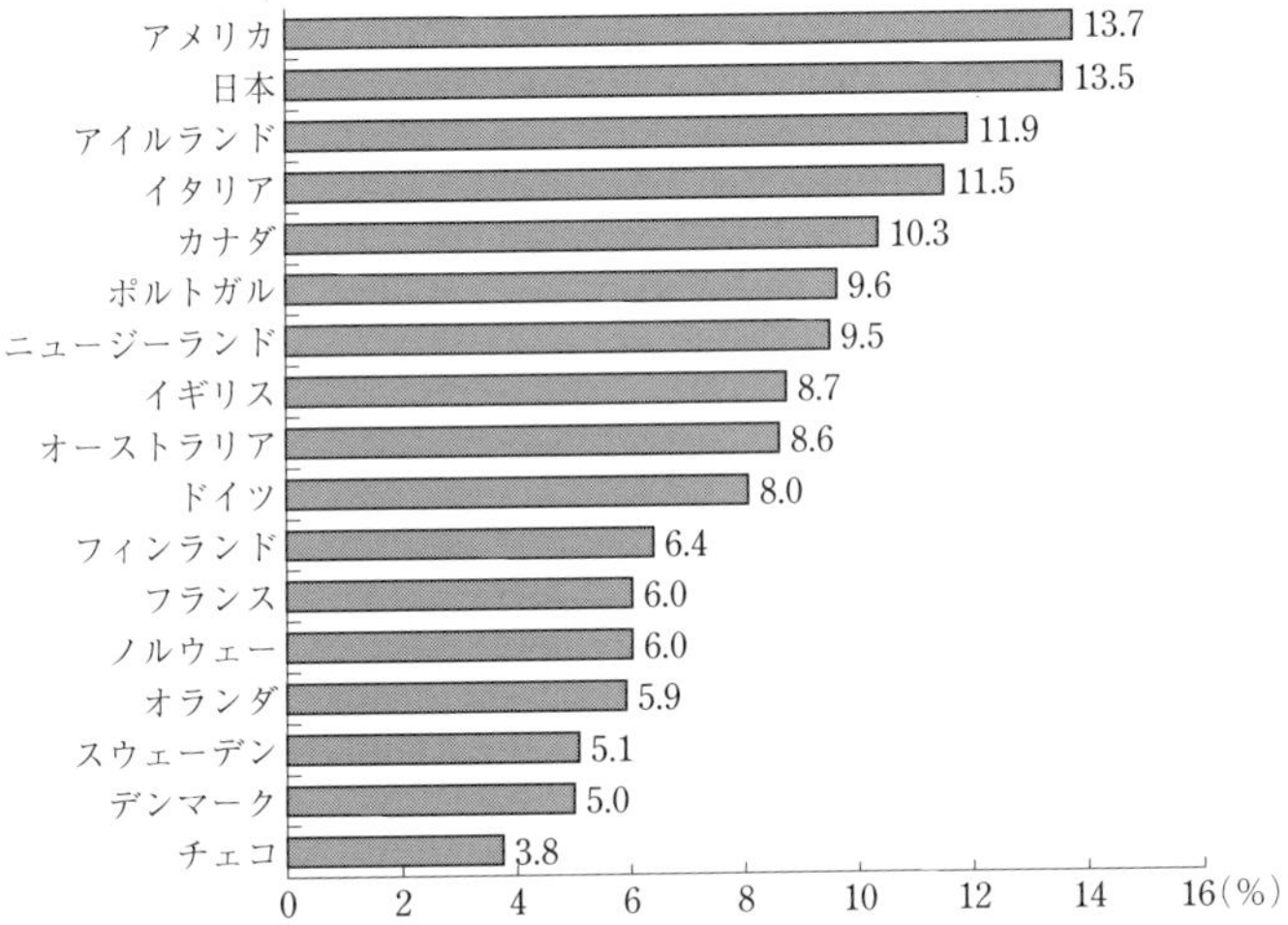

（出所）　OECD「対日経済審査報告」2006年。日本の数字は2000年の厚生労働省「国民生活基礎調査」のデータから計算。

〇％にすぎないからである。なお、同報告によると、日本の労働者層の相対的貧困率が他のOECD諸国に比べて高いのは、労働所得格差が大きいことによるだけでなく、税金と社会的給付による貧困の改善の度合いが著しく小さい――前出の一八か国中、最も低い――からでもある。

二〇〇二年の「就業構造基本調査」によれば、表0-1に示したように、日本の全労働者（会社などの役員を除く全雇用者）のうち、四人に一人（二四・九％）は税込みの年収で一五〇万円に満たず、また、全労働者の二人に一人（五〇・五％）は三〇〇万円に満たない。

一人の賃金で暮らしている場合は、年収三〇〇万円未満では、「健康で文化的な最低限度の生活」（憲法二五条）さえ覚束ない。もちろん、個人単位と世帯単位では年収は大きく

表 0-1　労働者の所得階層別分布　（単位：万人，%）

	男女計	%	男性	%	女性	%
全労働者	5,084	100.0	2,924	100.0	2,159	100.0
150万円未満	1,266	24.9	270	9.2	996	46.1
150～299	1,300	25.6	638	21.8	662	30.7
300～399	709	14.0	491	16.8	218	10.1
400～499	534	10.5	422	14.4	112	5.2
500～699	639	12.6	541	18.5	99	4.6
700～999	455	8.9	405	13.9	49	2.3
1,000～1,499	119	2.3	115	3.9	4	0.2
1,500万円以上	13	0.3	12	0.4	1	0.0

（出所）総務省「平成14年版　就業構造基本調査」2003年。
（注）労働者は「会社などの役員を除く雇用者」を，また所得は本業から通常得ている年間所得（税込み）をいう。

表 0-2　年収300万円未満の世帯数とその割合

世帯の区別	総数	100万円未満	100～199万円	200～299万円	300万円未満世帯の割合（%）
総世帯	49,605,000	4,012,100	5,483,100	6,175,500	31.6
有業者世帯	34,644,700	832,800	2,306,600	3,694,700	19.7
雇用者世帯	29,058,300	557,700	1,773,100	2,971,300	18.2
無業者世帯	14,890,800	3,169,000	3,169,100	2,474,500	59.2

（出所）表 0-1 に同じ。

違う。前出の二〇〇二年「就業構造基本調査」によると、表0-2が示すように、年収三〇〇万円未満の世帯は、全世帯の三一・六%、世帯主が雇用者である世帯の一八・二%を占める。後者の比率は、年収三〇〇万円未満の労働者が全労働者に占める割合よりはかなり低いが、前述のOECDの報告にある二〇〇〇年の日本の相対的貧困率（一三・五%）より五ポイント近く高い。

近年の日本における労働所得格差の拡大は、非正規雇用の増大が顕著な若年層においてとくに著しい。太田清氏は、五年ごとに行われる「就業構造基本調

図0-2　20歳台の所得階級別雇用者割合の変化

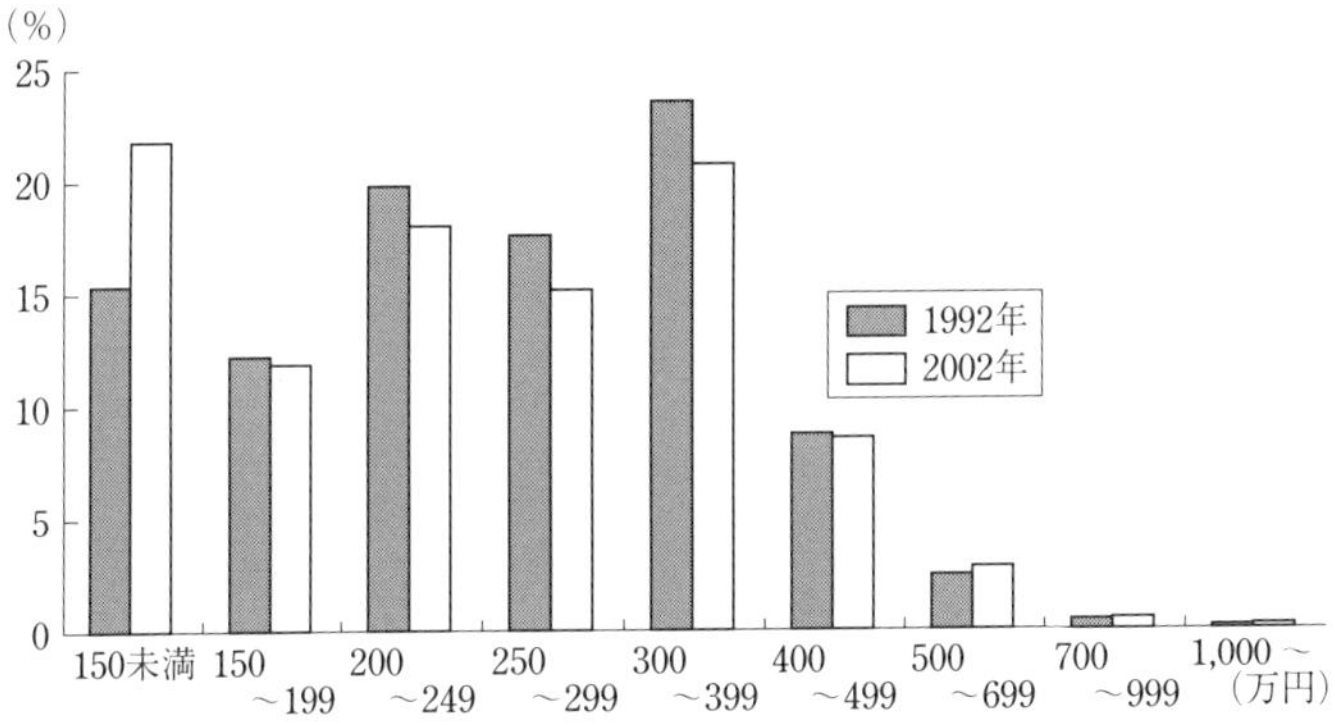

（出所）表0-1に同じ。

査」の一九八七年、一九九二年、一九九七年、二〇〇二年のデータを用いて、年齢階級別のジニ係数（0と1との間で数値が大きいほど集団構成員間の所得格差が大きいことを示す指数）の推移を分析している[5]。その結果、一九九七年から二〇〇二年の間には、二〇歳から五九歳までの五歳刻みの各年齢階級においてジニ係数の上昇が確認されるが、最も上昇が大きいのは、二〇歳から二四歳であることを明らかにし、「労働所得の格差は九七年以降拡大しており、特に、非正規雇用者の増加の影響もあって、若年層でその拡大のテンポが速い」と結論している。

若年者における労働所得格差の拡大は、「就業構造基本調査」によって一九九二年と二〇〇二年における、二〇歳台の所得階級別雇用者割合の変化を見た図0-2からも確かめることができる。二〇〇六年版『労働経済白書』はこれをさらに遡って追跡し、一九八二年から二〇〇二年までの間に、「一五〇万円未満の収入の低い者の割合が増加するとともに、五〇〇万円以上の収入の高い者の割合も増加しており、収入格差の拡大の動きがみられる」こと、また

「非正規雇用比率の上昇に伴う低収入層の割合の上昇は、他の年齢層と比べても、特に、二〇歳台で大きなものとなっている」ことを指摘している。(6)

Ⅱ　非正規雇用の増大と労働所得格差の拡大

非正規雇用のなかで最大の比率を占めるのはパートタイム労働者である（表0-3参照）。いわゆるパートは、労働時間がフルタイムより短い週三五時間未満の「短時間労働者」を指す場合と、労働時間に関係なく勤め先における呼称が「パートタイム労働者」となっている者を指す場合とがある。いずれにせよ、パートの大部分は時間給で、ボーナスや、諸手当、各種社会保険がほとんどなく、年次有給休暇や出産・育児・介護休暇もほとんど与えられずに、低賃金で劣悪な労働条件の労働者として働いている。

パートが女性雇用の代名詞になって久しいが、「労働力調査」で一九五五年以降の半世紀を振り返れば、週三五時間未満の労働者を指すパートは最初から女性が多かったわけではない。一九五五年には、全パートの性別構成は女性四割、男性六割であったが、パートの女性比率は一九六六年に五割を超え、一九七〇年に六割になり、一九九八年に七割に達した。しかし、女性パートは、その後も最近まで絶対数は増え続けながら、比率では一九八八年をピーク（七二・四％）に、横ばいか下降気味に推移してきた。その主な要因はバブル崩壊後の長期不況下のリストラと雇用の非正規化の影響で、男性の間でも中高年と若年の短時間労働者が増加してきたことにある。

図0-3に示したように、パートタイム労働者の総数は、一九八〇年から二〇〇五年の間に三九〇万人

図0-3　パートタイム労働者数の推移

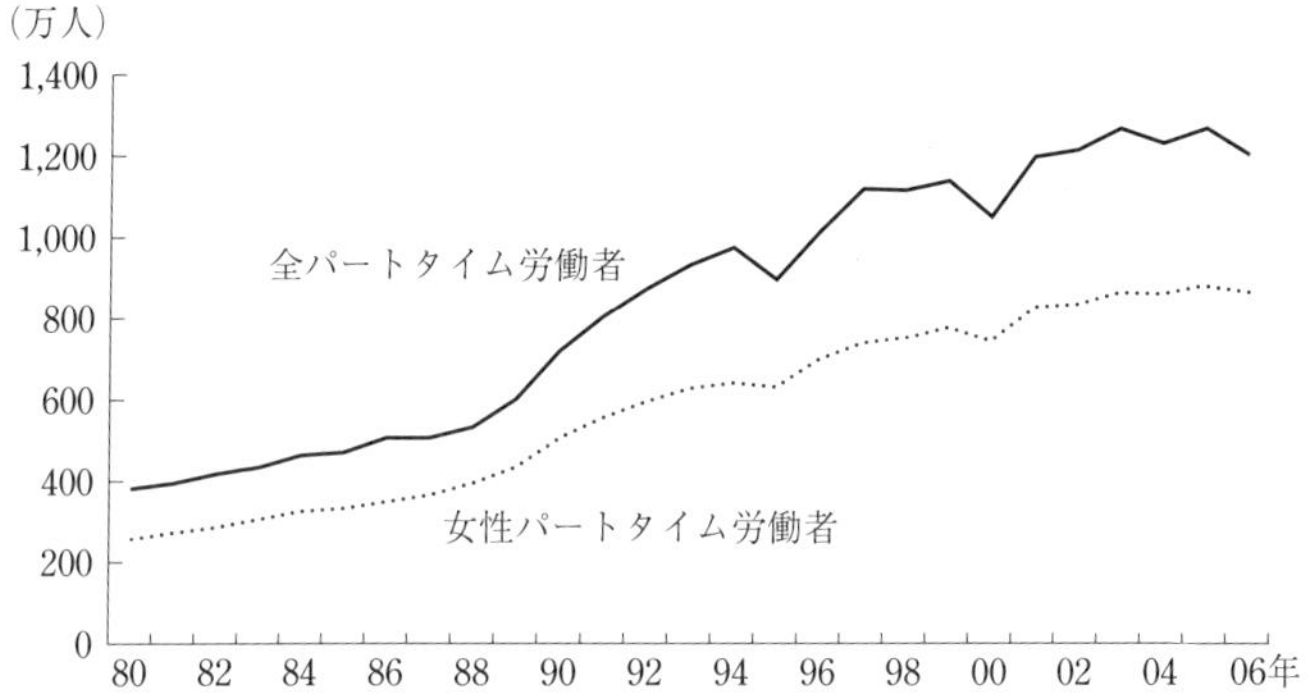

（出所）「労働力調査」。
（注）　パートタイム労働者は週労働時間が35時間未満の労働者を指す。

表0-3　非正規雇用者とその構成　（単位：万人，％）

	労働者総数	正規	非正規	パート	アルバイト	派遣	契約・嘱託	その他	正規比率	非正規比率
男女	5,088	3,411	1,677	792	333	128	283	141	67.0	33.0
男性	2,894	2,375	517	79	168	49	150	71	82.1	17.9
女性	2,194	1,036	1,159	713	165	78	133	70	47.2	52.8

（出所）　2006年「労働力調査詳細結果」。
（注）　雇用形態の区別は勤め先の呼称による。

から一二六六万人に増大した。最近の変化で注目されるのは、一九八〇年代から九〇年代にかけてほぼ一貫して増大し続けてきたパートが二一世紀に入って横這いに転じていることである。それは派遣、請負、契約社員など、パート以外の非正規労働者が大幅に増えてきたからにほかならない（後出図0-6参照）。

いずれにせよ低賃金労働者の最下層を形成している大量のパート・アルバイトの最近にいたるまでの増大は、一般労働者の間の性別賃金格差と相まって、労働

図 0–4　男性一般労働者に対する賃金格差（1時間当たりの所定内給与）

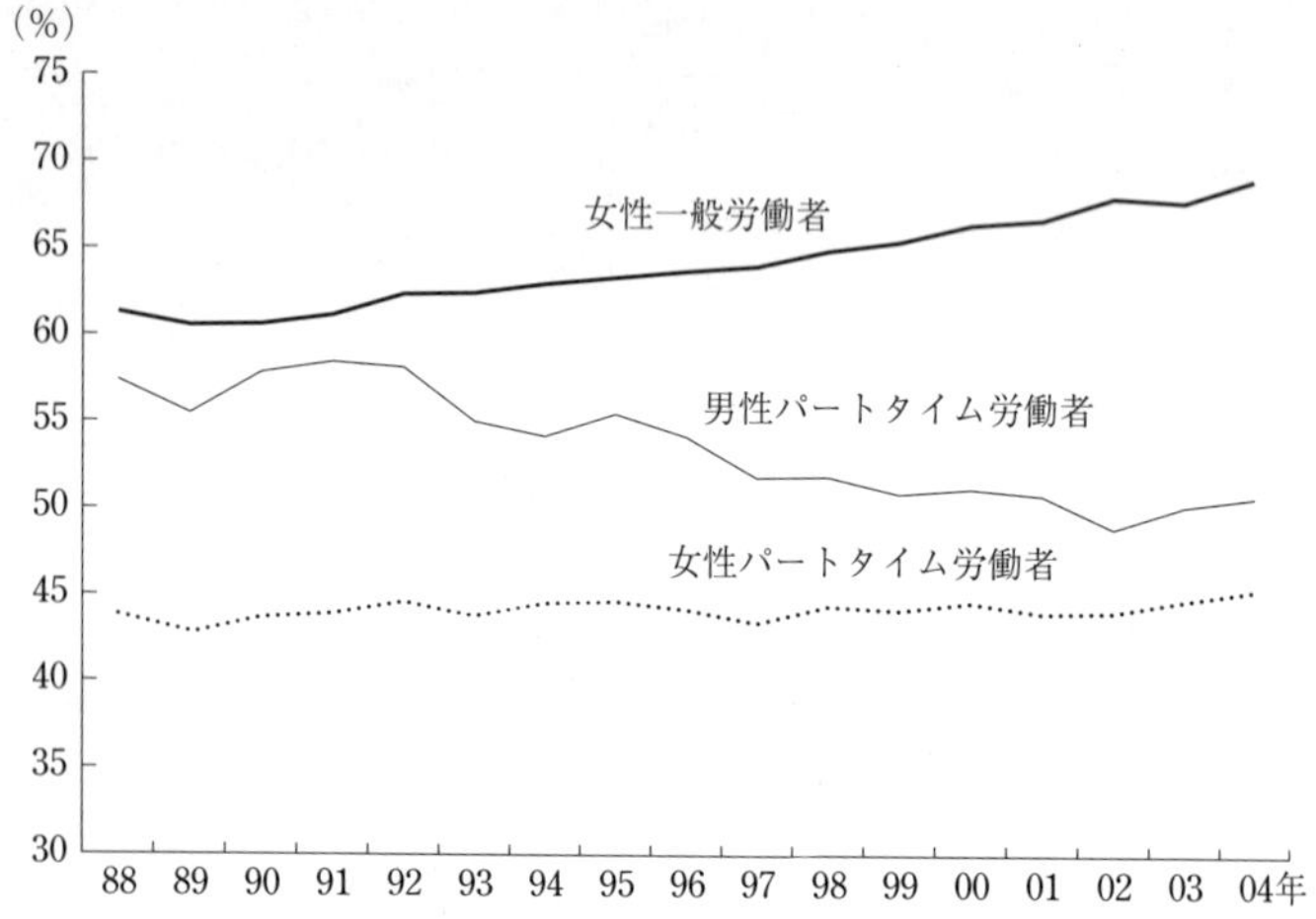

（出所）「賃金構造基本統計調査」。

図 0–5　男性一般労働者に対する賃金格差（年間賞与その他特別給与を含む）

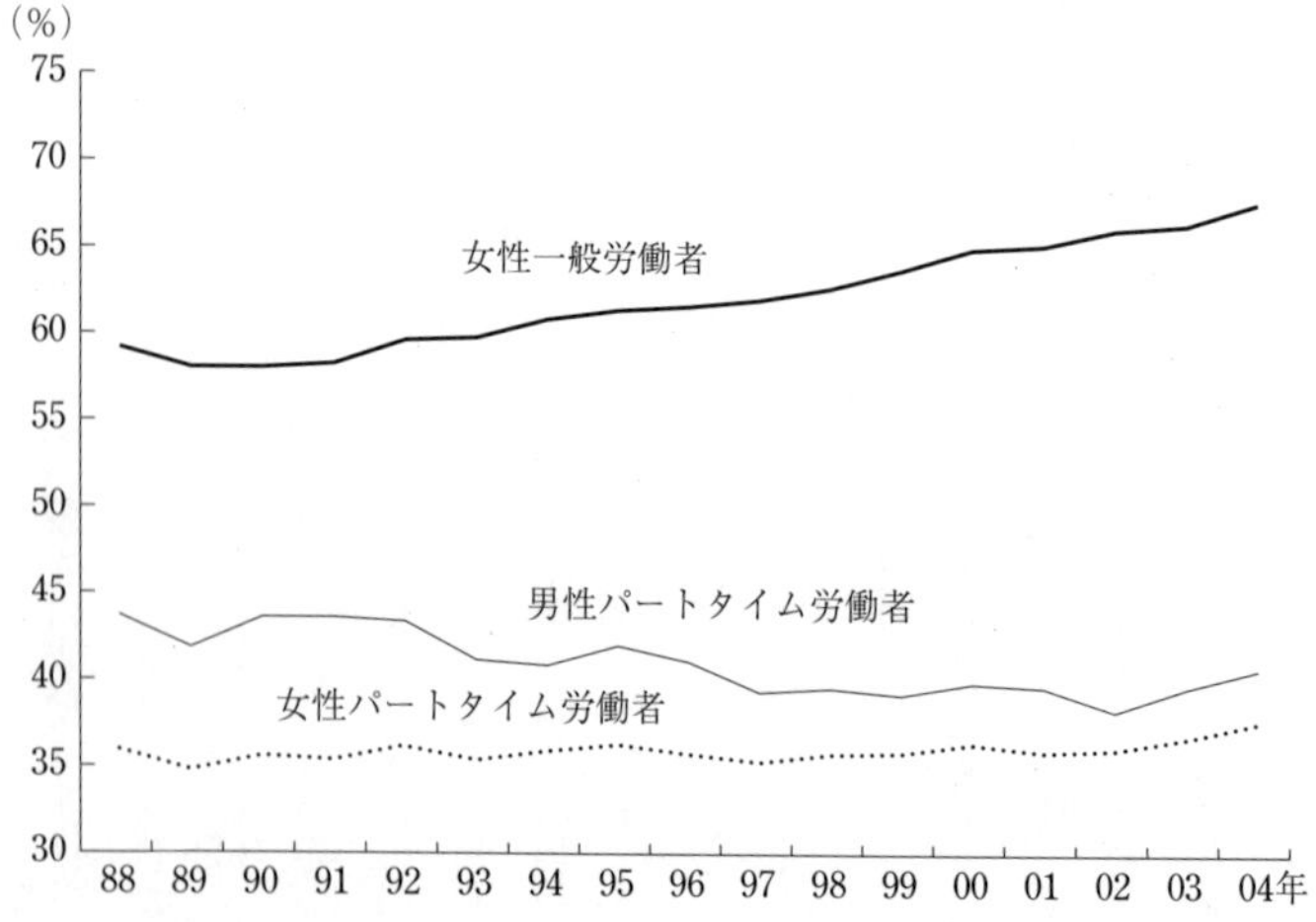

（出所）図 0–4 に同じ。

所得格差の拡大に深刻な影響を及ぼしてきた。参考までに労働者の所得階層別分布を示した前出の表0―1に戻れば、全労働者のうち、年収三〇〇万円未満の割合は、男性では三一％であるのに対し、女性では七六・八％に達している。また、七〇〇万円以上の者は、男性では一八・二％であるのに対し、女性では二・五％にすぎない。(7)

「賃金構造基本統計調査」は「同一事業所の一般労働者より一日の所定労働時間が短い又は一日の所定労働時間が同じでも一週の所定労働日数が少ない労働者」を「パートタイム労働者」と呼び、それ以外の労働者を「一般労働者」と呼んでいる。図0―4はこの定義にしたがい、男性一般労働者の一時間当たり平均所定内賃金額を一〇〇として、女性一般労働者、男性パート、女性パートのそれぞれの一時間当たり平均所定内賃金額との格差を示したものである。これによれば男性一般労働者を一〇〇とした女性一般労働者の賃金は、近年縮小傾向にあるとはいえ、なお七〇を下回っている。格差がとりわけ大きいのは、一般（フルタイム）とパートで、男性一般を一〇〇とした男性パートの一時間当たり賃金は、一九九〇年代の初めに五七―五八であったが、最近では五〇前後にまで下がっている。女性パートとの差はもっと大きく、一九八八年から二〇〇四年の間、ずっと四三―四五の水準にあった。

しかし、男女のフルタイム・パート間の賃金格差は月々の所定内賃金の格差にとどまらない。「年間賞与その他の特別給与」を年間の「所定内実労働時間」で除した時間賃金を加味した賃金格差をみれば、図0―5のように、女性パートタイム労働者の時間賃金は、男性一般労働者の時間賃金の三割台にとどまっている。二〇〇四年について各区分の時間賃金（カッコ内は比率）をいえば、男性一般二五〇五円（一〇〇）、女性一般一六八二円（六七）、男性パート一〇一二円（四〇）、女性パート九三七円（三七）となっている。

前出のＯＥＣＤ報告が、「市場所得の格差拡大は、非正規雇用者の割合が増大したことによる。非正規雇用者は、主にパートタイム労働者であり、時給でみると、フルタイム労働者の四〇％しか支払われていない」[8]と指摘しているのは、こうした事実を念頭においてのことであると思われる。性別および就業形態別でみた賃金格差が先進国で最も大きいのは日本だといわれるのももっともなことである。

Ⅲ　雇用・労働の規制緩和と派遣労働者の増大

近年における非正規雇用の増大は、雇用・労働分野の規制緩和、とりわけ労働者供給事業の規制緩和にともなう派遣労働者の増大によって後押しされてきた。

戦後一九四七年に制定された職業安定法は、雇用関係に中間業者が介在することにともなう強制労働、人身売買、ピンハネなどの悪質な行為を防止するために、労働者供給事業を営むことも、労働者供給業者から供給される労働者を自らの指揮命令のもとに労働させることも厳しく禁止した。

しかし、早くも一九六〇年代には業務処理請負を装って、アメリカの人材派遣会社の子会社であるマンパワー・ジャパンが設立された。その後、一九七〇年代から八〇年代初めにかけて、警備、事務処理、情報処理などの分野で、職業安定法では禁止されているはずの労働者供給を営む企業が次々と登場してきた。一九八五年に制定された労働者派遣法（「労働者派遣事業の適正な運営の確保及び派遣労働者の就業条件の整備等に関する法律」）は、既成事実化してきた違法な労働者供給事業の横行を、一定の規制のもとにおいて、「労働者派遣事業」として部分的に合法化したものである[9]。

その後の派遣の規制緩和の流れをみるうえで見過ごせないのは、一九九五年に出た日経連の『新時代の「日本的経営」――挑戦すべき方向とその具体策』（新・日本的雇用システム等研究プロジェクト報告）である。この報告は、労働力をA「長期蓄積能力活用型グループ」（長期雇用の正社員）、B「高度専門能力活用型グループ」（有期雇用の契約社員など）、C「雇用柔軟型グループ」（パート、アルバイト、派遣、請負など）の三類型に分け、Aグループを成果主義賃金管理のもとに置いて大幅に絞り込み、BグループとCグループを大幅に増やし、労働力の流動化と人件費の引き下げを推し進める雇用戦略を打ち出した。

こうした日経連の雇用戦略に呼応して、一九九六年には労働者派遣法が大幅改定され、派遣の対象業務が、従来の一六業種から二六業種に拡大された。さらに、一九九九年に派遣法が抜本改定され、それまでの対象業務を限定列挙するいわゆるポジティブリスト方式から、禁止業務（製造現場、港湾運送、建設、警備、医療）以外は原則自由のネガティブリスト方式に変わった。そして、二〇〇三年の派遣法の改定（〇四年四月施行）にいたって、製造現場への派遣も解禁され、それまで段階的に拡大してきた労働者供給事業がほぼ全面的に自由化されるにいたった。

派遣労働は英語ではテンポラリー・ワークといわれ、ほんらい臨時的な労働のはずである。しかし、二〇〇三年改定では、派遣受入期間が、従来一年に制限されてきた業務については労働者の過半数代表の意見聴取などを条件に三年に延長された。また製造業の派遣期間も二〇〇七年三月より当初の一年から三年に延長された。それまで同一の派遣労働者について三年までとされてきたソフトウェア開発などの政令で定める業務（いわゆる「二六業務」）については、この改定で期間の制限がなくなった。

よく知られているように、このときの改定を契機に、すでに既成事実化していた工場の製造工程の現場

図0-6　全労働者中の非正規労働者およびパート・アルバイトの割合

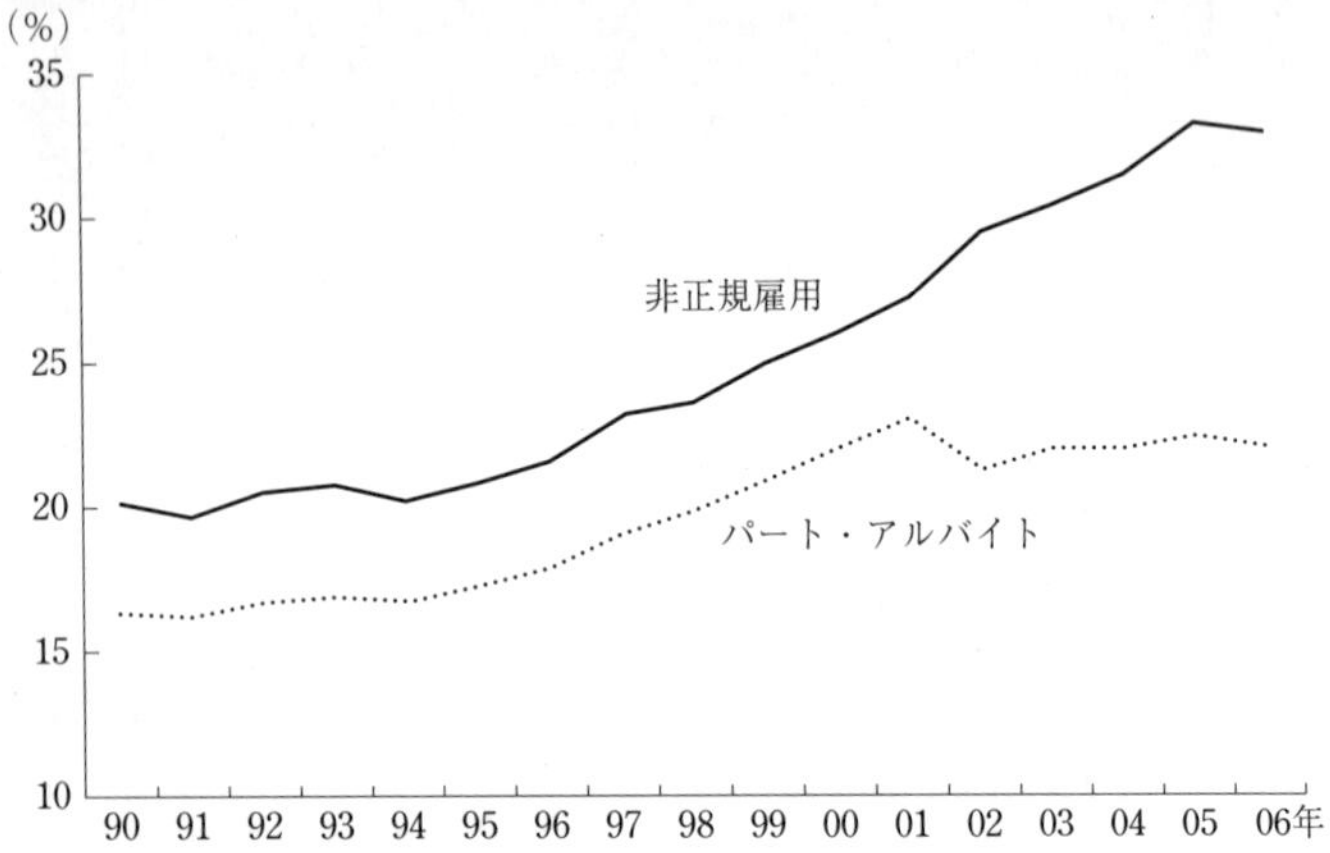

（出所）　総務省「労働力調査特別調査」（2001年以前）および「労働力調査詳細結果」（2001年以降）。

作業などへの派遣が一挙に拡大することになった。また、実態は受入先が現場で指揮命令を行う派遣でありながら、請負契約を装って、受入先企業が使用者責任や派遣受入可能期間終了後の直接雇用への移行義務をまぬがれるための「偽装請負」も急増した。[10]

派遣労働者の人数に関する整備された統計はないが、二〇〇六年一二月に発表された厚生労働省職業安定局の調査結果によれば、派遣会社から年度ごとに派遣されたことが報告された派遣労働者の数は、一九九八年度の九〇万人から二〇〇五年度の二五五万人に、年率一六％の勢いで増大している。

図0-6は、総務省の「労働力調査特別調査」（二〇〇一年まで）とその後続の「労働力調査詳細結果」（二〇〇二年以降）から作成したものである。後者は、雇用形態を、勤め先での呼称によって、「正規の職員・従業員」、「パート」、「アルバイト」、「労働者派遣事業所の派遣社員」、「契約社員・嘱託」、「その他」の六つに区分している（前者の二〇〇一年二月以前

の調査には「契約社員・嘱託」の調査項目はない）。前述のＯＥＣＤ報告でも取り上げられているこの図で見ると、二〇〇一年以前は非正規雇用者全体と、そのうちのパート・アルバイトがほぼ同じ傾きで増大し続けてきたが、二〇〇二年以降は非正規雇用中のパート・アルバイトの伸びが低下して横ばいになっていることが目を引く。

この変化は二〇〇二年以降の質問票の変更と無関係ではないと考えられている。しかしそうだとしてもパート・アルバイト以外の派遣、契約社員・嘱託などの非正規雇用が近年急激に増大していることは明らかである。これに関連して、二〇〇六年版『労働経済白書』は、近年の傾向として、「正規の職員・従業員が減少する一方で、派遣・契約・嘱託等の労働者が増加しており、特に週の就業時間が三五時間以上のフルタイムの労働者とほとんど変わらない働き方をする非正規の職員・従業員が増加している」[11]と指摘している。

Ⅳ　ノンフィクションに見るワーキング・プアの労働と生活

ワーキング・プアの実態については、数字の平均や集計では語りえないところがある。ワーキング・プアの実態を当事者の労働と生活にそくして理解する一つの方法は、すぐれた体験ルポや密着取材に学ぶことである。そこで本節では視点を転じて、バーバラ・エーレンライク『ニッケル・アンド・ダイムド――アメリカ下流社会の現実』[12]とポリー・トインビー『ハードワーク――低賃金で働くということ』[13]を取り上げ[14]、あわせて前出の『ワーキング・プア』も紹介する。

エーレンライクはアメリカの著名なコラムニストである。いくつもの新聞や雑誌に寄稿するかたわら、多くの著作をものしている。彼女によれば、この本は「福祉改革によって労働市場に送り込まれようとしている四〇〇万人ともいわれる女性たちは、時給六ドルや七ドルでどうやって生きていくのだろう」という疑問から始まった。そこから、最低賃金そこそこの低賃金で働き、ニッケル（五セント）やダイム（一〇セント）にも苦しむような貧困生活を自ら体験するという冒険に踏み出した。

ここにいう福祉改革とは、一九九六年に成立した「福祉から労働へ（Welfare to Work）」を政策理念とする「個人責任・就労機会調整法」のことである。同法によって、多くの生活保護受給者が働くことを義務づけられた結果、収入が少しあれば、福祉を打ち切られて、実際の収入は減り、以前にもまして深刻な貧困に追いやられてきた。

エーレンライクはこの福祉改革から二年後の一九九八年に、まずフロリダ州のレストランのウエイトレスとして働くことから冒険を開始した。当時五〇代半ばの彼女は、そこで午後二時から一〇時まで、時給二ドル四三セントで働くことになった。別にチップの収入があるが、それを加えても平均時給は七ドル五〇セントにしかならない。一か月ほど経って、彼女が引っ越すことにした住居は街はずれのトレーラーパークのトレーラーハウスであった。月収が一二〇〇ドルほどしかない彼女には家賃と敷金を合わせて一一〇〇ドル（家賃は半分前後）を払う余裕はなかった。そこで家賃を補うために、レストランの仕事とかけもちで、あるホテルの時給六ドル一〇セントの客室清掃係をやることになった。

しかし、彼女は最初の客室清掃係のシフトに入った日の夜、第一の職場のレストランを突然辞めてしまう。混雑した時間帯の客の注文と苦情で取り乱して、切れてしまったのである。そのレストランには休憩室も、休憩時間もなく、仕事はほとんど立ち詰めで、六時間から八時間、トイレ休憩以外は座る人はいなかった。この箇所の注によれば、アメリカには一九九八年四月まで、連邦政府によって法的に保護された「トイレ休憩の権利」はなかったという。その注には「ある工場労働者は、六時間も休憩をとることを許されず、制服の内側にパッドを当てて、そこに排泄していた」という説明もある。[15]

彼女は次いでメイン州の富裕層のあちこちの豪邸で掃除婦（ハウスクリーナー）として働くことになる。個人で仕事をとれば稼ぎは一時間で一五ドルにもなるが、たいていの人は彼女のように派遣会社を経由して働いている。その場合は、会社は一時間当たり二五ドル受け取るのに、労働者には六ドル六五セントの時給しか支払わない。この低賃金で一緒に働いていたワーキング・プアの女性たちは全員が白人であった。これはメイン州が白人の州であることにもよるが、労働統計局の全国調査でもハウス・クリーニングに携わっている人たちの過半数は白人であるという。

最後に彼女はミネソタ州で世界最大級のスーパーマーケット・チェーンのウォルマートで働く。採用はいとも簡単で、求職者は雇用主と対面することもなく、求人に応募した次の瞬間にはもう採用が決まり、二、三日後には制服を与えられ、鼻ピアスをしない、商品を盗まないといった注意を受ける。

ウォルマートは、勤務時間内に仕事以外のことをすることを「時間泥棒」として厳しく禁じている。それでいながら、従業員にはしばしば無給残業をさせることがある。ミネソタ州とは別の四つの州のウォルマートでは、無給残業を拒否した従業員に対して、会社は「評価を下げる、降格する、勤務時間を減らす、減給するなどと脅した」。これをめぐって、従業員が会社を訴えた裁判も起きている。[16]

エーレンライクが自ら体験して出した結論の一つは、週七日休まずに働いても、自分一人の生活を維持することさえ難しいほど賃金が低く、家賃が高いというのは、どこか間違っている、ということであった。彼女が指摘しているように、ワーキング・プアの人々は、まともな住宅から排除されているだけでなく、ささやかな娯楽や、文化や、教育からも、そしてその助けを最も必要とする政治からも排除されている。この人々は社会に不可欠な仕事をしているにもかかわらず、「報われること」がないだけでなく、その役割が「認められること」さえないのである。

アメリカで『ニッケル・アンド・ダイムド』が出た翌二〇〇二年春、トインビーはイギリス国教会の「貧困と闘う教会活動」という団体から、「四〇日間、時給四・一ポンド〔八二〇円〕という最低賃金で暮らしてみませんか」という手紙を受け取った。返事を迷っているうちに、彼女は『ニッケル・アンド・ダイムド』のイギリス版に序文を書くように依頼された。それをきっかけに踏ん切りをつけ、エーレンライクと同じように五〇代半ばで、ゼロから宿探しと職探しを始める。[17]

低賃金の求人に応募するにしても、彼女には記者以外の職歴も経験もなかった。五〇歳を過ぎているという年齢の問題もあった。しかし、求人を見つけて連絡した人材派遣会社の仕事では、職歴や年齢など面倒なことはいっさい聞かれなかった。NHS〔国民医療サービス〕という国営医療機関で病棟雑役係として働く場合も、国家に直接雇用されるのではなく派遣会社から仕事が与えられる。わざわざ派遣会社経由の間接雇用にするのは、彼女が経験した公立学校の給食助手の場合も同様であって、「国としてはこんなひどい〔最低賃金かその前後の〕労働条件を押しつけるわけにはいかないが、民間企業なら大目にみられる」からである。[18]

イギリスには、EUの週四八時間規制の抜け道として、「オプトアウト」という制度があり、労働者が契約書に署名して同意すれば、週四八時間以上働かされない権利を自主的に放棄することができる。派遣労働者の彼女はこれに署名するほかはなかった。そうしなければ、仕事がもらえないからである。

『ハードワーク』で描かれているイギリスは、公共部門の競争入札と非正規雇用化の行き着いた姿を示している。公共部門で外部委託と派遣の利用が進んだ結果、経費は依然として政府から出ていながら、雇用主は政府から民間企業に代わった。そのために、いまでは公共サービスの多くは、ワーキング・プアと呼ぶしかない低賃金のパートや派遣によって担われている。民間契約の競争入札で賃金が大幅に引き下げられた公共部門の労働者の多くは女性である。その結果、男女の賃金格差は拡大しているという。

トインビーが体験した仕事は、病棟雑役係、給食助手、保育助手、電話セールス、掃除婦、ケーキの箱詰め作業、介護助手、老人ホームと多岐にわたる。時給は、ほとんどが四ポンド台（七〇〇―八〇〇円）である。どれも仕事量が多すぎ賃金が安すぎる点でハードワークであるが、読んでこれはきついと思ったのは、電話によるアポイントメント・セールスの仕事である。

トインビーが自ら経験して言うには、電話セールスの現場は現代の奴隷船である。週五日、九時―五時の勤務で、無給の昼休みが一時間。時給は二・八五ポンド（五七〇円）強だから、最低賃金にもならない。アポを取れば七・五ポンド（一五〇〇円）のボーナスがつくが、彼女の経験では一日、一六三回電話して取れたのは一件だけであった。仕事は、清掃会社の売り込みの営業で、ロンドン中心部の企業に次々と飛び込みで電話してアポを取る。電話の向こうからは、意外に丁寧な対応もあるが、「断る」「間に合ってる」「おつなぎできません」「またかよ」「だめだめ」「うるさい」といった返事が返ってくる。電話をかけつづけることによって、うつ病や、大きな音に耐えられなくなる症状が現れる。この仕事を数時間やるだけで、誰でもうつになりそうだ、と彼女はいう。

『ハードワーク』を読んで強く印象に残っているのは、トインビーが外務省に新設された豪華な内装の、設備や遊具の整った保育所で働いていたときのささいなシーンである。その日は、彼女が取材の仕事でよく知っていた外務省の事務次官夫妻が、省内の保育所の見学に訪れた。彼女は夫妻に気づかれることを恐れていたが、夫妻は彼女のすぐ側まで来ながら結局彼女に気づかなかった。地味な作業服の低賃金の派遣会社の労働者であった彼女は「透明人間《インビジブル》」だったのである。

このインビジブル、見えないという性質は、ワーキング・プアの共通の社会的属性である。エーレンライクも『ニッケル・アンド・ダイムド』でそのことを強調し、社会自体が「経済的に上位にある者の目には、貧しい人々の姿は映らない仕組みになっている」(19)と指摘している。

アメリカでは勤勉に働く者は貧困であるはずはないという神話が広く信じこまれ、そのことも働く貧困層の存在を見えなくしてきた。だからこそ、シプラーはアメリカの貧困者の心情と実態を抉った本の表題を『ワーキング・プア』、その副題を「アメリカの見えない人びと」とし、序章で「この人々が見えるようになるのに本書が役立つことを望んでいる」と書いているのである。

世界で最も豊かな国アメリカは、貧困にあえぐ人々が先進国で最も多い国である。二〇〇五年現在、約三七〇〇万人（総人口の一三％）が、連邦政府が定めた貧困ライン──四人家族（夫婦と一八歳未満の子ども二人）で年収一万九九七一ドル（約二三〇万円）以下の生活を余儀なくされている。貧困者の多くは、しばしば連邦政府の最低賃金（時給五・一五ドル）を下回る低賃金で、医療保険も有給休暇もなしに長時間働いている。公的な国民皆保険制度がないアメリカでは、労働者は企業をとおして民間の医療保険に加入しているが、まともな雇用と企業福祉から排除された貧困者は医療保険に入ることすらできない。そのために医療保険未加入者は二〇〇五年現在で約四六六〇万人（総人口の一六％）にも上る。

『ワーキング・プア』にはこうした説明もあるが、各章で語られているのは著者が一人ひとりの貧困者から執拗なまでの取材を通して聞き取った労働と生活の実態である。序章は次のような描写で始まる。「洗車係の男性は自分の車を持っていない。銀行で支払い済み小切手をファイルする行員は自分の預金口座に二ドル二セントしかない。医学の教科書の原稿を整理する女性は一〇年このかた歯医者に行っていない」[20]。

ここにはアメリカの労働社会の底辺で働く人々がいる。私たちは、そうと気づかないままこれらの労働者に出会っている。彼ら／彼女らは、人々にビッグマックを出し、人々がウォールマートで商品を買うのを手伝う。また人々の食糧を収穫し、オフィスを掃除し、衣服を縫っている。しかし、彼ら／彼女らの困窮状態は私たちの目に見えない。彼ら／彼女らの子どもたちのなかには、栄養失調の子もいる。なかには、性的虐待を受けた者もいる。崩れかけた住宅に住んでいる者もおり、それのために子どもは喘息になりやすく、学校を何日も休むことになる。

ひとたび貧困に陥ると抜け出すのは容易ではない。貧困は悪循環をしやすく、一つの不運が予期しない連鎖反応を引き起こすことがある。「荒廃したアパートは子どもの喘息を悪化させ、救急車を呼ぶことにつながり、それによって支払いできない医療費が発生し、カード破産を招き、自動車ローンの利息を引き上げてしまう。そうして故障しやすい中古車を購入せざるをえなくなり、母親の職場の時間厳守を危うくし、その結果、彼女の昇進と稼得能力を制約し、粗末な住宅から出られなくなる」[21]。

シプラーがいうように、貧困の要因は多様であり、社会的要因と個人的要因、過去の要因と現在の要因、物質的要因と精神的要因が複雑に絡み合っている。したがって、貧困の改善や解決のための課題は、雇用や賃金だけでなく、家族、育児、教育、職業訓練、医療、住宅、福祉制度、社会運動、政治制度から、個人の意志や能力にいたるまで多岐にわたる。

そのうえ、アメリカのように豊かな国において貧困であることは、貧しい国の貧困にはない多くの困難をともなう。第一章の冒頭には、「ねえ、ママ、貧乏ってお金がかかるんでしょ」という一二歳の子どもの言葉が出てくる。働く貧困者には源泉徴収された税の還付制度と生活保護の給付制度があるが、こうした制度に与るためには、確定申告をしなければならず、多くの貧困者は手続きが煩雑で面倒なために申告業者に代行してもらう。ところが、悪質な申告業者は、巧妙な手口で、低賃金労働者から、還付金と給付金の手数料や、「急速還付制度」という名の高利のローンによって、多くの金を剝ぎ取る。悪徳高利貸しの別名である消費者金融が窮迫した貧困者から暴利を貪るのはアメリカも日本も変わりがない。

アメリカでは貧困を個人の能力や品行のせいにする考えが、他の国以上に根強い。数ある貧困の要因のなかで最も重要な要因は雇用と賃金であるが、アメリカでは低賃金であるのはその労働者のせいであると考える人が多い。そのために、貧困問題に熱心に取り組んでいるケースワーカーなどの福祉の専門家であっても、働く貧困者が抱える問題を解決するために雇用主に働きかける人はほとんどいない。

貧困の改善や解消に最も責任を負っているのは政治であり、したがって政府であり国家であるが、保守派は、「国家は自由を守るために存在する」と考えて、国家が貧困の救済と解消のために取り組むことに反対する。しかし、シプラーによれば、「国家は、ただ自由を守るためだけに存在しているのではない。

国家は、弱者を守るためにも存在している。弱い者を強くし、力のない者に力を与え、正義を進めるために存在している」[22]。

V　新自由主義の経済再生戦略と市場個人主義

一九九〇年代後半から今日までの間に、日本の格差社会化が急速に進んだのは、政府が政策を誤ったからではない。むしろ、経済界の要求を受けた政府の政策が功を奏したからこそ格差社会化が進んだと考えられる。そのことを示唆しているのは、小渕内閣（一九九八年七月—二〇〇〇年四月）のもとで設けられた経済戦略会議の答申「日本経済再生への戦略」（一九九九年二月）である[23]。

筆者は、拙著『日本経済の選択』（桜井書店、二〇〇〇年）において、さきの経済戦略会議の答申「日本経済再生への戦略」が、従前の日本を「行きすぎた平等社会」ととらえ、それを「小さな政府の実現と抜本的な規制緩和・撤廃」を通して、アメリカ型の「競争社会」に変革することを求めたものであることをいうために、同答申から次の箇所を引用した。

「一九八〇年代前半の米国経済も双子の赤字と貯蓄率の低下、企業の国際競争力の喪失等、様々な問題を抱えていた。しかし、小さな政府の実現と抜本的な規制緩和・撤廃、大幅な所得・法人税減税等を柱とするレーガノミックスに加えて、ミクロレベルでの株主利益重視の経営の徹底的追求とそれを容認する柔軟な社会システムをバックに、米国経済は九〇年央（九〇年代半ば）には見事な蘇生を成し遂げた。最近でこそアングロ・アメリカン流の経済システムの影の部分も目立ってきているが、日本も従来の過度に公平や平等を重視する社会風土を『効率と公正』を機軸とした透明で納得性の高い社会に変えて行かねばならない」。

この文書における「平等」の敵視と「競争」（したがって格差）の奨励は次の表現にも表れている。「二一世紀の日本経済が活力を取り戻すためには、過度に結果の平等を重視する日本型の社会システムを変革し、個々人が創意工夫やチャレンジ精神を最大限に発揮できるような『健全で創造的な競争社会』に再構築する必要がある」「日本人が本来持っている活力、意欲と革新能力を最大限に発揮させるため、いまこそ過度な規制・保護をベースとした行き過ぎた平等社会に決別し、個々人の自己責任と自助努力をベースとし、民間の自由な発想と活動を喚起することこそが極めて重要である」。

「小さな政府」と「競争社会」をキーワードとするこの新自由主義の改革路線は、小渕内閣から森内閣（二〇〇〇年四月―二〇〇一年四月）を経て小泉内閣（二〇〇一年四月―二〇〇六年九月）に受け継がれた。そのことは小渕内閣の経済戦略会議のメンバーであった奥田碩氏（トヨタ自動車社長、会長を経て二〇〇二年五月から二〇〇六年五月まで日本経団連会長）と竹中平蔵氏（慶應大学教授、経済財政政策担当大臣などを歴任）が、経済財政諮問会議の中心メンバーとして、小泉改革の財界顧問および政策ブレインの役割を果たしてきたことからも推測することができる。

小泉内閣のもとでの経済財政諮問会議においては、経済戦略会議の答申にいう「行きすぎた平等」は、「平等主義」と名づけられ、「結果の平等主義」からの脱却と「機会の平等」の実現が強調されるようになった。二〇〇一年八月の第一六回経済財政諮問会議では、「過度の平等主義」を改める必要が遠山文部科学大臣から提起されている。これは直接には教育改革に関していわれているが、教育改革に限らず、規制改革を中心とする小泉改革全般が従来の日本の「平等主義」からの脱却とアメリカ的な「競争社会」への転換を志向してきたことについては多言を要さない。

参考までにいえば、さきの拙著では、前出の「日本経済再生への戦略」の文章を引いて、「経済戦略会議」の指し示す道を進むならば、日本社会は、「今日のアメリカ社会のように富裕層と貧困層とに引き裂かれ、両者の社会的溝が拡大していく可能性が高い(24)」と述べておいた。それがけっして杞憂でなかったとは、すでに本章で見たとおりである。

小泉内閣における格差と貧困の拡大を考えるうえで見過ごすことができないのは、アメリカをモデルとした企業制度の改革と株主資本主義への傾斜である。アメリカにおいては、一九八〇年代以降、個人投資家のシェアが低下し、年金基金、投資信託会社、生命保険会社などの機関投資家の株式保有比率が高まり、それらの機関株主が企業経営にますます大きな影響力をもつようになってきた。機関株主は投資の規模が大きくなり、株式の保有期間が長くなるほど、株価の上昇とリターンの増大を求め、投資先企業のガバナンスへの関与を強め、株主主権論に立つ株価至上主義の経営を求めるようになった。

有利な投資先を求めて世界を駆けめぐるアメリカ資本とそのマーケットにとって国境はないに等しい。投資先の企業も国も、多かれ少なかれ、金融制度と企業制度に関してはアメリカ資本の要求を受け入れざるをえなくされている。日本における最近のたび重なる商法改正と新しい会社法の制定はその端的な表れと見ることができる。

近年の大企業における人員削減と賃金および福利厚生の切り下げをともなった雇用の変容も、株主本位の株価至上主義経営と無関係ではない。アメリカに限らず日本でも、証券市場は企業が人減らしをすれば

図0-7　従業員給与，取締役報酬および配当の増減比較

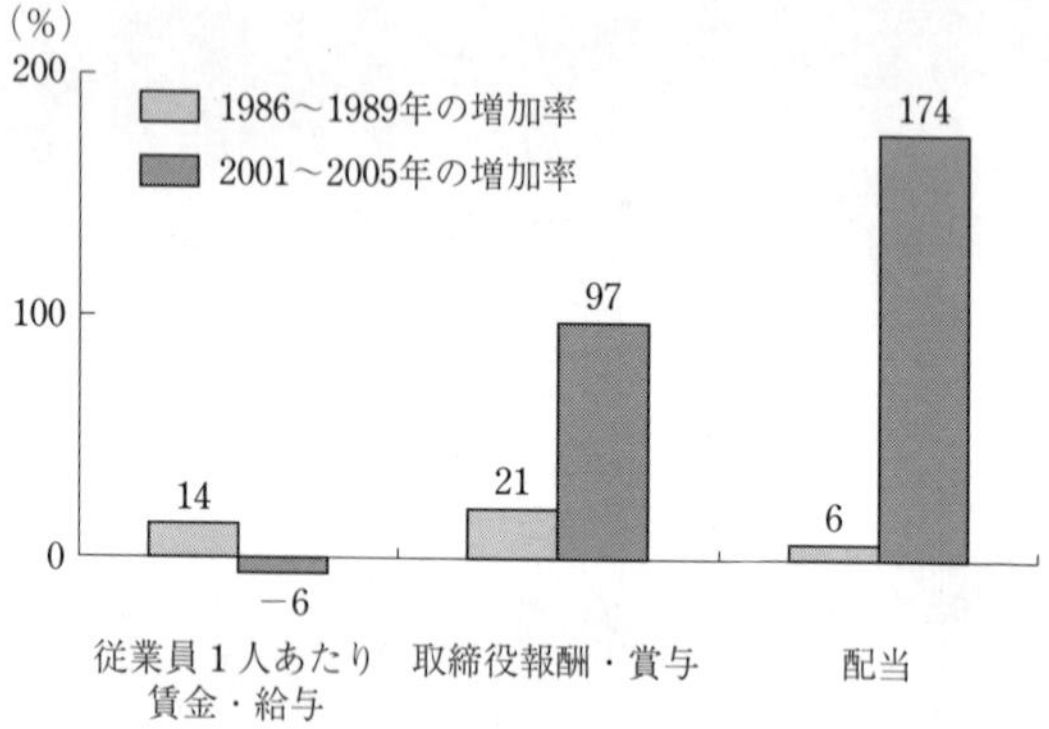

（出所）　ロナルド・ドーア「株主オンブズマン創立10周年記念講演」資料（2006年10月11日）。

コスト削減効果から短期的には株価が上がるので、ダウンサイジングやリストラクチャリングを歓迎してきた。経営不振に喘ぐ企業が、株価が上がることを見込んで大規模な雇用削減をともなうリストラ計画を発表することもめずらしくない。一九九〇年代には、好況に沸いたアメリカでも、長期不況に沈んだ日本でも、大企業は証券市場の圧力のもとに、競うように人減らしを進め、労働者の賃金や福利厚生の切り下げを進めてきた。その結果、戦後の労使関係の特徴をなしてきた温情主義的経営と長期雇用慣行は最後的にかなぐり捨てられた。日本の株価至上主義経営が何を招いたかは、ロナルド・ドーア氏が財務省の「法人企業統計」をもとに一九八〇年代後半と二〇〇〇年代前半の従業員給与、取締役報酬および配当の増減を比較した図0-7を見ると歴然としている。[25]

おわりに

本章では今日の日本における労働所得格差の拡大と貧困の増大は、どこまで進んでいるのか、またどの

ようにして生じてきたのかを考察した。そのさいにとくに重視したのは、一九八〇年代のバブル期から九〇年代の不況期を通して一貫して増大してきたパートタイム労働者と、雇用・労働の規制緩和によって近年急速に増大してきた派遣労働者を中心とする非正規雇用者である。近年では男性のパートタイム労働者や派遣労働者が増えているが、彼らの賃金も、男性一般労働者の四割という女性パートタイム労働者の低い時間賃金に引き寄せられて、女性パートに近い水準にとどめられている。それゆえに、不公正な労働所得格差を是正するためには、男女の別を問わず、パートタイム労働者の時間賃金と、賃金の最低基準額を法定し、その額以下での雇用を禁止する最低賃金の引き上げが急務である。[26]

非正規雇用者の間で、勤勉に働きながらも基本的な生活の必要さえ満たせないワーキング・プアが増えているのは、日本だけのことではない。すでに述べたように、日本と同様にアメリカやイギリスでも、一九八〇年代以降、新自由主義の政策イデオロギーが大きな影響力をもってきた結果、ワーキング・プアの増大が社会問題になってきた。日本においてもこの問題の解決に向けて議論を起こすための第一歩は、エーレンライクやトインビーやシプラーが異口同音にいうように、私たちの生活に欠かせない財やサービスを日々提供しているワーキング・プアの人々が私たちに見えない存在から見える存在になり、社会の豊かさがその人々の低賃金労働に依存していることを私たちが理解することである。[27]

注

（1）よく読まれた文献には、橘木俊詔『日本の経済格差』（岩波新書、一九九八年）、山田昌弘『パラサイト・シングルの時代』（ちくま新書、一九九九年）、佐藤俊樹『不平等社会日本――さよなら総中流』（中公新書、二〇〇〇年）などがある。

（2）二〇〇五年から二〇〇六年にかけて、『週刊エコノミスト』『週刊東洋経済』『日経ビジネス』『週刊ダイヤモンド』などの経済雑誌は「働きすぎ」と「格差社会」を二大テーマに労働問題に関する特集企画を再三組んできた。また新聞についても似たようなことがいえる。私の知るかぎりマスメディアがこれほど労働問題を大きく取り上げたことはかつてなかったように思う。

（3）D・K・シプラー『ワーキング・プア――アメリカの下層社会』（森岡孝二・川人博・肥田美佐子訳、岩波書店、二〇〇七年）。

（4）「OECD対日経済審査報告書二〇〇六年版」の全文は、OECD『日本経済白書 2007』（大来洋一監訳、中央経済社、二〇〇七年）で読むことができる。所得格差と貧困については同書第四章を参照。

（5）太田清「フリーターの増加と労働所得格差の拡大」（内閣府経済社会総合研究所、ESRI Discussion Paper Series, No.140）。

（6）低所得者層の増大とそれにともなう労働所得格差の拡大は、景気回復が言われるようになった二〇〇二年以降もとどまっていない。そのことは「全国消費実態調査」（最近調査は二〇〇四年）、「賃金構造基本統計調査」（各年）、「税務統計から見た民間給与の実態」（各年）などからも確かめることができる。

（7）二〇〇六年版『男女共同参画白書』は、国税庁「民間給与実態統計調査」（二〇〇四年度）から、一年間を通じて勤務した給与所得者のうちの「三〇〇万円以下の所得者の割合は、男性では二〇％であるのに対し、女性では六五・五％に達している。また、七〇〇万円以上の者は、男性では二一・七％となっているのに対し、女性では三・四％に過ぎない」と指摘している。

（8）OECD、前掲書、一二三七ページ。

（9）脇田滋『労働法の規制緩和と公正雇用保障』（法律文化社、一九九五年）、同『派遣・契約社員　働き方のルール――これだけは知っておきたい労働法』（旬報社、二〇〇二年）。なお、派遣労働には「登録型」と「常用型」の二種類ある。

登録型　労働者が、派遣元会社に氏名や業務を登録し、仕事があるときだけ、派遣元会社と雇用契約を結び、派遣先会社で働く。雇用が断続的であるために、継続雇用を前提とする権利（社会保険の加入や年次有給休暇の取得など）については一般の労働者と比べ不利になる。

常用型　派遣元会社と、期間を定めない労働契約を結んで雇用されており、一定の派遣期間ごとにあちこちの派遣先に派遣されるが、派遣が中断中も、派遣元との労働契約は継続しているので、継続雇用を前提にする権利は一般の労働者と同様に保障される。

(10) 偽装請負の実態については、朝日新聞特別報道チーム『偽装請負――格差社会の労働現場』（朝日新書、二〇〇七年）および風間直樹『雇用融解――これが新しい日本型「雇用」なのか』（東洋経済新報社、二〇〇七年）を参照。

(11) 厚生労働省『労働経済白書』二〇〇六年版、二四ページ。

(12) B・エーレンライク『ニッケル・アンド・ダイムド――アメリカ下流社会の現実』（曽田和子訳、東洋経済新報社、二〇〇六年）。

(13) P・トインビー『ハードワーク――低賃金で働くということ』（椋田直子訳、東洋経済新報社、二〇〇五年）。

(14) 以下の叙述は『日本労働研究雑誌』二〇〇七年二・三月号に筆者が寄稿した両書の書評がもとになっている。

(15) エーレンライク、前掲書、五五ページ。

(16) ウォルマートは、二〇〇七年一月二五日、過去五年間に残業賃金の不払いがあった八万六六八〇人の労働者に対して、三三〇〇万ドル（約四〇億円）を支払うことで米労働省と和解した。この和解による残業賃金の支払いは、二〇〇二年二月一日から二〇〇七年一月一九日の間に同社で働いた現・元従業員に対してなされる

（『しんぶん赤旗』二〇〇七年一月二八日）。同社は残業賃金の不払いだけでなく人種差別や性差別でも従業員から訴えられている。同社の女性労働者が賃金や昇進で男性労働者に比べて差別的な待遇を受けたとして損害賠償を求めている裁判は、裁判所の決定によって集団訴訟として扱われることになり、退職者を含む全従業員がかかわる史上最大の集団訴訟として進行中である。その規模は一八〇万人あるいは二〇〇万人にも上るといわれている。

(17) イギリスでは一九九九年のブレア政権発足時に、全国一律の最低賃金制が導入された。当初三・六〇ポンドであった時間当たりの最低賃金は数次の改定を経て、二〇〇六年一〇月から五・三五ポンドに引き上げられた。ポンドの対円レートは変動が激しいが、現在の相場である一ポンド二四五円で換算すると、イギリスの時間当たり最低賃金は他のヨーロッパ諸国並みに一三〇〇円台に引き上げられたことになる。なお、アメリカでは二〇〇七年五月に最低賃金を今後二年間で五・一五ドルから七・二五ドルに引き上げる法律が成立した。

(18) トインビー、前掲書、一二四ページ。

(19) エーレンライク、前掲書、二八五ページ。

(20) シプラー、前掲書、七ページ。

(21) 同右、一六ページ。

(22) 同右、三七八ページ。

(23) 経済戦略会議の答申「日本経済再生への戦略」は次のサイトで読むことができる。http://www.kantei.go.jp/jp/senryaku/990226tousin-ho.html

(24) 森岡孝二『日本経済の選択――企業のあり方を問う』（桜井書店、二〇〇〇年）四四ページ。

(25) ロナルド・ドーア『誰のための会社にするか』（岩波新書、二〇〇六年）一五二ページ、図0-7は二〇〇六年一〇月一一日に開催された株主オンブズマンの創立一〇周年記念講演会におけるドーア氏の講演資料から採った。

(26) 現行の最低賃金は地域別・産業別に決められていて、時間当たりの地域別最低賃金は、たとえば東京七一九円、大阪七一二円、青森・岩手・沖縄六一〇円、全国平均六七三円になっている。いま求められているのは、地域別の小刻みの引き上げではなく、全国一律の最低賃金制度を確立し、最低賃金の大幅引き上げを実現することである。二〇〇七年七月現在では、労働界も野党も当面一〇〇〇円に引き上げることで一致している。

(27) 本章を書き上げて熊沢誠『格差社会ニッポンで働くということ』(岩波書店、二〇〇七年)が出版された。同書は格差社会論に焦点を当てて、現代日本の雇用と労働についての熊沢氏の多年にわたる研究をまとめたものである。本章に欠けている格差社会ニッポンの雇用と労働の考察については同書を参照してほしい。

第一章　新しい働きすぎとホワイトカラー・エグゼンプション

森岡孝二

はじめに

『読売ウイークリー』（二〇〇七年一月二一日号）は、「サラリーマン受難の〇七年」「〝社員いじめ〟撃退法」という見出しのもとに、つぎのように書き出している。

「二〇〇七年は会社員たちにとって激変の年になりそうだ。『労働ビッグバン』の名の下に、国や経営側が画策するのは『ホワイトカラー・エグゼンプション』と『解雇の金銭解決』の導入。平たく言えば、『残業ただ働き制度』と『お金で簡単クビ制度』。つまりは経営者に優しい改変の目白押しなのだ。雇われの身とはいえ、こんな理不尽な制度改変を黙って受け入れていいものか」。

ホワイトカラー・エグゼンプションと呼ばれる労働時間規制の適用除外制度の導入は、前掲誌が売り出された頃に世論の強い反対に押されてひとまず先送りになった。とはいえ、最終的に断念されたわけではなく、財界が要求し続けるかぎり、いずれまた政治日程に上るだろうと考えられている。

二〇〇六年九月に発足した安倍内閣のもとでの経済財政諮問会議においては、「労働ビッグバン」あるいは「労働市場改革」の名のもとに、雇用と労働の一層の規制緩和が重要な柱の一つとして位置づけられている。同会議の「労働市場改革専門調査会」の会長には八代尚宏氏（国際基督教大学教授）が就任した。彼は、内閣府のシンポジウムで、労働ビッグバンは「正社員の待遇を非正規社員の水準に合わせる」ことを意図したものだと述べたと伝えられている。(1)

本章ではホワイトカラー労働者を取り巻くこうした動きを念頭において、労働時間制度を中心に正社員の間でも労働環境の悪化が広がっていることを考察する。そのさい、グローバリゼーション、情報通信技術の変化、消費社会化の進展などにふれ、資本主義の現代的諸特徴がアメリカ発の新しい働きすぎを生んでいることに注目する。それとともに、労働時間の規制緩和論が市場個人主義の経済思想に立脚していることを批判する立場から、ホワイトカラー・エグゼンプションの導入の是非をめぐる議論を検討し、労働時間規制のあらたな緩和と撤廃を許してはならない理由を述べる。

I　見せかけの時短のもとで猛烈に長時間働く

日本人は久しく働きすぎだといわれてきた。いまから二〇年近く前にも、日本は経済大国になりながら豊かさを実感できないのはなぜかをめぐって大きな議論が起きた。(2)また当時は、バブル経済のなかで残業時間が異常に長くなり、「過労死一一〇番」（弁護士が中心になった電話相談の受付）の全国ネットが発足した一九八八年を境に、過労死が大きな社会問題になった。

同年、政府は、経済運営の政策目標として「年間一八〇〇労働時間の実現」を掲げた。この計画は、当初の目標年次には達成されず、一九九二年には、あらためて一九九六年度までに達成することが目標にされたが、それも計画倒れに終わった。それから一〇年経ったいまはどうなっているのだろうか。

政府の「年間一八〇〇労働時間」計画の基準として用いられた厚生労働省（八八年当時は労働省）の「毎月勤労統計調査」によれば、二〇〇五年の日本の一人平均年間労働時間は、事業所規模三〇人以上で一八二九時間、五人以上で一八〇二時間であった。これを額面通りにとれば、計画の目標年次から大幅に遅れてではあるが、政府の労働時間短縮計画は達成されたことになる。

一人年間一八〇〇時間という労働時間は、週休二日および祝日（またはその振替休日）が取得され、年次有給休暇（年休）が完全消化され、残業がない状態で達成される時間である。[3] これが現実なら、労働者はアフターファイブや週末の自由時間をたっぷり享受し、年休をめいっぱい楽しんでいることになる。なんとけっこうなことではないか。しかし、誰もこれが現実だとは思わないだろう。ここには二つのからくりがある。

第一に、この数字は、事業者が賃金台帳に記入した労働時間を集計している「毎月勤労統計調査」（「毎勤」）の制約上、賃金の支払われた労働時間を示しており、実際に労働しながら賃金が一部しか支払われていないかまったく支払われていない「サービス残業」を含んでいない。他方、早出、居残りを含め、労働者が実際に就業した時間を集計した総務省の「労働力調査」（「労調」）によれば、一人当たり平均年間労働時間（非農林業雇用者）は、減少したといってもなお二二〇〇時間に近い（図1-1）。

第二に、労働時間の短縮が大幅に進んだかのように見えるのは、パート・アルバイトなどの短時間労働者の増大がもたらした平均のマジックにすぎない。週三五時間未満のパートタイム労働者は、一九八〇年から二〇〇五年の間に、三九〇万人から一二六六万人へと三・二倍に増加した（図1-2）。極端に単純化し

図 1-1　労働時間の推移（1980～2006年）

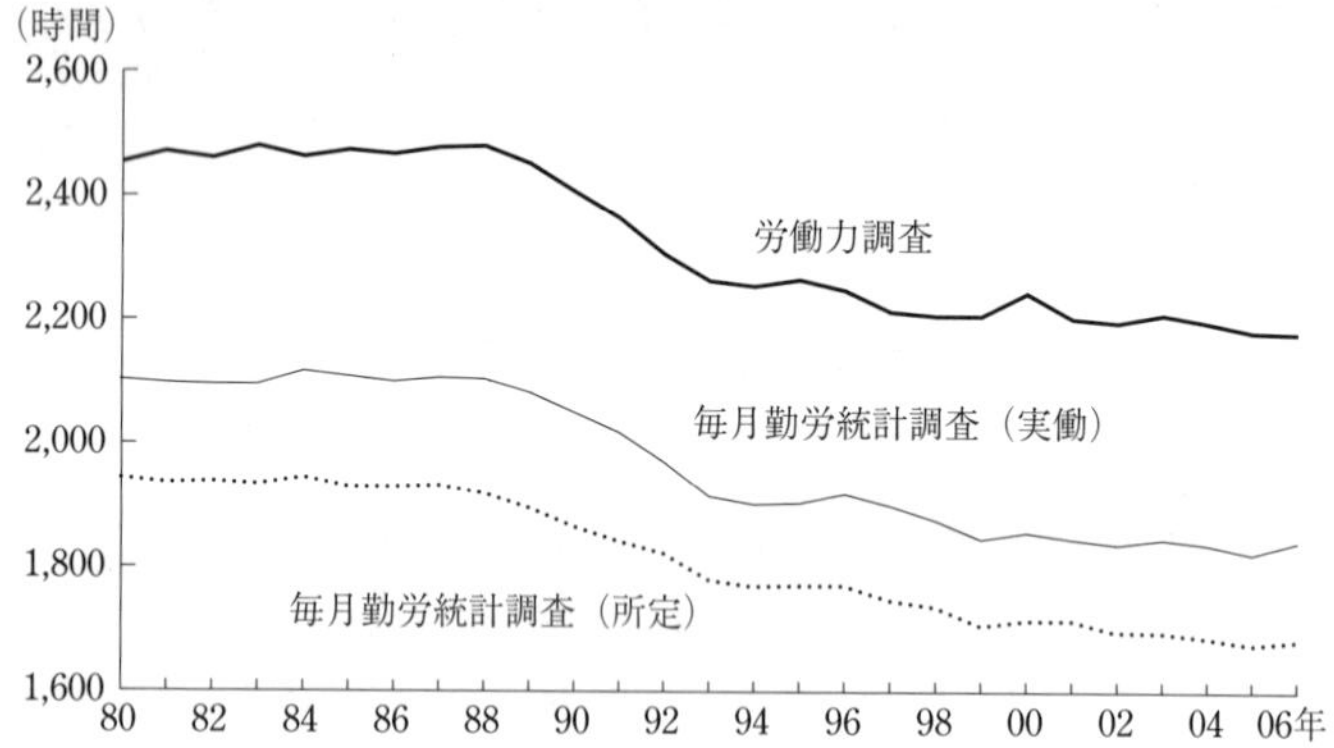

（出所）「労働力調査」「毎月勤労統計調査」。
（注）「労働力調査」の労働時間は非農林業雇用者のもの。「毎月勤労統計調査」の労働時間は実働，所定とも規模30人以上。

図 1-2　週35時間の労働者と週60時間以上の労働者の推移（1980～2006年）

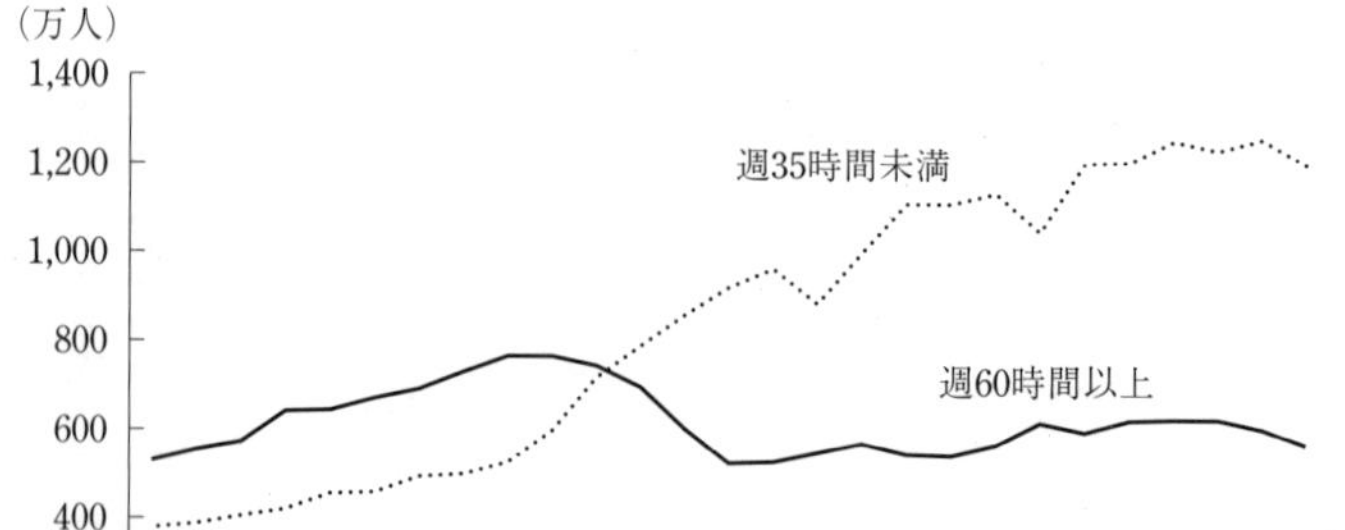

（出所）「労働力調査」。
（注）パートタイム労働者は週労働時間が35時間未満の労働者を指す。

ていえば、年間三〇〇〇時間働いていた三人の労働者のうち一人が年間一二〇〇時間のパートに置き換えられたとすると、平均労働時間は一八六七時間に下がる。これに近いことが起きたのがこの間の統計上の労働時間の短縮である。

「労調」の二〇〇六年平均結果によると、パートタイムを含む非農林業全雇用者の一人当たり週平均労働時間は四一・九（年二一七九）時間であった。しかし、フルタイム労働者に当たる一般常雇に限れば、週四四（年二二八八）時間、また男性一般常雇に限れば、週四七・八（年二四八六）時間働いている。「労働力調査詳細結果」（二〇〇六年一〇月―一二月）によれば、男性の正規雇用者（「正規の職員・従業員」）の週労働時間は一般常雇よりさらに長く四八・七（年二五三二）時間にも達する。

表1-1に「労調」の二〇〇五年平均結果から、男性の年齢階級別の労働時間を示した。これによると、三〇代後半の労働時間は、全年齢中で最も長く、週五〇時間を超えている。三〇代前半は四九・九時間、四〇代前半は四九・八時間であることから、これらの年代の働き盛りの男性は週平均でおよそ五〇（年二六〇〇）時間働いているとみてよい。なお、同じく表1-1によれば、男性の週三五時間以上の従業者中の週六〇時間以上の従業者の割合は、全体では五人に一人、三〇歳から四四歳では四人に一人を占める。

ちなみに『日経ビジネス アソシエ』が実施した正社員の同誌読者一〇〇〇人を対象としたアンケート調査の結果によれば、三〇代前半の男性労働者は週平均五七時間も働いており、週六〇時間以上が四割近く（三八％）を占める。三〇代後半では週七〇時間以上が一七％にも上る（表1-2）。ここには三〇代男性正社員が深刻な働きすぎ／働かされすぎの状態におかれていることが示されている[4]。

近年、女性の労働時間もかなり長くなっている。労働政策研究・研修機構の調査（二〇〇四年六月）によ

表 1-1　年齢階級別週労働時間の分布（男性）

年齢階級	従業者総数	35時間未満	35時間以上(a)	35～43時間	43～48時間	49～59時間	60時間以上(b)	b／a	週平均
	万人	万人	万人	万人	万人	万人	万人	%	時間
全体	3,665	519	3,123	992	711	763	657	21.0	46.5
15～19	49	25	24	10	6	5	3	12.5	31.5
20～24	239	59	178	64	45	40	29	16.3	41.7
25～29	379	35	341	105	80	85	71	20.8	48.0
30～34	454	32	419	114	92	109	104	24.8	49.9
35～39	407	27	376	96	81	102	97	25.8	50.3
40～44	375	26	347	93	75	92	87	25.1	49.8
45～49	361	26	333	100	76	86	71	21.3	48.9
50～54	403	37	363	120	86	88	69	19.0	47.7
55～59	441	51	387	142	93	86	66	17.1	46.3
60～64	264	73	191	77	44	37	33	17.3	41.7
65～	294	128	164	71	33	33	27	16.5	36.1

（出所）「労働力調査」2005年平均。
（注）従業者数は就業者数から休業者数を差し引いた人数。

表 1-2　年齢階級別・労働時間別労働者数の割合（男性）

年齢階級	40時間未満	40～49時間	50～59時間	60～69時間	70時間以上	週平均
	%	%	%	%	%	時間
24未満	13.2	33.3	23.3	16.7	13.3	53.33
25～29	9.6	20.8	31.3	27.5	10.8	55.92
30～34	6.7	17.7	36.8	24.1	13.9	57.11
35～39	10.1	21.4	33.5	17.9	17.1	56.05
40～44	7.0	24.4	31.4	20.3	16.3	56.46
45～49	8.3	25.0	36.9	17.9	10.7	54.76
50以上	17.5	27.5	30.0	7.5	17.5	53.00

（出所）『日経ビジネス アソシエ』2006年 5 月16日号。

図1-3　年次有給休暇取得率の推移

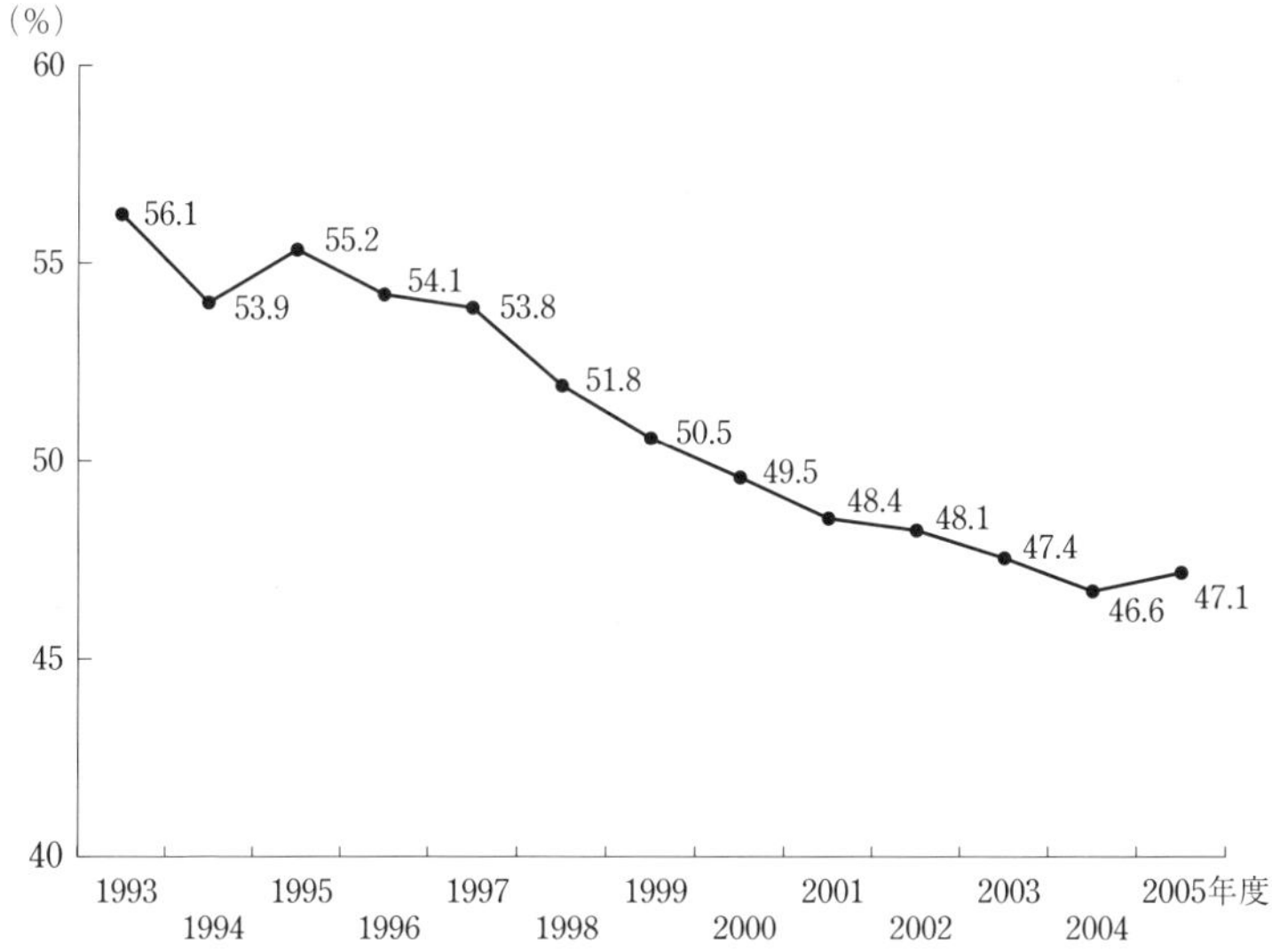

(出所)　厚生労働省「就労条件総合調査」(旧「賃金労働時間制度等総合調査」)。

ると、週五〇時間働以上働く女性は一割を超える。[5] 五年ごとに行われる「NHK国民生活時間調査」によれば、週労働時間が五〇時間を超える女性は、一九九五年には全女性の七%であったが、二〇〇五年には一〇%に増えた。したがって、働きすぎは男性に限ったことではない。家事労働まで加えて広い意味での労働時間を見ると、日本の女性は先進国中で最も働きすぎである日本の男性よりもさらに長時間働いている。

日本の労働者の働きすぎは、年休取得率の低さにも表れている。一九八〇年に六一%であった取得率は、一九八八年には五〇%まで低下した。その後、一九九二年には五六・一%まで上昇したが、図1-3にみるように、九〇年代の半ば以降は高まるどころか、二〇〇四年度には過去最低の四六・六%まで下がった。この年に企業が付与した年休日数（繰越日数は除く）は、一人平均一八日で、そのうち実際に取得した日数は八・四日であった。取得すべくして失われる年休の総日数は年間約四・五億日にも達する。わずかに取得された年休も、実際は余暇目的の連続休暇のためではなく、病欠や育児、介護、その他の諸事雑用のためであることが多い。

ヨーロッパでは、法律や労働協約によって年間で二〇日から三〇日の有給休暇が付与され、二―三週間以上の連続休暇を年に二回程度取得するのが一般的である。これにくらべると日本の休暇はあまりに貧弱である。一九七〇年に採択されたＩＬＯ一三二号条約（「年次有給休暇に関する条約」）は、年休は三労働週を下回ってはならず、うち最低二労働週は連続休暇でなければならないと定めている。しかし、日本はこの条約を含め労働時間に関するＩＬＯ条約は一本も批准していない。

Ⅱ　日本的働きすぎとアメリカ発の働きすぎ

1　日本的働きすぎの特徴

筆者は一九九五年に『企業中心社会の時間構造』（青木書店）を著した。この本では、バブル景気の時期を含む一九八〇年代から九〇年代初めにかけての労働時間と過労死の問題を、日本の労働過程と生産システムの問題として考察した。しかし、二〇〇五年に出した『働きすぎの時代』（岩波新書）では、アメリカを先頭に世界に広がる働きすぎを、グローバリゼーション、情報通信技術革命、消費社会、規制緩和などの背景をもつものとして論じている。そこで本節では従来からある「日本的働きすぎ」と、最近になって新たに強まってきた「アメリカ発の働きすぎ」の異同について簡単に整理しておこう。

日本的な働きすぎの特徴は、およそ次の四点にまとめられる。

第一は、「男は仕事、女は家庭」＋「男は残業、女はパート」の性別分業である。日本の女性人口中の労働力人口の割合は約六割（一五歳―六四歳）、女性労働者の五割強は非正規雇用者、四割強はパートタイム労働者（週三五時間未満）である。そのことは日本の女性の多くが結婚や出産を機にいったん離職し、その後何年かしてパートその他の非正規雇用者として再び収入労働に従事することを意味している。男性の正社員が能動的な生活時間のほとんどすべてを会社に捧げるような働き方を求められているもとでは、育児を含む家事労働を背負わされた女性のほとんどは、いわゆる専業主婦として家事に専念するか、パートタイム労働者として働くしかない。正社員として働く場合も、男性の正社員並みに働くことは容易でない。企業はこうした性別分業の存在を前提に、女性を低賃金の使い捨て労働力として働かせるという雇用管理戦略を採用してきたのである。

第二は、非常に長時間の残業とサービス残業の存在である。工場もオフィスも残業時間がきわめて長いうえに、残業のかなりの部分が賃金および割増賃金を支払われないサービス残業になっている。サービス残業はオフィスなどのホワイトカラー職場においてとくに著しい。さしあたりパートタイム労働者を除外し、「労調」の「一般常雇」の労働時間と「毎勤」の「一般労働者」の労働時間の差をもってサービス残業を試算すると、[6]二〇〇六年の一人当たり年間サービス残業は二四七時間（月二〇時間三五分）、一人当たり年不払賃金は約六〇万八二三八円、一般常雇全体の年間不払残業賃金総額は約二六兆円、年間不払残業総時間数は約一〇六億時間となる（表1―3）。

表 1-3　残業不払賃金の試算（2006年）

A	1人当たり年間実労働時間	2288時間	「労調」一般常雇・週労働時間×52週
B	1人当たり年間賃金支払労働時間	2041時間	「毎勤」一般労働者週実労働時間×12月
C	1人当たり年間所定内労働時間	1880時間	「毎勤」一般労働者所定×12月
D	1人当たり年間実残業時間	408時間	A年間実働時間－C年間所定内労働時間
E	1人当たり年間賃金支払残業時間	161時間	「毎勤」週所定外労働時間×12月
F	1人当たり年間賃金不払残業時間	247時間	D年間実残業時間－E年間支払残業時間
G	1時間当たり賃金	1970円	「毎勤」所定内給与／「毎勤」所定内労働時間
H	1人当たり年間不払賃金	60万8238円	F247時間×G1970円×1.25
I	年間残業不払賃金総額	26兆0569億円	H608238×4284万人（一般常雇）
J	サービス残業総時間	105億8148万時間	F247時間×4284万人（一般常雇）

（出所）「労働力調査」および「毎月勤労統計調査」の2006年平均結果から推計。
（注） 1）実労働時間は「労調」の非農林業雇用者のうち役員を除く一般常雇のデータから取った。
2）賃金支払労働時間，所定内労働時間，賃金支払残業時間は「毎勤」の一般労働者（規模5人以上）のデータから取った。残業の割増賃金は25％増しで計算した。
3）一般常雇4284万人は「労働力調査」の非農林業常雇から役員を除いた人数。

表 1-4　過労死・過労自殺などの労災認定状況

年度		1999	2000	2001	2002	2003	2004	2005	2006
脳・心臓疾患	請求件数	493	617	690	819	705	816	869	938
	認定件数	81	85	143	317	312	294	330	355
	うち死亡	48	45	58	160	157	150	157	147
精神障害等	請求件数	155	212	265	341	438	524	656	819
	認定件数	14	36	70	100	108	130	127	205
	うち自殺	11	19	31	43	40	45	42	66

（出所） 厚生労働省「脳・心臓疾患及び精神障害等に係る労災補償状況」2004年～2006年。
（注） 脳・心臓疾患，精神障害等とも業務により発症した事案。自殺は未遂を含む。

第三は、残業に対する労働組合の規制力の弱さである。労働基準法は、労働時間は一週四〇時間、一日八時間を超えてはならないと定めている。しかし、同法の三六条によって、使用者は労働者の過半数を代表する労働組合や従業員組織と協定を結び、労働基準監督署に届け出れば、時間外および休日に何時間働かせても罰せられない。これがいわゆる三六協定（時間外労働協定）である。この制度は建前のうえでは労働組合が労働時間の延長に歯止めをかけうることを前提しているが、実際には日本の組合は残業に対する規制力をほとんどもっていない。

しかも、「労働時間等総合実態調査」によれば、二〇〇五年度現在の三六協定の締結率は三七・二％（三〇一人以上の事業所で六九・九％）にとどまり、三六協定を結ばずに違法に残業をさせている企業も少なくない。厚生労働省は、三六協定で認められる労働時間の延長の限度を、一週一五時間、二週二七時間、四週四三時間、一か月四五時間、二か月八一時間、三か月一二〇時間、一年三六〇時間としている（一九九八年告示一五四号）。しかし、これは行政上の指導基準にすぎず、実効的な歯止めにはなっていない。実際に結ばれている三六協定を見ると、但し書きの特別条項で、一日一〇時間、月一五〇時間、年間一〇〇〇時間、あるいはそれ以上の長時間残業を認めている例が少なくない。

第四は、過労死・過労自殺の存在である。表1-4は、過労死・過労自殺の労災申請と労災認定の状況を示している。ここに出ているのはほとんどが泣き寝入りで終わるなかでのごく少数の例外的ケースにすぎないが、それでも過労死・過労自殺は減るどころではないことがわかる。厚生労働省は残業が月一〇〇時間、二～六か月平均で八〇時間を超えると過労死・過労自殺を発症する恐れがあるとしている。この基準でいえば、週六〇時間以上の労働時間は、月八〇時間以上の過労死ラインの残業時間になる。「労働力調査」によれば、二〇〇六年に、週六〇時間以上働き、月八〇時間以上の残業をした労働者は、五八〇万人（自営業主と家族従業員を含めれば七二五万人）を数える。

弁護士の川人博氏は、近著で電通青年社員過労自殺訴訟に関して、使用者の労働者に対する健康配慮義務違反を厳しくとがめた二〇〇〇年三月二四日の最高裁判決の画期的意義を説いている(7)。この裁判では電通の「鬼十訓」の五番目にある「取り組んだら放すな、殺されても放すな、目的完遂までは」が問題になった。これと同じ命令は一九八八年四月に過労死したカルビーの青年社員、要田和彦氏の持っていた社内報にも載っていた(8)。また、さきの川人氏の本には、二〇〇一年一二月に過労自殺した大手リース系金融会社のオリックスに勤務していた女子社員のケースが出ている。彼女の上司の支店長は部下たちに対して、さきの「殺されても放すな……」を含む、電通「鬼十訓」を配布していた。これらの事例には、「死ぬまで働く」あるいは「死ぬほど働く」が日本の正社員の働き方の基準になっていることが示されている。

2　アメリカ発の新しい働きすぎ

今日では以上に述べた日本的な働きすぎに加えてアメリカ発の働きすぎが広がっている。なぜなら、以下の五つの面で資本主義の新しい動きが従来と異なる性質や背景をもった新しい働きすぎを生んでいるからである(9)。

①グローバル資本主義　アメリカ生まれの多国籍企業に主導されてグローバリゼーションが進展するなかで、世界的に低価格競争が激化してきた。その結果、日本でも多国籍企業の進出先の合弁企業や契約工場で働く現地労働者の低賃金の影響を受けて、国内の雇用が不安定化し、賃金の引き下げと労働時間の延

長を強いられている。その影響はとくに不熟練労働者に大きい。また、生産過程だけでなく、流通過程でも事務労働でも、業務や機能のグローバルな統合と分割が進み、以前は国内で供給されていた財やサービスが海外から輸入されるというオフショアが広がっている。ソフトウェア開発、コールセンター、会計、法務などのオフショアはホワイトカラーの雇用を不安定にし、労働条件を悪化させる恐れがある。

②**情報資本主義**　インターネット、PC、携帯電話、Eメールなどのアメリカ発の情報通信技術は、労働時間の短縮を可能にすると期待されながら、実際は仕事のスピードを速め、時間ベースの競争を強め、仕事量を増やしストレスを高めている。また、仕事の時間と個人の時間の境界をあいまいにし、仕事がどこまでも追いかけてくる状態をつくりだしている。そればかりか、新しい情報通信技術は、新しい専門的・技術的職業を生み出す一方で、多くの部面で労働を単純化して熟練を不要にし、正規雇用の多くを非正規雇用に置き換えることを可能にする。その結果、多くの労働者から従来の比較的安定した職が奪われ、雇用がますます不安定化し、細切れ化していく。

③**消費資本主義**　今日では日本もアメリカ的な消費社会になり、自由な選択的消費が大衆の間に広がってきた。また、女性の労働市場への参加と共稼ぎの増大によって、大衆の購買力が高まるとともに、ブランド志向に見られるような消費の競争的性質が強まり、消費を競い合う場が広がってきた。このような消費環境においては、人々は高水準の消費を追い求め、より多くの収入を得ようとして、あるいはより高い収入をもたらす地位に就こうとして、より長くよりハードに働く傾向がある。それとともに、今日では、スピードと利便性を売り物にするサービス経済が発展し、経済活動の二四時間化が進行している。しかし、宅配便のスピードとコンビニの利便性を支えているのは、長時間休まずに走り続ける道路貨物運送労働者

図 1-4　週労働時間が50時間以上の労働者の割合

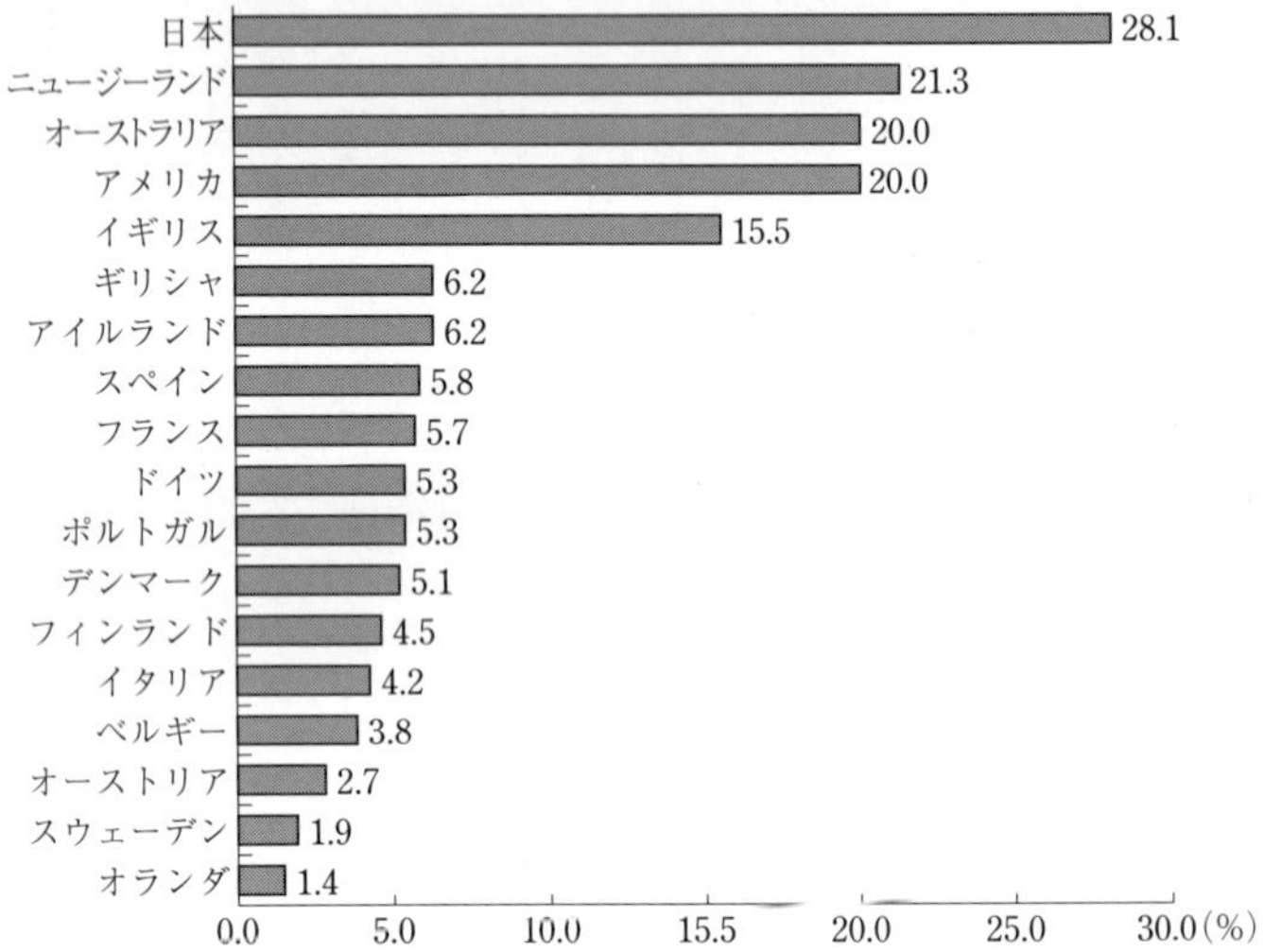

(出所)　2006年版『国民生活白書』，原資料は ILO，2004年。
(注)　各国のデータは2000年，アメリカは1998年。アメリカと日本は49時間以上働いた割合。

のハードワークと、細切れに交替で働くパート・アルバイトのチープレイバーである。

④フリーター資本主義　アメリカではもともと労働市場の流動性が高いうえに、多数の合法・非合法の移民によって大量の低賃金労働者が生み出されてきた。日本でも、近年、労働力の流動化が顕著に進み、大企業の男性正社員の間でも「終身雇用」が崩れてきた。また、派遣労働が製造業を含めほとんど全面的に解禁されるなど、雇用の規制緩和が進み、また大企業でリストラが相次ぎ、正社員の絞り込みと非正規雇用の拡大がはかられ、従来からのパートやアルバイトに加えて、派遣、請負、契約社員などの非正規雇用が増えてきた。その結果、正社員と非正規雇用者の間の二極分化が進み、正社員

の労働時間が長くなるとともに、労働所得格差が拡大してきた。

⑤株主資本主義　アメリカでは一九八〇年代以降、年金基金、投資信託会社、生命保険会社などの機関投資家が高い株式保有比率を背景に、投資先企業のガバナンスへの関与を強め、ヘッジファンドを含む各種の投資ファンドと相まって、株主主権論に立つ株価至上主義の経営を求めるようになった。また、一九八〇年代以降、M&Aの大波のなかで、かつては一時休職を意味したレイオフが恒久解雇と化し、しかも恒常化してきた。日本でも、一九九〇年代の後半以降、アメリカ式の株価至上主義経営が強まり、従業員の賃金よりも株価の上昇と配当の増大が重視され、リストラやM&Aが繰り返されるなかで、賃金と福利厚生が切り下げられ、労働時間が長くなってきた。

図1-4が示すように、ILOの統計によると、日、米、英などの五か国は、週五〇時間以上働く労働者の比率が先進国中際だって高い。これらの国では新自由主義が政府の政策運営に大きな影響力をもってきたが、なかでもアメリカでは、国家による労働時間の規制は好ましくなく、働き方は労働市場における個人の自由な選択に委ねられるべきである、という思想が根を張ってきた。

その証拠にアメリカの公正労働基準法は、労働時間の上限を設定しておらず、週四〇時間を超える労働に対して、通常の賃金の一・五倍以上の割増賃金を支払いさえすれば、たとえ週一〇〇時間以上働かせても、労働契約上は違法性が問われない。しかも、週四〇時間を超える場合も、ホワイトカラーの一定範囲については、使用者に課せられた残業代の支払義務をエグゼンプト（免除、除外）する制度がある。管理職、運営職、専門職、コンピュータ労働者、外勤労働者などに関する細かな除外規定があり、全体ではホワイトカラー労働者の約四割（全労働者の約二割）がエグゼンプションの対象になっている。この制度を日本に取り入れようとしているのが、賃金不払残業の違法性を問われることなく「終わりなき労働」を強制できるホワイトカラー・エグゼンプションである。(10)

Ⅲ　ホワイトカラー・エグゼンプションの導入論

1　総合規制改革会議から規制改革・民間開放推進会議へ

日本の経済界がホワイトカラー・エグゼンプション（以下WE）の導入を言い始めたのは一九九〇年代である。しかし、WEの導入が政府と財界の共通の政治課題として浮上したのは、二〇〇一年四月にスタートしたオリックス会長の宮内義彦氏を議長とする内閣府の「総合規制改革会議」の場においてであった。同年七月開催の第六回会合において、WEの導入の必要性が、次のように提起されている。(11)

「特に、高度な専門能力を有するホワイトカラー層などの新しい労働者像に、定型労働を行う労働者を念頭に置いた規制を一律に課すことは適切ではない。……〔労基法の〕見直しに際しては、いわゆるホワイトカラー・イグザン《(ママ)》プションなどの考え方も考慮しながら制度改革を検討するべきである」。

これを受けて、同年九月の第八回会合では、「アメリカのイグゼ《(ママ)》ンプション制のような制度を検討し、現行のみなし労働時間制〔裁量労働制〕ではなく、労基法四一条〔管理監督者の除外規定〕にある適用除外」にすべきだとされた。これ以降、WEの創設が政府の政策文書に繰り返し登場するようになる。

「総合規制改革会議」は二〇〇四年四月より「規制改革・民間開放推進会議」に引き継がれ、WEの導入に向けての検討も同会議に受け継がれた。同会議は、「小さくて効率的な政府の実現」と「豊かな国民生活の実現」を目標に掲げて、少子化対策、金融制度、情報通信、外国人労働力の受入、医療、教育、土地利用などの諸課題について検討を重ね、二〇〇五年一二月、「規制改革・民間開放の推進に関する第二次答申」を発表した。そのなかでは、雇用・労働分野の規制緩和に関連して、WEの導入が「少子化への対応」のための「具体的施策」の最重要の政策課題の一つとして位置づけられている。

なにゆえにWEの導入が少子化対策になるのだろうか。それはWEが「多様な働き方」を容易にし、「仕事と育児の両立を可能にする」と考えられているからである。しかし、少し想像力があればわかることだが、一方における正規雇用の減少と他方における非正規雇用の増大を特徴とする「働き方の多様化」は、正規労働者の間では長すぎる労働時間のために、非正規労働者の間では低すぎる賃金と細切れ雇用のために、結婚や育児や家族生活の困難を増大させ、少子化を助長させる恐れがある。(12)

2　日本経団連の「ホワイトカラー・エグゼンプションに関する提言」

日本経団連のWEの導入要求は、日経連の一九九四年からの要求を受け継いだものである。二〇〇二年五月に経団連と日経連が統合して発足したばかりの日本経団連は、総合規制改革会議の「中間とりまとめ」に呼応して、同年一〇月、「二〇〇二年度日本経団連規制改革要望」において、WEの創設を雇用・労働分野の規制緩和要求の一つとして公然と掲げるにいたった。そして、先述の「規制改革・民間開放推進会議」のとりまとめに呼応し、かつ後述の厚生労働省「今後の労働時間制度に関する研究会」に提案するかたちで、二〇〇五年六月二一日、「ホワイトカラー・エグゼンプションに関する提言」を発表した。

いわゆるホワイトカラーとは誰のことなのか、ブルーカラーとはどう違うのか。アメリカでは、工場などの生産現場で働く人々がブルーカラー、オフィスや銀行などで働く人々がホワイトカラーと俗称され、どちらも日常語として広く使用されている。しかし、日本では、第二次大戦後、一九五〇年代頃から社会学や経営学などの文献でホワイトカラーについて語られるようになったものの、用語としては定着せずサラリーマンという言葉で代用されてきた。そもそもブルーカラーも、ホワイトカラーもあいまいな概念であるうえに、職業別就業者の構成におけるホワイトカラーの増大傾向がいわれる場合も、雇用の現場においては、ブルーカラーのホワイトカラー化とホワイトカラーのブルーカラー化が複雑に交錯してきたとみなければならない。

一般に統計上行われている区分では、職業分類における専門的・技術的職業従事者、管理的職業従事者、事務従事者、販売従事者を、総称してホワイトカラーと呼んでいることが多い。この文脈では保安・サービス職業従事者、農林漁業作業者、運輸・通信従事者、製造・制作・機械運転・建設作業者、労務作業者は総称してブルーカラーと呼ぶことができる。この分類にしたがえば、日本の全就業者中のホワイトカラー比率は、一九六〇年の三一・七%から二〇〇六年の五一・一%に増大した。性別でみれば、同じ期間に男性では三二・五%から四五・六%へ一三・一ポイント増加したのに対し、女性では三〇・五%から五八・九%へ二八・四ポイント増加した。二〇〇〇年から二〇〇六年の推移をみれば、女性で、専門的・技術的職業従事者が増え、製造・制作・機械運転・建設作業者が減っている以外は、目立った変化はない（表1-5）。

以上を前置きに、日本経団連の「提言」が述べるところを聞いてみよう。まず「提言」はホワイトカラー労働の特性について次のように言う。

「ホワイトカラーは、『考えること』が一つの重要な仕事であり、職場にいる時間だけ仕事をしているわけではない。自宅に居るときや通勤途上などでも、仕事のことに思いをめぐらすことは、珍しいことではない。逆に、オフィスにいても、いつも仕事をしているとは限らない。つまり、『労働時間』と『非労働時間』の境界が、ホワイトカラー、その中でもとりわけ知的労働者層においては、曖昧といえる」。

はたして「考えること」はホワイトカラーだけの特徴であろうか。ブルーカラーも、工場などの生産現場を離れているときに、しばしば仕事のことを考えている。「提言」は「ホワイトカラーの中には、与えられた仕事を単純に処理するのではなく、仕事の目的、意味、価値を十分に認識した上で、自律的、主体的に仕事に取り組み、創意工夫により仕事の効率を高めようとする労働者も多数いる」ともいう。しかし、こういうタイプの労働者は、ブルーカラーのなかにもいる。そうでなければ、製造業などにおいて高い生産性と優れた品質を確保することはできないからである。その反対に「与えられた仕事を単純に処理する」仕事に従事している労働者も、ホワイトカラーとされる事務従事者や販売従事者のなかにも広く存在している。

では、ホワイトカラーの場合、「労働時間」と「非労働時間」の境界があいまいである、という「提言」の認識はどうだろう。このことは疑う余地がないように思われる。しかし、これもホワイトカラー一般がそうだと言ってしまっては誤りになるだろう。

生産ラインが稼働している間が労働時間であるようにみえる工場労働の場合でも、労働時間がいつ始まり、いつ終わるかは、必ずしも争う余地がないほど明確ではない。全員参加の朝礼、体操、点呼などの時間は労働時間である。企業によっては始業時刻前にそれら行為への労働者の参加を強制しているところが

表 1-5　職業別就業者数の構成の推移　（単位：%）

	ホワイトカラー	専門的・技術的職業従事者	管理的職業従事者	事務従事者	販売従事者	ブルーカラー	保安・サービス職業従事者	農林漁業作業者	運輸・通信従事者	製造・制作・機械運転・建設作業者	労務作業者
男女											
1960	31.7	5.0	2.1	11.2	13.4	67.6	6.7	29.8	2.3	28.8	—
1970	36.2	5.8	2.6	14.8	13.0	63.4	7.6	17.3	4.6	29.7	4.3
1980	43.0	7.9	4.0	16.7	14.4	56.7	9.0	10.3	4.5	29.9	3.0
1990	48.4	11.0	3.8	18.5	15.0	51.1	8.6	7.2	3.7	27.2	4.4
2000	50.5	13.3	3.2	19.9	14.1	48.8	10.5	5.0	3.4	24.5	5.4
2006	51.1	14.7	2.9	19.7	13.8	47.7	12.1	4.2	3.2	22.4	5.8
男性											
1960	32.5	5.2	3.3	11.5	12.5	66.5	5.2	25.0	3.5	32.9	—
1970	35.1	5.8	4.2	12.6	12.6	64.4	5.2	13.9	6.8	33.9	4.6
1980	40.1	6.9	6.2	12.6	14.4	59.5	6.7	8.5	6.9	34.4	2.9
1990	44.8	10.8	5.9	12.4	15.6	54.7	6.6	6.3	6.0	31.6	4.2
2000	45.6	12.4	4.9	13.3	14.9	53.7	7.8	4.8	5.5	30.5	5.1
2006	45.6	13.4	4.5	13.1	14.6	53.3	9.0	4.3	5.3	29.1	5.6
女性											
1960	30.5	4.5	0.3	10.8	14.8	69.2	9.0	36.9	0.4	23.0	—
1970	38.0	5.8	0.2	18.3	13.6	61.8	11.4	22.4	1.1	23.1	3.8
1980	47.5	9.6	0.5	23.1	14.3	52.3	12.7	13.1	0.7	22.6	3.1
1990	53.8	11.4	0.7	27.4	14.2	45.8	11.4	8.4	0.4	20.9	4.7
2000	57.7	14.5	0.7	29.6	13.0	41.7	14.4	5.3	0.4	15.8	5.8
2006	58.9	16.5	0.7	29.0	12.7	40.0	16.4	4.1	0.4	13.0	6.1

（出所）「労働力調査」。

（注）1）「製造・制作・機械運転及び建設作業者」は1961年以前は「労務作業者」を，1981年以降は「清掃員」を含んでいる。「清掃員」は，1980年以前には「保安職業・サービス職業従事者」に分類されていた。

2）採掘作業者はきわめて少数なので除外した。

ある。また作業開始前あるいは終了後に機械の点検、用具の整備、清掃、更衣などが必要不可欠な場合は、それらに要する時間は本来は労働時間の一部であるが、使用者は労働時間とは認めないかもしれない。

事務労働でも、オフィスが開き、電気系統や情報システムが始動しなければ、仕事を始めることはできない。また、オフィスが閉まるとか、室内の照明や情報機器の電源が落とされるなどすれば、労働は否応なく終了せざるをえない。このかぎりでは、工場労働と事務労働の間に大きな違いはない。どちらも早出や居残りなどの時間外労働（残業）をさせることができるのは、所定労働時間や法定労働時間を守ろうとしないからであり、建物・施設を含む労働手段が使用可能な状態にあるからである。

「提言」は、ホワイトカラーはその仕事の特性から労働時間と非労働時間の境界があいまいであると述べたあとで、成果主義的賃金に注目して、「ホワイトカラーの労働には、仕事の成果と労働時間の長さが必ずしも合致しないという特質がある。したがって、ホワイトカラーの労働に対しては、労働時間の長さ（量）ではなく、役割・成果に応じて処遇を行っていく方が合理的である。労働者にとってそのほうが、公平感が保て、モチベーションもあがる」と主張する。そして、「非効率的に長時間働いた者は時間外割増賃金が支給されるので、効率的に短時間で同じ成果を上げた者よりも、結果としてその報酬が多くなるといった矛盾」があることを指摘し、「とりわけ、労働時間の厳密な算定が困難な業務、裁量性の高い業務に従事するホワイトカラーについては、一定の要件を満たすことを条件に、少なくとも賃金と労働時間とを分離することが急務」であると結論している。

後述するように、課長や係長はもちろん、部長や工場長でも、出退勤が自由でないかぎり、労基法第四一条第二号にいう時間規制の適用を除外される「管理監督者」ではない。にもかかわらず、多くの職場では彼らは管理職であることを理由に時間外にいくら長時間働いても残業賃金を支払われていない。そうした管理職よりも、いわゆる平社員のほうが残業賃金を支払われる分だけ賃金が多いという話はよく耳にする。しかし、ダラダラ残業をする者のほうが、効率的に働く者より多くの賃金を得るという例は、「提言」が問題にするほどに多いとは考えられない。成果主義賃金でなく、年功賃金においても「功」の部分では査定が影響するので、非効率な働き方が得をすることは長期的には考えられない。長時間のダラダラ残業が実際にあるとすれば、ホワイトカラー職場に蔓延する長時間のサービス残業によるところが大である。

究極の成果主義賃金ともいえる出来高賃金においては、賃金は労働時間と無関係に決まるように見える。しかし、出来高賃金の場合も、一日の標準労働時間が与えられていなければ、一日の平均的出来高が決まらず、したがってまた出来高賃金の単価も決まらない。成果主義賃金は、個人別目標設定による仕事の達成度の評価を基本にしている点で単純な出来高賃金とは異なるが、成果主義における達成度の評価の大前提には、同一または同種の仕事に従事している労働者集団の一日あるいは一週の標準労働時間があることはいうまでもない。

「提言」において、WEの対象者として想定されているのは、年収額が四〇〇万円以上の労働者である。二〇〇四年「賃金構造基本統計調査」によれば全産業の平均賃金（「きまって支給する給与」の年額＋「賞与その他の特別給与」の年額）は四八五万円（男性五四三万円、女性三五〇万円）であった。二〇〇二年「就業構造基本調査」の正規雇用者に関するデータによれば、年収四〇〇万円以上の雇用者は、専門的・技術的職業従事者の六三・一％、管理的職業従事者の九二・一％、事務従事者の五一・二％、販売従事者の五四・一％を占めている。日本経団連が企図するWE制度の創設は、まさしく労働時間規制の通用除外制度を文字通り大半のホワイトカラーにまで拡大するものといわねばならない[13]。

労働時間の算定と管理は、単に時間内・時間外の賃金支払基準を与えるものとして必要であるだけではない。労基法には一日や一週の労働時間のほかに、休憩時間、深夜業、休日、年休などに関する規定があるが、これらは賃金の算定のためだけでなく、労働者の健康と安全への配慮からも必要である。しかし、日本経団連の「提言」には、健康管理のための時間管理の発想はない。結局のところ経団連は、労働者の健康障害と過労死にはおかまいなしに、労基法第四一条第四号（現行は三号までしかない）にWEに関する規定を新設し、「労働者の地位、権限、責任、部下人数等とは無関係に、労働時間規制の適用除外」を認め、賃金不払残業の違法性を問われることなく、無際限のただ働きを強制できる枠組みを創設しようとするものである。WEが「残業代ゼロ法」あるいは「過労死促進法」と呼ばれる理由もこの点にある[14]。

3　厚生労働省「今後の労働時間制度に関する研究会報告」

厚生労働省の「今後の労働時間制度に関する研究会」（座長・諏訪康雄法政大学教授）は、二〇〇六年一月二五日、労働時間法制のあり方に関する二〇〇五年四月以来の一七回にわたる検討結果をまとめた「報告書」（以下「時間研報告」）を発表した。

「時間研報告」は、前項までにみてきた日本経団連や規制改革・民間開放推進会議のWE制度の導入論に比べると、労働者の健康管理、年休の取得、時間外労働の抑制などにまだしも顧慮を払っているようにみえる。たとえば、「最近、所定外労働を中心とした労働時間の増加が見られ、特に三〇歳代の男性を中心として、週六〇時間以上働く雇用者の割合が増加している。また、年次有給休暇……の取得率の低下及び取得日数の減少が続いている」という指摘もある。

にもかかわらず、「時間研報告」は、労働時間規制の適用除外制度の拡大を意図した「新しい自律的な労働時間制度」の創設を提起している点で、日本経団連などの要求を受け入れている。キーワードとして繰り返し出てくるのは、「自律的に働く労働者」あるいは「自律的な働き方をする労働者」である。「時間研報告」では、「労働時間に関する規制から外されることにより、より自由で弾力的に働くことができ、自らの能力をより発揮できる」労働者、あるいは「労働時間規制による保護を与えなくても自律的に働き方を決定できる」労働者が「自律的に働く労働者」だと見なされている。

しかし、「自律」とは文字通りには「他からの支配・制約を受けず自ら行動すること」である。だとすれば、労働者が使用者の指揮命令下に置かれている時間を意味する労働時間は、法的規制があろうとなかろうと、本来の意味では自律的ではありえない。にもかかわらず労働時間の規制を外すことによって「自律的に働く」ことができる労働者が少なからず存在するかのようにいうのは、「自律的に働く」ことを「一週四〇時間・一日八時間の規制を受けずそれを超えて働く」ことと解釈しないかぎり意味をなさない。だからこそ「時間研報告」の一般向けの解説は、「新しい自律的な労働時間制度」を「より自由で弾力的に働くことにより、自らの能力を十分に発揮できると納得する場合に、労働時間規制に関わらず、働くことができることを選択することができる制度」（傍点は引用者）と説明しているのである。「できる」を三回も重ねたこの表現には、経営者団体が導入を要求している制度をあたかも労働者が要求しているかのようにいう無理が表れている。

「時間研報告」は、多くの企業において年俸制や成果主義賃金を導入する動きが広がっているなかで、

「高付加価値かつ創造的な業務に従事する労働者」を中心に、「自律的に働き、かつ、労働時間の長短ではなく、成果や能力などにより評価されることがふさわしい労働者」が増えているという。この場合、増えているとされているのは、自律的に働く労働者ではなく、自律的に働くことが望ましいと考えられている労働者である。それはどんな種類の労働者なのか。

「時間研報告」は、「新しい自律的な労働時間制度」の対象労働者の「具体的イメージ」として、「企業における中堅の幹部候補者で管理監督者の手前に位置する者」と「企業における研究開発部門のプロジェクトチームのリーダー」をあげている。これはあくまで例示であって、対象になるのは二つの例にとどまらない。実際には、「新しい自律的な労働時間制度」の狙いは、現行の裁量労働制の対象業務に比しても、現行の管理監督者の対象者に比しても、より広範囲の労働者を労働時間の規制から外すことにある。

現行の裁量労働制は、業務の性質上、使用者が業務の遂行手段および時間配分に関し具体的な指示をすることが困難であるという理由で、その業務の労働時間の決定を労働者本人の裁量に任せる制度（あらかじめ労使で決めた時間数だけ働いたものと見なす制度で、「見なし労働時間制」とも呼ばれる）として、一九八七年の労基法改正（八八年施行）で導入され、その後、当初の五業務から一九業務に拡大された[15]。一九九八年の労基法改定では、従来の「専門業務型裁量労働」に加えて、企画、立案、調査および分析を行う労働者を対象とした「企画業務型裁量労働」が新たに導入された（二〇〇〇年四月施行）。

現行の労基法の第四一条第二号にいう管理監督者とは、判例によれば、「労働条件の決定その他労務管理について経営者と一体的な立場にあり、出勤、退勤等について自由裁量の権限を有し、厳格な制限を受けない者」と解すべきである（徳州会事件、一九八七年、大阪地裁）。この点からみれば、「新しい自律的な労働時間制度」は、現行規定では管理監督者として取り扱えない管理職までも労働時間規制の適用除外の対象者に包摂し、労働者が訴えれば使用者が負ける現行の賃金不払残業をめぐる違法・脱法状態を、残業賃金の支払義務を免除することによって合法化しようとする意図が明らかである。

以上にみてきた厚生労働省の「時間研報告」はその後、同省の「労働政策審議会労働条件分科会」の検討に委ねられた。問題の「新しい自律的な労働時間制度」という名称は、二〇〇六年一二月二六日に発表された同分科会の最終報告「今後の労働契約法制及び労働時間法制の在り方について」では、「自由度の高い働き方にふさわしい制度」に、また二〇〇七年一月二五日に発表された「労働基準法の一部を改正する法律案要綱」では「自己管理型労働制」にいいかえられた。しかし、その他の点では「時間研報告」の結論がほぼ踏襲されている。上記分科会の最終報告および法案要綱は、①「労働時間では成果を適切に評価できない業務に従事する者」、②「業務上の重要な権限及び責任を相当程度伴う地位にある者」、③「業務遂行の手段及び時間配分の決定等に関し使用者が具体的な指示をしないこととする者」、④「年収が相当程度高い者」のいずれにも該当する者をもって新しい労働時間制度の対象労働者としているが、これらの点は、「対象労働者の同意を得る」という本人要件とともに「時間研報告」の線上にある。労働政策審議会の労働条件分科会は、公益代表、労働者代表、使用者代表の各七名、計二一名の委員によって構成されている。七名の労働者代表は全員が労働時間規制の新しい適用除外制度の導入に反対し、そのために分科会は決裂状態になった期間もあったが、結局は法案要綱のとりまとめを阻止することはできなかった。

おわりに

労働政策審議会・労働条件分科会の使用者委員である人材派遣会社ザ・アール社長の奥谷禮子氏は、過労死は「自己管理」の問題だ、「二四時間三六五日、自主的に時間を管理して、自分の裁量で働く」「祝日はいっさいなくす」「労働基準監督署も不要」と述べて、働く人々の怒りを買った[16]。

過労死は「自己管理」の問題だという発言は、法案要綱にいたって「自己管理型労働制」と呼ばれるようになったWEの本質を言い当てている。「労働基準監督署も不要」という発言は、労働時間規制の撤廃論者が拠って立つ市場個人主義の見地からは正論である。市場個人主義者は、労働時間にかぎらず「経済のことは市場に任せろ」「市場のことは個人に任せろ」と主張する。この考えに立てば、どんなに労働時間が長くても、賃金が低くても、それは労働者個々人が労働市場において自由に選択した結果であって、国家は介入するべきではない。むしろ、労働基準法やそのもとでの労働基準監督署はないほうがよい。あえて労働時間を規制せずとも、労働市場が流動的であれば、評判の悪い企業からは人が去り、評判の良い企業に人が集まるので、事態はおのずと改善される。これが市場個人主義者の認識である[17]。

安倍内閣のもとでの経済財政諮問会議の「議員」である伊藤忠会長の丹羽宇一郎氏は、二〇〇七年一月一八日に開かれた同会議で「土日でも残業代は要らないから出社したいという人がたくさんいる[18]」、「アメリカではそういう制度があり、どんどん働きたい人は働かせている」と述べて、物議をかもした。丹羽氏と同じく同会議の「議員」である日本経団連会長（キャノン会長）の御手洗冨士夫氏は、その数日後、WE

導入案の国会提出をあらためて要求し、「米国ではWEの対象になると管理職に近づいたと誇りに思う。WEには自律的な働き方を促す意味があり、残業代ゼロ制度と訳すのはミスリーディングだ」と語って、これまた批判を浴びた。[19]

もともと日本経団連の「提言」は、年収四〇〇万円以上の労働者を対象に「労働者の地位、権限、責任、部下人数等とは無関係に、労働時間規制の適用除外」を認めろ、というものであった。アメリカのWEでは、二人以上の労働者を指揮する地位にある者は週四五五ドル（年約二八〇万円）以上の収入から対象になる。これでは誇りなどもてるはずがない。

働き方も誇りに思うような状況ではなくなっている。ジュリエット・ショアの『働きすぎのアメリカ人』（窓社、一九九三年）は、ホワイトカラーを中心とする労働時間の急激な増大に警鐘を鳴らした。ジル・フレイザーの『窒息するオフィス 仕事に強迫されるアメリカ人』（岩波書店、二〇〇三年）は、PC、携帯・Eメールによって仕事のオンとオフの区別がなくなったホワイトカラーの悲惨な働き方を描いている。

最近では、アメリカのホワイトカラー（管理・専門・技術職）の男性は週平均四六時間働き、うち三七％（女性は一七％）は週五〇時間以上働いている。[20] これだけ働いても、増えたのは経営者の報酬と株主への配当であって、多くの労働者は、労働時間が長くなったにもかかわらず、賃金を抑えられ福利厚生を大幅にカットされてきた。

二〇〇六年に出版されたルイス・ウチテレの『使い捨てられるアメリカ人』（未邦訳）によれば、戦後一九七〇年代までは多くの企業が雇用の安定を重視していた。しかし、八〇年代に入ると、諸外国との競争に押されて、M&A（合併・買収）の大波のなかでレイオフが大量化するとともに恒常化し、対象もブルーカラーからホワイトカラーに広がった。当初はレイオフに対して抵抗もあった。しかし、アメリカのホワイトカラーは労働組合もなく、九〇年代後半になると、自尊心を傷つけられながらも黙って従うしかなくなった[21]。

日本のWEの導入論者は、雇用と労働の規制が緩和・撤廃されて、労働市場が流動化され自由に離転職ができるようになれば、労働条件の悪い企業は淘汰されて、長時間労働も過労死も解決されると主張する。しかし、アメリカの経験は、WEの導入は、残業代が支払われないばかりか、「働かされすぎ」の果てに「使い捨てられる」ホワイトカラー労働者を大量につくりだすことを教えてくれている。そんな働き方を日本に導入してはならない。

追記

政府は世論の猛反発を受けて、WE関連法案の国会上程を見送っただけでなく、二〇〇七年七月の参議院選挙において与党が大敗した結果、当面の労働政策の重点項目からWEの導入を除外した。しかし、経団連の「二〇〇七年規制改革要望」の最大の柱である雇用・労働分野の規制緩和の重点課題には、依然として「労働時間規制の適用除外制度の拡充」が盛り込まれている。また、安倍政権下の経済財政諮問会議に設けられた八代尚宏氏を会長とする「労働市場改革専門調査会」は、看板こそ当初の「労働ビッグバン」から「ワーク・ライフ・バランス」に掛け替えたものの、「『時間』に縛られない多様な働き方」の実現を課題としており、その内容は「ワーク・ライフ・バランス推進」に関する経団連の要求に呼応して、「新しい自律的な働き方」の実現のためのWEの推進を謳ったものにほかならない。こうした動きからみると、財界と政府の労働市場の流動化と労働時間規制の撤廃を進める政策には大きな変化はない。

注

(1) 『毎日新聞』二〇〇六年一二月一八日付。

(2) 当時の議論については、暉峻淑子『豊かさとは何か』(岩波新書、一九八九年)、熊沢誠『日本的経営の明暗』(筑摩書房、一九八九年)、基礎経済科学研究所編『日本型企業社会の構造』(労働旬報社、一九九二年)を参照。

(3) 森岡孝二『企業中心社会の時間構造――生活摩擦の経済学』(青木書店、一九九五年)第8章「一八〇〇労働時間計画の検証」参照

(4) 『日経ビジネス アソシエ』二〇〇六年五月一六日号。なお同誌二〇〇七年四月三日号は「あなたの働き方&給料が変わる!」というタイトルで多数の図表を交え全三三ページのWE特集を組んでいる。

(5) 小倉一哉・藤本隆史「日本の長時間労働・不払労働時間の実証分析」労働政策研究・研修機構『労働政策研究報告書』第三二号、二〇〇五年。

(6) 「労調」における「一般常雇」は一年を超えるまたは雇用期間を定めない契約で雇われている者で「役員」以外の者、また「毎勤」における「一般労働者」は常用労働者のうち、一日または一週間の所定労働時間が一般の労働者より短いパートタイム労働者以外の者と定義されている。

(7) 川人博『過労自殺と企業責任』(旬報社、二〇〇六年)。あわせて、同『過労自殺』(岩波新書、一九八九年)を参照。

(8) 森岡孝二『日本経済の選択――企業のあり方を問う』(桜井書店、二〇〇〇年)一一四ページ。

(9) ここに述べた現代資本主義の諸特徴については、前掲『働きすぎの時代』とともに、森岡孝二「現代資本主

義の現代性と多面性をどうとらえるか」(『政経研究』第八七号、二〇〇六年一一月)を参照。

(10) WEに関する以下の説明の多くは、森岡孝二「ホワイトカラー・エグゼンプション制度の導入は何をもたらすか」(関西大学経済・政治研究所、研究双書第一四二冊『ビジネス・エシックスの諸相と課題』)、同「ホワイトカラー・エグゼンプションの導入論議をめぐって――労働時間の規制外しは『終わりなき労働』の法認」(『経済科学通信』第一一一号、二〇〇六年九月)、森岡孝二・川人博・鴨田哲郎『これ以上、働けますか?』(岩波ブックレット、二〇〇六年一二月)に拠っている。

(11) 以下に取り上げる「総合規制改革会議」の検討内容、日本経団連の「ホワイトカラー・エグゼンプションに関する提言」および厚生労働省の「今後の労働時間制度に関する研究会報告」はそれぞれの関係機関のHPで読むことができる。

(12) 長時間労働と非正規雇用が出生率に及ぼす影響に言及した白書には、二〇〇三年『厚生労働白書』、二〇〇五年『厚生労働白書』、二〇〇五年『国民生活白書』、二〇〇五年『少子化社会白書』などがある。

(13) 労働運動総合研究所が二〇〇六年一一月八日に発表した試算によれば、年収四〇〇万円以上のホワイトカラー労働者がWEの導入によって失い、使用者に「横取り」される総金額は一一兆五八五一億円に達する。これは一人あたりの年平均額では約一一四万円となる。

(14) 小中の公立学校教員は、一九七一年に成立した「公立の義務教育諸学校等の教育職員の給与等に関する特別措置法」(給特法)によって、労働時間規制の適用除外になっている。文部科学省が二〇〇六年七月から一二月に行った「教員勤務実態調査」によれば、平日の平均労働時間は一一時間三一分、休日の平均労働時間は三時間一四分であった(いずれも持ち帰り仕事を含む)。また厚生労働省が二〇〇五年の一一月から一二月に実施した「医師の勤務状況調査」によれば、宿直中の勤務が労働時間から除外され事実上のエグゼンプション状態に置かれている勤務医の週平均労働時間は六三・四時間であった。いま所定労働時間を一日八時間として、教員と医師の時間外労働を計算すると、どちらも月一〇〇時間を超える過労死ラインの残業を行っていることになる。こうした労働実態が示しているのは、「自律性」と「自己管理」を旨とするＷＥが制度化された場合に多くのホワイトカラー労働者を待ち受ける働き方である。

(15) 専門業務型裁量労働の対象とされる一九業務を以下に列記しておく。①新商品または新技術の研究開発等の業務、②情報処理システムの分析または設計の業務、③新聞・出版・放送等の取材または編集の業務、④衣服・広告等の新たなデザインの考案の業務、⑤放送番組等のプロデューサーまたはディレクターの業務、⑥コピーライターの業務、⑦公認会計士の業務、⑧弁護士の業務、⑨一級建築士の業務、⑩不動産鑑定士の業務、⑪弁理士の業務、⑫システムコンサルタントの業務、⑬インテリアコーディネーターの業務、⑭ゲーム用ソフトウェアの創作の業務、⑮証券アナリストの業務、⑯金融工学等の知識を用いて行う金融商品の開発の業務、⑰二級建築士または木造建築士の業務、⑱税理士の業務、⑲中小企業診断士の業務。

(16) 『週刊東洋経済』二〇〇七年一月一三日号。過労死は「自己管理」という奥谷氏の発言は、彼女が出席していた第六六回労働政策審議会労働条件分科会でも行われていた。そこでは労働者委員の長谷川裕子氏（連合・総合労働局長）が「現実に過労死とか過労自殺があって、労災認定を受けたり、訴訟をやっている人もいる」と述べたことに対して、「過労死まで行くというのは、やはり本人の自己管理ですよ」「全部他人の責任にするということは、甘やかしすぎですよ」と応じている。

(17) 日本大学准教授の安藤至大氏は、『日本経済新聞』二〇〇六年一二月一二日付の「経済教室」において、「労働者の待遇は、一律に規制せず、可能ならこれを市場に任せるほうが望ましい」という立場から、ＷＥの導入について論じている。彼が労働基準についてどのように考えているかは、過労死から人々を保護するには、「週四〇時間といった医学的に根拠のない規制」ではなく、厚生労働省の過労死認定基準とされる残業時間――「月一〇〇時間」あるいは「二―六か月にわたり月八〇時間」――のような「裏づけのある数字」を参考に規制する必要があると述べていることから知ることができる。

（18）二〇〇七年一月一八日開催の経済財政諮問会議の議事要旨。同会議のＨＰで読むことができる。

（19）『朝日新聞』二〇〇七年一月二三日付。

（20）J. A. Jacobs and K. Gerson, *The Time Divide: Work, Family, and Gender Inequality*, Harvard University Press, Cambridge, Massachusetts, 2004.

（21）L. Uchitelle, *The Disposable American: Layoffs and Their Consequences*, Knopf, New York, 2006.

第二章　雇用の外部化と製造業における派遣・請負

高田好章

はじめに

日本の製造現場が大きく変わってきている。製造ラインには、正社員、期間社員、パート、アルバイトなど多様な直接雇用の労働者が並んでいるだけでなく、いまでは間接雇用の派遣労働者までいる。みんな同じ作業をしているが、支払われる賃金は異なる。月給、日給、時給。どれだけもらうのかが違うだけではなく、誰からもらうのかまで違う。さらに、どれだけそこで働けるのかも違っている。ずっといる人、今年だけの人、今月だけの人、今週だけの人、いや今日だけの人までいる。明日になれば横にいる人は違う人かもしれない。そんな人たちが肩を並べて作業している。それがいまの日本の製造現場である。

銀行の窓口で働いている人のほとんどが派遣労働者で、正規労働者は一人しかいない支店もあるという(1)。メガバンクの派遣労働者が一〇億円もの横領をしていた、というニュースを聞くと(2)、派遣労働者にそこまで重要な仕事をさせていたのか、と驚く。働く人に仕事を紹介するハローワーク（公共職業安定所）にまで、人材派遣会社が要員を派遣するというニュースに接すると(3)、まるで笑い話のように聞こえる。

「必要な時に必要な部品だけ」が「必要な時に必要な人だけ」になった。それまでも「必要な人だけ」

しか雇っていないといえばそうかもしれないが、いまや「必要な時に必要な人だけ雇う」のではなく、「必要な時に必要な人だけ持ってきてもらう」のだ。本章ではそんな雇用の外部化（アウトソーシング）と、製造現場における変化を描いてみた。

I　人材派遣の解禁と拡大

総務省の「労働力調査詳細結果」（表2-1）によると、二〇〇六年（四―六月平均）では正規労働者三四五四万人に対し非正規労働者は一六四七万人、実に三二％に達し、三人に一人の割合になっている。一〇余年前の一九九四年の統計では二〇％であった。派遣労働者数は二〇〇〇年に三三万人だったが、二〇〇五年は一〇二万人と百万人の大台に乗っている。二〇〇六年四―六月現在の雇用者全体に対する派遣労働者の比率は二・三％であるが、二五歳から三四歳の層では四％に迫っている。また男女別では六割以上が女性である（表2-2）。以上は、世帯調査にもとづく統計値であるが、派遣事業主を調査した厚生労働省の「労働者派遣事業の平成一七年度事業報告の集計結果について」（表2-3）によると、派遣労働者数は、二〇〇五年度は二五五万人、常用換算派遣労働者数は一二四万人、派遣件数六六万件、人材派遣会社の年間売上高は四兆三五一億円にのぼる。一九九七年度からの八年間に三倍の売上げ増加である。同様に事業者数も三万社以上と急増している。派遣労働者の内訳は、派遣会社に名前を登録し派遣要請があった時だけ雇用契約を結ぶ登録型労働者で過去一年間雇用された人が約一九三万人と大半を占め、派遣会社の正規労働者として派遣される常用雇用型労働者は六一万人でしかない。厚生労働省の「派遣労働者実態調査結果

表2-1　雇用者の雇用形態別人数　（単位：万人）

	2000年	2001年	2002年	2003年	2004年	2005年	2006年
正規の職員・従業員	3,611	3,622	3,529	3,445	3,433	3,408	3,454
パート・アルバイト	1,064	1,139	1,012	1,069	1,081	1,108	1,112
労働者派遣事業所の派遣社員	33	45	46	46	90	102	120
契約社員・嘱託・その他	160	162	349	368	383	414	415
合計（役員を除く雇用者）	4,868	4,968	4,936	4,928	4,987	5,032	5,101

（出所）　総務省「労働力調査詳細結果」。
（注）　毎年4月から6月までの四半期平均。ただし，2000年，2001年は2月の特別調査。

の概況」によると、二〇〇四年八月三一日の調査時点で、派遣労働者が就業している事業所の割合は三一・五％となっている。これを産業別にみると、金融・保険業で六三・八％と最も高く、次いで情報通信業五〇・三％、不動産業四八・六％、製造業三八・五％の順となっている。

一九八五年の労働者派遣法の成立（八六年施行）以来、人材派遣の対象業務は、当初の一三業務から二六業務に拡大されてきたが[4]、一九九九年の改正で、港湾運送業務、建設業務、警備業務、医療行為等に係る業務、物の製造業務を除き、他の業務については原則自由化された。さらに、二〇〇四年三月には製造業務への派遣が解禁された。また業務の種類による派遣可能期間についても何度か緩和され、現時点では従来三年とされてきた二六業務は期間制限が撤廃され、当初一年とされていた製造業務は最長三年まで可能となっている。

労働者派遣法の建前は、その企業にもともと備わっていない特殊な技能を持っている労働者を、その企業が自ら育てるのではなく、外部の専門の人に来てもらって、ある特定の仕事でその時だけ助けてもらうことにある。そのために派遣の対象業務は「専門性の高い」業務とされてきた。しかし、専門性が高いとして指定された二六業種をみると、「ファイリングの業務」、「事務機器操作の業務」、「建築物清掃の業務」、「案内・受付、駐車場管理の業務」などの単純労働も派遣対象にされている[5]。これは労働者派遣法が同法の成立以前に、警備、清掃、事務処理、情報処理などの業務において、業務処理請負を装って既成事実化してきた人材派遣を追認した経緯を考えると、意外なことではない[6]。

人材派遣会社は全国津々浦々に求人センター網を張り巡らしている。ファーストフード店やコンビニ、

（単位：万人）

合計	男	女
3,454	2,406	1,048
1,112	231	880
120	44	76
276	143	134
139	71	68
5,101	2,895	2,206

2001年度	2002年度	2003年度	2004年度	2005年度
4,728	6,551	7,670	9,273	14,688
6,843	8,104	9,134	11,005	16,673
11,571	14,655	16,804	20,278	31,361
1,449,352	1,791,060	1,986,974	1,844,844	1,933,982
157,450	187,813	236,519	274,813	455,782
313,535	354,824	368,234	469,034	626,200
141,111	150,781	138,887	146,387	156,850
1,747,913	2,129,654	2,362,380	2,266,044	2,546,614
612,096	693,418	743,640	890,234	1,238,832
319,924	338,439	401,345	467,565	619,702
25,918	24,776	23,508	29,553	39,829
345,842	363,215	424,853	497,118	659,531
15,606	18,101	19,136	23,280	33,263
3,856	4,371	4,478	5,335	7,088
19,462	22,472	23,614	28,615	40,351

般)，常用（一般)，常用（特定）の合計で，常用以外（一般）は，

表 2-2　雇用者の年齢別雇用形態別人数

年齢階級	15～24	25～34	35～44	45～54	55～64	65～
正規の職員・従業員	317	999	846	747	482	63
パート・アルバイト	188	181	230	240	208	65
労働者派遣事業所の派遣社員	20	52	26	11	8	4
契約社員・嘱託	31	60	43	47	68	27
その他	13	25	22	26	33	20
合計（役員を除く雇用者）	569	1,317	1,167	1,071	799	179

(出所)　総務省「労働力調査詳細結果」2006年4～6月四半期平均。

表 2-3　労働者派遣事業の事業所数，派遣労働者数

		1997年度	1998年度	1999年度	2000年度
事業所数（社）	一般	2,632	3,026	3,352	4,023
	特定	6,627	6,985	6,326	6,307
	合計	9,259	10,011	9,678	10,330
派遣労働者数（人）	登録（一般）	695,045	749,635	892,234	1,113,521
	常用（一般）	93,957	72,885	112,856	137,392
	常用以外（一般）	179,774	161,275	218,787	264,220
	常用（特定）	66,328	72,754	62,859	135,451
	合計	855,330	895,274	1,067,949	1,386,364
	常用換算	340,059	306,914	394,502	537,063
派遣先件数	一般	256,606	240,186	241,819	269,321
	特定	22,675	44,860	22,620	23,896
	合計	279,281	285,046	264,439	293,217
売上高（億円）	一般	9,368	10,704	10,821	12,847
	特定	3,967	5,002	3,784	3,870
	合計	13,335	15,706	14,605	16,717

(出所)　厚生労働省「労働者派遣事業の平成16年度事業報告の集計結果」，同「17年度集計結果」。
(注)　1)「一般」は一般労働者派遣事業，「特定」は特定労働者派遣事業である。
2)　事業所数は一般・特定に重複している事業者がある。派遣労働者数の合計は，登録（一
登録（一般）が派遣された場合の常用換算された人数。「常用換算」は登録以外の合計。

駅構内に無料の求人雑誌を置き、新聞折込広告やインターネットで常時求人をしている。大阪の「ハローワークうめだ職業情報センター」はかつてビルの一三階にあった。求職者は満席の約百台あるパソコンをたたいて、プリンターで求人票を打ち出し、それからひとつ上の階へ上がっていく。一四階には人材派遣会社クリスタルグループの「梅田登録センター」があった。[7] なんとも、みごとな両者のセットである。まさに職業紹介の民営化は、人材派遣の進展とともに進んだのである。

それでは、派遣される労働者は、どのような労働環境のもとに置かれ、どのように働いているのであろうか。労働組合（UIゼンセン同盟）が加盟企業で働く派遣労働者の実態調査を二〇〇五年三月に実施したところ六〇〇人から回答があった。平均年齢は男性で三五・五歳、女性は三一・七歳、八割近くの人が正規労働者として働いた経験があり、うち男性の三割が倒産解雇で、また女性の二割が結婚・出産を理由に正規労働者を辞めている。平均時給は男性が一一八五円、女性が一一四七円となり、ほとんどが一日八時間・週五日働いているが、年収で計算すると（年一九〇〇時間、残業除く）、男性は二四四万円、女性は二三七万円にしかならない。そのためこの調査で将来の不安の一番にあげられているのが「経済的に安心な老後がもてない」で男女とも五割を超えていて、「生活費をまかなえない」が続く。三四歳以下の男性の四一・五％が「今の状態では結婚できない」とし、二〇代の女性の二〇・七％が「子どもを生み育てることができない」と答えている。しかし、仕事に対しては「やりがいを感じる」という人が男性で八一・五％、女性で七二・二％もあることに注目しなければならない。大部分の派遣労働者は、自分のやっている仕事に対して誇りとやりがいを感じているが、それに対する賃金が生活や将来設計できない金額に抑えられている。そのうえ派遣労働者の収入は減る傾向にある。ＮＰＯ法人「派遣労働ネットワーク」が実施した調査によると、時給は一九九四年で一七〇四円だったのが、二〇〇四年には一四三〇円、年収で二六六万円から二一六万円に落ちている。さらに不安なのが、派遣期間が短くなっていることである。二〇〇四年調査では契約期間三か月の人が四九・四%にのぼり二〇〇一年調査より約二〇ポイント増えている。一か月と二か月契約の人が一二%いて、三か月以下の短期間の人が六割強となっているのである。

登録型の派遣であれば、企業と折半で掛ける厚生年金や介護保険に入ることができず、自ら健康保険や国民年金などの社会保険料を全額負担しなければならない(8)。したがって、たとえば給与が二〇万円あっても実際に使える額はもっと少なくなる。国民年金だけでは将来もらえる年金の額も少ない、という不安もある。派遣労働者ではクレジットカードがつくれないと聞く。クレジット会社にしてみれば、不安定な所得であるからという理由であるが、そのクレジット会社にしても多くの派遣労働者が働いてはじめて仕事が成り立っている。その派遣労働者がクレジットカードをつくれないとは、皮肉でしかない。

ましてや、派遣労働者は将来もそのまま同じ職場で働き続けることはできない。明日は来なくていいといわれるかもしれない。それを言い渡すのはいま仕事をしている職場の人ではなく、人材派遣会社の人である。賃金が安いというだけでなく、いつ解雇されるかわからない不安にいつもさらされている。そもそも正社員として働きたいが、正社員として雇ってくれないがために、多くの人たちが派遣労働者として働いているのである(9)。

実際に派遣の仕事をしている人の声を聞いてみよう。「高校卒業後、秋田から東京に出て来て一〇年になる。就職したスーパーを四年半で辞めて派遣社員になった。……。いつも五社ぐらいの人材派遣会社に登録しているので、仕事が途絶えたことはない。派遣期間は短くて一か月、長くて二年。現在の派遣先で九社目だ。契約打ち切りは、突然やってくる。更新日の一か月ほど前に、人材派遣会社の営業マンが職場に現れ、応接室に呼び出される。『残念ですが』と切り出されると、ビクッとする。人件費削減とか事業縮小とか、そんな理由を説明されるけど、仕事ができなかったと遠回しに言い渡されているような気も、たまにする。席に戻ると、周りはいつもと同じように働いている。職場からの説明は、一切ない。聞きたくても聞けない。だから自分も普段通りに仕事を続ける。いろんな場面を思い出して、何がいけなかったのかと考え込んで、ちょっとずつ積み上げてきた自信がバラバラになる。派遣社員って、派遣会社の『商品』なんだと思う。同じ職場で一緒に働いている人たちは、実はみんなお客さん。機嫌を損ねれば、いつ『返品』されるか分からない。だから本音は出さない(10)」。

派遣労働者には前述のように、常用型と登録型がある。人材派遣会社が正規労働者として雇用して派遣する常用型に対して、登録型は派遣会社に単に登録するだけで、仕事がある時に呼び出しを受けて、その期間だけ雇用されて派遣される有期雇用の労働者である。したがって、派遣がなくなれば当然派遣会社からの雇用も打ち切りとなる。上記の彼女はそのような職歴を重ねてきたのである。この事実だけを見るならば、登録型の人材派遣とは労働者供給であって、本来職業安定法が禁止していたそのものである。労働者は間接雇用によって働いている会社に使い捨てにされることに抗議できないし、逆に必要な時に働かせ、必要でなくなったら辞めさせることが簡単だからこそ、企業は間接雇用という雇用責任のない派遣労働者を使うのである(11)。いつでも辞めさせることができるだけでなく、違法であっても派遣期間を何度も更新している(12)。ここに企業が派遣労働者を使う理由がある。

Ⅱ　製造業における派遣と請負、その実態

　戦前の鉱山や重工業の工場においては、労働者は親方制度（職工を抱える親方が会社と契約して彼らを会社に派遣する）のもとで著しい人権侵害の状態に置かれていた。戦後は、労働者を無権利状態において中間搾取する人夫供給業などの労働者供給事業は民主国家にふさわしくないという理由から、一九四七年に制定された職業安定法によって禁止された。法律上禁止されたが、建築現場や鉱山業などではそのような形態が続いていた。また、近代的な製造業においても、一九五二年に同法施行規則が改正され、社外工、臨時工（あるいは請負工）という形で間接雇用の利用が広まった。[13] ただ、企業が直接人材派遣の労働者を使うことはできなかった。

　一九八五年に労働者供給を営むことも受け入れることも禁じてきた職業安定法が改定され、労働者派遣法が成立した後も、製造業への派遣は長らく禁止されてきた。それどころか、同法成立時の国会では、わざわざ製造業の直接生産工程に従事する業務を対象にしない、という付帯決議までしている。しかし、すでに述べたように二〇〇三年の改定（〇四年施行）によって製造現場への派遣が合法化された。[14] 一九九五年、当時の財界労務部であった日経連が『新時代の「日本的経営」』を発表し、人材派遣は原則禁止ではなく原則自由とするように主張し、[15] 特定の業務を許可するのではなく特定の業務だけを規制するように法律の趣旨を逆転する要求をしている。また、国際的にもＯＥＣＤとＩＬＯにおける規制緩和の動きがあった。[16]

　これまで製造現場では人材派遣は業務請負という隠蔽された形で行われていた。構内請負としての業務

請負では、請負会社が生産を製造会社から請け負い、製造会社の製造設備を借り受けて、つまり人間だけが出向いて製造する。ただし、指揮監督は請負会社が行うことが必要で、製造会社の社員が直接指示することはできない。また、製造ラインも分け、工場内で請負会社用の製造ラインを設けるように労働基準監督署が指導していた。これが、先の法改定で製造現場への人材派遣が認められたことから、業務請負では違法とされていた製造会社の社員による直接の指揮監督も可能となり、また製造ラインを分ける必要もなく、正規労働者と同じ製造ラインで混在して製造業務に就くことができるようになった。

これはきわめて大きな変化である。生産というものは、常に突発的な変動をともなう。たとえば、輸送の遅れによる資材の未着がある。資材が着いたとしても受け入れ検査で不良品が見つかってロットアウトになったり、確認まで時間がかかったりする。また機械の調子が悪く規格内の製品がつくれずにラインが止まることもある。さらに、売れ行きが思わしくなく、急に生産計画が変わり、生産数量が減ったり、製造中止になったり、逆に計画以上に売れ行きがよく、即急に製造数量を増やさなければならない、そんな急な生産変更があるのが製造現場である。そこで、製造ラインを別にして、一定の数量だけ業務請負会社へ計画的に出すことのほうがむしろ難しい。合法的な業務請負の形で製造数量を確保して請負会社に製造させながら、急な生産変更に対応することはとても難しいことである。手のあいている人を忙しい所へ回すという製造現場では当たり前のことが、業務請負では違法な製造行為となるが、その歯止めは法律という形式でしかない。製造ラインと製造ラインの間に垣根はない。製造している場所は同じ、製造ラインの隣では同じ機械と資材を使っているかもしれない。後ろに一八〇度向きを変えれば、そのまま別の製造ラインで手を動かすことができる。そんな製造現場は数多くあるはずだ。業務請負の製造ラインには請負会社の社員である監督者が必要だが、彼らすべてが製造現場における専門的な知識を持ちえているか疑わしく、製造会社の監督者からの「指導」が必要な場面、つまり実質的に直接監督を受ける場面は多いはずである。そんな職場における構内請負としての業務請負は最初から違法性を黙認したものとなる。そのように請負会社がすべての業務請負を合法的に行ってきたとは言い切れない。

そもそも製造現場における業務請負には大きな困難がつきまとう。監督者が業務に精通した専門家でないかぎり、製造ラインを監視することもできない。機械に触ることもできない。それだけの技能を身につける時間も余裕もない。別の職場に行けば、別の技能が必要となる。製造ラインは単純な作業の連続であったとしても、その場その場で必要となる常識、習慣、技能がある。それがなければ、製造ラインは止まってしまう。仕掛品が滞ってしまう。そうなると生産性が極端に悪くなる。側にいる製造会社の労働者が製造ラインで起こる不測の事態への対処方法を知っているがゆえに、製造ラインが滞ることなくスムーズに動くのである。製造ラインがスムーズに動くかどうかの鍵を、現場の監督者が握っていることが大いにある。

このような事例をみると、業務請負とは人材派遣の隠れ蓑でしかない。実際、柔軟性のある労働者の配置をしないと雇用の外部化をしているメリットがでてこない。とすれば、むしろ製造現場ではこれまでも業務請負に名を借りた人材派遣である偽装請負が行われていたと考えるべきで、業務請負と人材派遣の両者に差はなく、形態だけ法律が後追いしたということである。ただし、法律で人材派遣が解禁されても、すべてがすぐに偽装請負から人材派遣に切り替わるわけではない。業務請負の形をとれば、そのまま労働者を不安定な状態において使い続けることはできるが、派遣労働者となってしまえば、三年後には直接雇用しなければならないし、また使用者責任をまぬがれるためにも、低賃金のまま使うためにも、業務請負の形のほうが製造会社にとっては有利であるため、労働者派遣法の改定後も偽装請負がそのまま続いている。

実態として、業務請負が人材派遣であることがわかっていて、どうしていままでそれが法的に摘発されてこなかったのであろうか。形式的な要件が整っていれば、その実態を調べることなくすましていた、というよりそれを摘発すれば、たちまち企業の製造ラインが混乱に陥ることは目に見えていたからにほかならない。その実態を後追いするように、製造現場にたいする人材派遣を法的に認めたのである。業務請負と人材派遣との区分については、すでに二〇年以上まえの一九八六年に労働省が告示第三七号として出している。しかしながら、それ以後二〇年間も大きな問題とならずにそのまま置いておかれたということは、それを規制すると主要産業の製造業が成り立たなくなるからであった。それが、労働者派遣法の改定によって合法化した今日、各地の労働局が偽装請負の摘発に乗り出したのは、労働者派遣という合法的な受け皿ができながら多くの企業で違法な偽装請負が広範に行われ、社会的な問題として無視できなくなってきたという背景がある。実際に、偽装請負について法的に摘発を強めたのは、法改正以降である。(17)

各地の労働局が行政指導をした結果をみると、二〇〇五年度に東京都内で調査した請負事業所の八割以上が是正指導を受けていて、是正指導事項件数一八五件のうち四割の七六件が偽装請負に関するものであった（表2-4）。同様に二〇〇五年度に愛知県内で是正指導を受けた業務請負事業所の受託者・発注者のすべてで、偽装請負が指摘されているという、驚くべき結果が出ている（表2-5）。このような結果を受けて、各地の労働局は二〇〇五年秋に「労働者派遣・業務請負適正化キャンペーン」として立ち入り調査

表 2-4　個別指導の実施と是正事業所数（東京都, 2005年度）

	労働者派遣法関係	うち業務請負
実施事業所数	1,050	175
是正指導事業所数	793	148
是正指導率（%）	75.5	84.6
是正指導事項数	1,402	185
偽装請負件数	—	76

（出所）　東京労働局「事業所に対する指導監督状況」平成17年度。

表 2-5　個別指導の実施と是正事業所数（愛知県, 2005年度）

	労働者派遣事業		請負事業		合計
	派遣元	派遣先	受託者	発注者	
実施事業所数	293（159）	65	28	53	439（305）
是正指導事業所数	141	58	24	44	267
是正指導率（%）	48.1（88.7）	89.2	85.7	83.0	60.8（87.5）
うち偽装請負事業所数	—	—	24	44	—

（出所）　愛知労働局「平成17年度における労働者派遣事業所の動向と指導監督等の状況」。
（注）　（　）内数は定期指導監督分134を省いたもの。

をした。東京労働局の発表によると、東京都では業務請負事業所七一のうち違反事業所は五七にのぼり、偽装請負として改善の必要のあった取引件数は実に三万七七二四件ということになった。また、大阪労働局でのキャンペーンの結果は表2-6のとおりであるが、業務請負の是正指導の半数は偽装請負であり、立ち入り調査の件数の少なさからいうと、もっと多くの企業で偽装請負が事実上常態化しているということができる。

是正指導が急増しているのは監視体制を強化したからである。偽装請負が増えたのではなく、摘発が増えたのである。[18] さらに法改正後も雇用責任をまぬがれるように、多くの企業で偽装請負が続いている。それも日本の製造業を代表する企業である松下電器産業、キヤノン、トヨタ自動車等の子会社、つまり実質的に日本の成長著しい重要な製造部門を担

表 2-6　個別指導の実施と是正事業所数（大阪府，2005年10月～12月）

	労働者派遣事業		請負事業		合計
	派遣元	派遣先	受託者	発注者	
実施事業所数	47	71	16	29	163（130）
是正指導事業所数	26	22	10	11	69
是正指導率（%）	55.3	31.0	62.5	27.9	42.3（53.1）
うち偽装請負	—	—	6	4	—

（出所）　大阪労働局「労働者派遣・請負適正化キャンペーン」実施結果。
（注）（　）内数は重複分33を省いたもの。

っている企業で偽装請負が行われていることが暴かれた。[19] そのなかでも悪質なのが松下電器産業系子会社である松下プラズマディスプレイである。偽装請負是正の行政指導があり、それに従い派遣労働者として契約を切り替えたにもかかわらず、派遣期間の制限である一年（当時）を前にして再び請負契約に戻し、驚くべきことに正規労働者である製造ラインの監督者を一年間の期限付きで請負会社に出向させたのである。その数は二〇〇人にものぼる大量出向となった。[20] 偽装請負という違法行為を犯しながら、さらに法律の趣旨を踏みにじるようなやり方である。[21] 製造業務への人材派遣の期限終了後も派遣労働者を使用する場合は、派遣先は当人に対して直接雇用の申し込みをしなければならない。それを回避する手段として大量出向が考え出された。これが許されるならば、労働者派遣法が有名無実のものとなり、偽装請負が事実上野放しになってしまう。そのような製造現場に労働者を多く供給していた大手の人材派遣会社クリスタルグループが、偽装請負では初めての事業停止命令を受けた。[22] その後同業者のグッドウィルに買収されたことは、偽装請負でなければ企業として成り立っていかなかったことを示している。

以上のような報道をうけて、キャノンやトヨタ系部品会社、松下プラズマディスプレイは、今後請負労働者を直接雇用するとの方針を発表しているが[23]、その数は請負労働者のわずかな一部でしかない。根本的に製造ラインが、業務請負の形をとって労働者の派遣によって担われている状況には変わりはない。それが日本の代表的な製造現場の姿であることを強調しておかねばならない。大手企業がこのような状況であるならば、それよりも厳しい経営状況にある中小企業の製造現場がどのようになっているのかは、推して知るべしである。

たとえ、上記のように各地の労働局が偽装請負を摘発して、是正処置として派遣労働に変わったとしても、間接雇用としての雇用の外部化が解消されるわけではない。労働需給のバッファーとして間接雇用が製造現場で定着することに対しては、労働者を保護する対策が必要である。外部雇用が安上がりだということは、逆に労働者の生活の不安定につながっている。経団連は、働き続けたいという労働者の希望を尊重して派遣期間の制限を撤廃せよと要求しているが、派遣という使い捨ての働かせ方をなくさない限り、根本的な解決とならない。また、業務請負で働いていた労働者が直接雇用になったとしても、雇用期間が限られた期間社員への採用に限定されれば、結局期限がくれば解雇される。

偽装請負において問題なのは、雇用契約だけではない。労災が起こった場合にその安全責任があいまいになる。最悪は労災隠しや労災とばしにいたる。日本における最新鋭の製造工場と注目されている液晶テレビをつくるシャープ亀山工場で、二〇〇四年三月偽装請負で働いていた労働者に起こった労災事故が、シャープの工場ではない場所で起こったという報告書にして労働基準監督署に提出されていることが発覚した。この場合、請負契約は二次下請にまで出されていて、被災者が当初労災扱いしないことに抗議すると、別の場所での労災にすることを求められたという[24]。典型な労災とばしである。さらにトヨタ自動車グループ部品メーカーのトヨタ車体精工で二〇〇六年三月、実際には偽装請負である請負労働者に起きた労災事故が報告されていないことがわかった。[25] 雇用責任が労災隠し・労災とばしという形で回避されたのである。明らかになったものは、氷山の一角でしかない。日本の多くの製造現場でこれらのことが起こっている可能性が大いにある。

さらに偽装請負では社会保険の未加入が問題となる。人材派遣の場合は社会保険の加入を受入企業が確認する必要があるが、請負契約では受入企業にその必要はない。とくに請負会社では社会保険の加入率は七割程度しかない。社会保険への加入を労働者が要求すると「入るなら時給を一〇〇円下げる」と言われたという。請負代金には社会保険料も含まれるのに、請負会社は社会保険に未加入で、その分が会社の利益になる。労働者側にも月数万円の自己負担分を嫌う背景もあるが、それは基本的に賃金が低いからである。結局、偽装請負によって社会保険の未加入が受入企業で黙認されてしまうという、さらなる雇用責任回避の実態がある。[26]

Ⅲ　製造現場への人材派遣の問題点

ともかくも、製造現場における人材派遣は合法化された。解禁を待っていたかのようにさっそくトヨタ自動車が採用した。[27] これまでトヨタ自動車では期間労働者として雇用調整を行ってきたが、これからは期間労働者とともに、派遣労働者が一緒に働くことになる。トヨタ式生産方式のなかで派遣労働者の採用がどの程度定着していくか、いきなりドタキャン（その日に労働者が出勤してこない）が起こったことから見ても、その行く末が注目されている。

冒頭に述べたように、製造現場に派遣労働者が入った結果、職場である製造ラインにはさまざまな雇用形態の労働者が一緒に並ぶことになった。いや、以前からそのような状況はあった。正規労働者がいる、期間労働者がいる、パートもアルバイトも以前から製造ラインに並んで一緒に作業をしていた。そこに雇用主が違う派遣労働者が入ってきたのである。同じ雇用主の元で働いている人たちの間でさえ、この人はずっと一緒に働くけれどあの人は来月いない、あそこの人は今週まで、今日だけ来ている人もいる。いくらもらっているか、それぞれが違う賃金で働いている。月給の人、日給の人、時給の人。同じ仕事で違う賃金となっている。そんな職場に、今度は派遣の人がやってきた。はたして同じ仲間ということができるだろうか。もう誰が誰に雇われているか、同じものは何もない。同じ製造ラインに立ち、同じ職場にいることだけがお互いをつなぐ糸となる。職場が「人種のるつぼ」ならぬ「働き方・働かされ方のるつぼ」となった。

るつぼとなった製造ラインでは、ラインの責任者は大変である。誰が誰だか名前がわからない。名札はしているが、毎日のように人が代わるので、いちいち名前を確かめてから指示を出すような余裕はない。短期間しかいない人の名前を覚えることのほうが大変で、ラインの責任者はその人たちを「派遣さん」とか、「そこのお兄ちゃん」、「お姉ちゃん」などと呼ぶほうが多くなる。制服を用意するのも大変な仕事となる。派遣労働者が変わるのに応じてサイズの違う制服をそろえる。その間に人材派遣会社が新しい派遣労働者を連れてくる。事前面接は法的には禁止されているが、職場見学と称して製造現場を観て、制服あわせをする。そのような工場は、毎日が面接日となってしまう。

そんなるつぼの職場でドタキャンは日常茶飯事である。その日の朝に休みの連絡が入る。製造ライン担当者があてにしていた人がこない。早くも製造ラインが動き出す。そのうちに「今日は休みます」の連絡がある。ひどいのになると連絡もない。どうしたのかと思ってこちらから連絡すると、「もう辞める」と答えが返ってくる。製造現場に責任を持たない人たちが多くいる職場となってしまっている。だから責任を持たされる現場の担当者は大変なのである。普通の状態でも、法定の有給休暇をとっている労働者がいるため、全体の一割ほどが休んでいる。それにドタキャンの欠勤者が出る。アルバイトやパートの場合は社内の採用担当者にその責任があるが、派遣労働者の場合は、人材派遣会社に契約違反だと会社が抗議できる。人材派遣会社は人を連れてくるのが使命なので、直ちに代わりの人を連れてくる。人材派遣会社には人材派遣会社同士の競争があり、同業他社が新規参入を狙っているため、迅速な対応が必要となる。そのような人が出ないように派遣労働者の「質」を高めることが人材派遣会社の使命となる。

登録派遣では、派遣業者はあらかじめ派遣労働者を雇用しているわけではなく、名簿に登録していて、派遣要請の注文が入れば登録者の名簿からめぼしい人を派遣するのだが、それだけではない。通勤事情などもあり、注文企業の近隣に住む登録者が少ないか、あるいはいないことがある。そこで、注文企業の近辺にチラシをまいて人集めをする。なんのことはない、派遣業者が製造業者に代わって人集めをしているだけである。製造業者が自らアルバイト募集をしていて人が集まりそうにないから、派遣業者に頼むと、製造業者の工場周辺に派遣業者のチラシが大量にまかれる。一方は時給七五〇円のアルバイト、もう一方は一〇〇〇円の派遣労働、どちらに行くか。派遣業者は一四〇〇円で製造業者に派遣する。製造業者が求人チラシを出しても、求人紙に載せても、なかなか集まらない。コストアップになっても、確実に労働者を集めてくる派遣業者が頼りとなる。おまけに雇用責任もまぬがれる。

どれだけ要求にそった人を集めてくるかが、派遣業者の手腕である。人が急に必要となったら、自ら人を集めるのではなく、派遣業者に依頼する。労働者派遣法が改定されて、製造業への派遣が解禁されて以後、製造業者における臨時の人集めのやり方が、そのような形に変わってきた。実際、解禁以後、製造業者の人事担当者には派遣業者から多くのダイレクトメールや電話、売り込み訪問などが目に見えて多くなってきた。登録型の人材派遣を行うには派遣業者は一般労働者派遣事業として許可を得なければならないというハードルがあるが、そのハードルを越えた大小多数の派遣業者が、入り乱れて製造業者に売り込みをかけているのが、現実に起こっている状況である。ここには、雇用の責任などない。注文が入れば、派遣業者は雇用して、製造業者へ派遣する。派遣の期限が過ぎれば、もっと最悪の場合は製造業者の予定が変わり途中でいらなくなれば、注文が取り消され、当然派遣業者はその労働者との雇用契約も破棄する。このようなことが、現実の製造現場で行われているのである。

下請製造をしている中小企業は多い。注文主から計画的に受注があって製造することができれば一番いい。事前に製造計画が出されていても、下請企業同士の受注競争があり、計画通り受注できるかどうかわからない。受注が決まっても製造数量が計画通りではなく変更されることが多々ある。これまで製造会社がある企業からの下請として製品の製造を受けている場合でも、注文主が生産数量を急に変えてくるということは、日常茶飯事である。下請に出した企業側は自分の都合でどうにでも変更できるが、下請を受けた側は自分の都合ではなく、相手の都合に合わせて製造計画を立て、急な製造計画の変更に応じなければならない。それができなければ、下請として製造会社は生き残ることができない。したがって、休日は相手の都合に合わせて取ることとなる。休めるかどうかは相手次第である。たとえば注文主からの資材の入荷が遅れたり、注文主の販売計画の変更により製造日程がずらされたりしたら、生産計画も変更だらけである。そのように平日では間に合わず、休日に製造することもある。割増の賃金を払って休日に製造すれば当然利益も減ってしまう。そんな不安定な生産状況であるからこそ、そこで働く人たちにも不安定な雇用しか提供することができない。そこに、パートやアルバイトだけでなく、派遣労働者を使う要因が出てくる。ましてや、受注競争のなかで、できるだけ製造コストを下げなければならない。当然人件費部分を削る必要に迫られる。そこに正規労働者ではなく、パートやアルバイトを使い、急な変更にも対応できるように派遣労働者を配置する必然性が出てくる。(28)

再び、製造現場で働く派遣労働者（偽装請負の労働者であるが）の声を聞こう。

キャノンの大分にあるデジタルカメラの工場での話。「沖縄出身で三〇代前半の男性がぼやいた。『昼休みはたった四〇分。メシを食う気力もない』。立ちっぱなしの作業でむくんだ足。ほこりから製品を守るための仕事着を着替えて食堂まで行くのに片道一〇分かかる。往復することを考えると、とても行く気にならない。だから昼休みは、空腹を我慢し、横になって午後の仕事に備える。……『作業は単純で楽だけど、先がない。ずっと同じ仕事を同じ給料で続けるだけ。キャリアを積んだ上の仕事、ということもない』。……『求人広告では月収二二万円可能、なんて言っていたけど、全然違った』と女性（二九）は憤慨する。実際には一六万円程度で、社会保険料や家賃、携帯電話代などを引くと、生活費は数万円しか残らない。会社に文句を言ったが、担当者は『残業や休日出勤があれば計算上はあり得る』とにべもない。腹は立つが、仲間たちは『どうせ長く働くわけでもない』とあきらめ顔だ(29)」。

彼ら／彼女らの感想は、派遣労働者が抱える問題点を如実に物語っている。派遣労働者は商品であるがゆえに、品質が高くなければ売れない。それほど高い技能を必要としない製造ラインにおける人手として派遣された場合は、仕事をすることによってなんらかの技能を身につけ、それを将来に生かしていくという、これまであった仕事に対する展望が描けない世界が広がっている。

このような製造現場における働く人たちの変化にともなって、それまで培ってきた技能の伝承ができないという問題が出てくる。当たり前に作業をすることからして、それはその職場に長く居続けることによって可能になる。職場にいなければ当たり前が学べない。同じ職場にいるからこそ学べるのである。毎日職場が変わる人たちはきょう学んだことがあすは要らない。教える側もその人があすいないのなら教える気にもならない。そんな風に職場の様子が変わり、そこに働く人たちの働き方、とくに教え方、教えられ方も変わってくる。そのため製造現場での派遣労働者が急速に拡大することを危惧する声が、企業の側からも出ている。人材派遣が製造現場で大幅に行われると、生産効率が低下し、かえって経費増になる場合があるという。職場の生産性を保つためには正規労働者が必要となる。それではどのくらい派遣労働者を入れればいいのか。通常三割が限界といわれている[30]。現実には、すでに製造現場でその限界を超える派遣労働者が働いているのである。

るつぼとなった職場には安全の死角がいっぱいある。これまでの職場の常識が通用しなくなると、当たり前に安全に作業していたことが、知らない人には危険な作業となってしまう可能性が多くなる。技術の教育と同じように、きょうだけの人にどれだけ安全教育をするのか。ましてやマニュアルにあることではなく、突然やってくる事故に対処するには、これまで職場で積み上げてきた経験知が必要となる。それがきょう来た人にはわからない。新人が少なければ先輩はその人に注意をするだけでいい。ところが多くの派遣労働者という新人が来ると、全員に注意を促すことなどできなくなる。ここに安全の落とし穴がある。[31]二〇〇二年六月八日午前〇時過ぎ、トヨタ車体いなべ工場で同社の男性社員と請負会社の男性社員が六〇〇トンプレス機に上半身を挟まれて死亡した。深夜には請負労働者が多くいたが、必要な作業中の表示や監視員を置かなかった安全対策不備であった。労働基準監督署職員は、「請負労働者が多い工場では作業員が頻繁に入れ替わり、不具合の場所などの危険情報を共有しにくい」と指摘している。沖電気工業本庄工場のベラテン社員は、自分の近くに配属になる請負会社の社員の顔と名前も覚えにくいほど頻繁に入れ替わり、「請負のお兄ちゃんたちは隣で働く社員や請負の仲間が作業を間違っているのに気づいても、もめ事になるのが面倒だからそのまま流してしまうんだよな」という。[32]これは、派遣労働者が製造現場に合法的に入ってくる前の話である。これからは派遣労働者が合法的に、大量に製造現場に送り込まれてくる。そのとき、安全の死角がますます多くなってくることを危惧しなければならない。

Ⅳ　雇用の外部化と製造業における変化

最初に述べた登録型派遣労働者の増加と人材派遣会社の増加、さらに人材派遣会社の売上高の急増は、まさに製造現場への労働者派遣が解禁されたことの結果であるといって過言ではない。労働者供給業が大手を振って闊歩する日本で、その会社の「商品」として働く派遣労働者が、「日雇い派遣」などの言葉に象徴されるようになったのも、製造現場への労働者派遣解禁に端を発している。派遣労働者として働く「商品」となった彼ら／彼女らが、低賃金であるうえに、きわめて不安定な雇用のもとにおかれていることが、昨今の格差社会問題の主要な一因であることは間違いない。とくに、それが深刻化したのは製造現場における労働者派遣解禁後であることに、注目しなければならない。

雇用の外部化の進展は、働く人たちのなかに格差を生んでくる。これまでも格差はあったが、職場と仕事の違いによるものであった。しかし、同じ職場で、同じ仕事をしながら、働く者同士にあきらかな違いがあるときには、大きな格差を覚えるし、なぜこんな格差があるのか、どこかおかしいのではないか、と疑問を感じる。かつては別の製造ラインで働いていて、同じ労働をしていても製造ラインは違うし作業服も違う、監督される人も違えば、正規労働者との違いは明確に分かれていた。しかし、同じ製造ラインのなかで、同じ作業服を着て、同じ監督者から指示を受けて、同じ仕事をするときには、どうしてあの人と私は違うのか、あの人はこれからもずっとここで働くことができるのに、私はあすは来ていないかもしれない。もっと疑問なのは、なぜ私はこんなに一生懸命仕事をしてもあの人と賃金は違うのか、社会保険に入れないのか、と疑問を感じる。それなら製造ラインのすべての人を派遣労働者に替えてしまえばいいのかというと、そうではない。どんな単純な作業であっても仕事には経験が必要である。作業の手順、注意すべきところ、不良品の発見など、製品をつくるときの品質保持と、製品原価に重要な影響を与える作業の効率化のためには、製造ラインをよく知る作業員が欠かせない。したがって、それぞれの製造ラインには少ない人数であれ正規労働者が必要なのである。それでなければ、製造ラインの維持管理ができない。製造ラインを維持していくならば正規労働者を配置して、緊急の増産時に非正規労働者を入れて対応することになる。その場合、まず最初に派遣労働者ではなくパート・アルバイトなどの直接雇用での形態で製造ラインの維持に努めるであろう。なぜなら、現状の法規制のもとでは、製造ラインでの派遣労働者はこれまで一年間の期限付きであり、三年に延びたとしても有期限であり、その後は直接雇用する必要がある。したがって、いまの法規制のもとでは、製造ラインのすべてが派遣労働者に替わってしまう状況にはない。しかし、人材派遣会社や業界が望むように、製造ラインでの派遣にも期限がなくなれば状況は大きく変わる。そんな予兆をうかがわせるような変化がいま日本の製造現場で起こっている。いったん派遣労働が一般化すれば、パート・アルバイトというバッファー部分の雇用は派遣労働者に多くはとって代わられる可能性が高い。しかし、問題はそのことだけではない。現在進行している状況は、生産の基幹労働力まで、派遣労働者でまかなおうとしていることにある。(33)

以上考察してきたように、製造現場における雇用の外部化は、生産の品質にとって非常に危険性をともなうことである。(34) しかしながら、なぜそのような危険性を冒してまで労働を外部化するのであろうか。それは、国内における製造企業どうしの競争だけでなく、海外の製造企業との競争が多くの生産現場で現実のものとなったからである。企業のあらゆる場面がコスト削減の対象となる。それが製造現場の労働者にまで及んできた。賃下げという方法から、労働者自体を入れ替えることにまで手をつけたのである。そこまで海外企業との競争が激しくなった。国内の工場を賃金の安い海外に移転してコストを削減すると、残された国内の企業はそれになんらかの対応をとらなければ生き残ることはできない。品質を向上させ、海外でできないものに絞り込むというのもひとつの対応策であるが、そこで働いている人のコストを削減するために入れ替えるのも一つの選択肢である。そこで登場したのが、派遣労働者と呼ばれる雇用の外部化である。それは技術的に派遣労働者でもできるような仕事の単純化が、科学技術とＩＴ化の発展によって可能となったという側面がある。さらに商品の市場競争が激しくなると、新商品をこれでもかと次々と市場に投入してくる。自ら流行をつくりだすこともある。その結果は商品の短命化と短サイクル化が起こる。そのような商品をつくりだしている製造現場には、即時的な対応が求められる。恒久的な製造ラインではなく、すぐにつくり変えることができる製造ラインでなければならない。そのような労働現場で働く人は、同様に恒久的にそこで働くのではなく、短命の製造ラインで働くことになる。それが、生産現場において雇用が外部化される一番の要因である。

人材派遣の製造現場における解禁は前述したように、財界の要望であった。現実には偽装請負が横行している。結局、労働法制における規制が変わったとしても、労働者の使い方の選択は企業の都合次第であって、違法とされながらも実質的に摘発がない場合にはそのまま続け、摘発があればそれに従うが、なんとかそれを逃れる方法はないだろうかとあがいてきたのが、日本を代表する製造会社の姿である。むしろ、偽装請負がすぐなくならないのは、このような労働者の使い方が製造現場の根幹にかかわることを明らかにしている。[35]財界を主導する会社のトップが、自らの企業における雇用責任を公言していても、足元の製造現場では摘発が厳しくなるまでは、偽装請負という一番雇用責任のないやり方を利用しようとする。[36]それが実態である。そして法的な制限の撤廃で偽装請負をしなくてもいい状態にもっていこうというのである。

日本経済団体連合会の「二〇〇六年度日本経団連規制改革要望」をみると、各分野の個別要望のうち「雇用・労働分野」では、「派遣労働者を特定することを目的とする行為の禁止の撤廃」、「派遣労働者への雇用契約申込義務の廃止」、「派遣禁止業務の解禁」、「労働者派遣法上のいわゆる二六業種の見直し」を並べている。すなわち、人材派遣については、法的な制限の完全撤廃を求めている。また、そのような方向にこれまでも動いてきた。[37] 派遣労働者を使うことによって、企業は労働者に対して当然担うべき雇用責任からまぬがれる。その雇用責任は、労働者派遣法の主旨からいえば、派遣業者が負うべきものとなっている。しかし、それは雇用責任のたらい回しであり、最悪の場合は、とくに登録型派遣では誰もその責任を負わなくなってしまう。

製造現場の熟練度が低下し、製造現場における製造技術が落ちると、製品にたいして一定の品質が保持できなくなる。ものづくりの技術が雇用の外部化によって低下してしまう。製造現場では労働の連帯・協働・現場力が、どんな仕事においても必要である。それを使い捨ての労働力に頼ろうとするところに落とし穴がある。単に、労働単価を引き下げ、雇用責任をまぬがれようとするだけでは、当面の問題には対処できても、製造業の存立基盤である製造現場の技術力が保てないという、大きな問題を抱え込んでしまう。やみくもに労働者を使い捨てにするのではなく、製造現場の将来にとっては、企業がそこで働く人と一緒になって製造現場の仕事の質を維持し、高めていくことが必要である。働く場を創り出すのは企業の社会的責任である。それも不安定な働く場ではなく、安定的な働く場であることが必要である。それが、今後企業が成長していく基礎となるし、労働者にとっては彼の持てる力を活かし、伸ばせる場となりうる。

製造業において雇用の融解と外部化が進行している。人材派遣が労働者供給業として製造業で広がっていくことは、労働者にとっては雇用の不安定性が増すことを意味し、他方製造業そのものにとっても生産技術の継承という面で同様に不確実性が増すことを意味する。[38] 労働者がいなければどんな仕事もできない。どんな仕事であっても、そこにすぐれた労働者がいれば、支障なく、また困難なことがあっても即応的に解決していくことができる。それは製造ラインという単純労働であっても同じである。[39] 正規労働者にたいしても、また非正規労働者にたいしても、同じ仕事をすれば同じ賃金にすることが必要である。給与は生活する糧だけではなく、仕事にたいしての評価として労働者の誇りでもある。[40] 安易に使い捨ての労働力として派遣労働者を使うということではなく、誇りをもって仕事のできる環境がいま求められている。

注

（1）三井住友銀行の従業員数はこの七年間に一万人以上、三人に一人が減らされている（『三井住友フィナンシャルグループディスクロージャ誌 二〇〇五』一四ページ）。

（2）東京三菱銀行の元派遣社員が一〇億円横領した（『朝日新聞』二〇〇五年一一月一七日付、『日本経済新聞』二〇〇五年一二月九日付）。

（3）官業の民間開放を促す市場化テストの一環で、北海道のほかに千葉県と大阪府でも実施する予定であるという（『日経産業新聞』二〇〇五年四月一三日付）。

（4）労働者派遣法が定める二六業種とは、①ソフトウェアの開発業務、②機械設計の業務、③放送機器等操作の業務、④放送番組等出演の業務、⑤事務用機器操作の業務、⑥通訳、翻訳、速記の業務、⑦秘書の業務、⑧ファイリングの業務、⑨調査の業務、⑩財務処理の業務、⑪取引文書の業務、⑫デモンストレーションの業務、⑬添乗の業務、⑭建築物清掃の業務、⑮建築設備運転、点検、整備の業務、⑯案内・受付、駐車場管理の業務、⑰研究開発の業務、⑱事業の実施体制の企画・立案の業務、⑲書籍等の制作・編集の業務、⑳広告デザインの業務、㉑インテリアコーディネーターの業務、㉒アナウンサーの業務、㉓OAインストラクションの業務、㉔テレマーケティングの営業の業務、㉕セールスエンジニアの営業の業務、㉖放送番組等における大道具・小道具の業務、である。

（5）伍賀一道『雇用の弾力化と労働者派遣・職業紹介事業』（大月書店、一九九九年）一一五ページ参照。

(6) そもそも労働者派遣法は現状追認的な制度として制定された。本多淳亮『企業社会と労働者』(大阪経済法科大学出版部、一九九六年)一七―一八ページ参照。労働者派遣法の成立当初に労働法の観点から、「雇用」と「使用」の分離を承認したことに労働者保護上問題があると指摘されていた。とくに、登録型派遣労働者が不安定な地位におかれる。大橋節雄『派遣法の弾力化と派遣労働者の保護――ドイツの派遣法を中心として』(法律文化社、一九九九年)一―二ページ、参照。

(7) 『日経産業新聞』二〇〇四年四月一五日付。

(8) 厚生労働省の「国民生活基礎調査」(二〇〇四年)によると、公的年金の未加入率は、正規社員で三・五九%でしかないのに、派遣労働者では一七・一六%に達し、男性二九・三三%、女性九・九六%と、とくに男性が高い数字となっている。配偶者が加入している率は男性〇・七一%、女性一四・四三%であり、それを勘案しても男性の高い未加入率を見てとることができる。

(9) 国会で派遣労働者の労働条件改善を質問した野党党首に対し、「正社員になればいいんだよ!」とやじった議員に「正社員になれないんですよ!」と切り返す場面をテレビで見て、娘が契約社員になれただけでも幸運だと思わないといけないのか、と嘆く親の声が新聞に載っている(『朝日新聞』二〇〇五年三月一一日付「声」欄)。

(10) 『朝日新聞』二〇〇五年八月三日付。

(11) 富士通デバイスでは三か月ごとに更新を繰り返していた派遣労働者に対して、一般事務の派遣期間を超えているとして、直接雇用を東京労働局が指導した(『朝日新聞』二〇〇四年六月五日付夕刊)。キヤノンは、三〇歳代の女性の派遣労働者に対して期間を超えて一〇年以上雇用したとして、二〇〇五年一一月に労働局から行政指導を受けている。同社はその年の二月にも同様に一二年間勤務した派遣労働者を直接雇用するよう労働局から指導されている(同、二〇〇五年一二月二九日付)。

(12)　このような派遣労働者を含む不安定就業者の実態とその問題点については、労働運動総合研究所・不安定就業労働者の実態と人権プロジェクト報告書「今日の不安定就業労働者の実態と人権」(『労働総研クォータリー』第五五・五六合併号、二〇〇四年)に詳しい。

(13)　造船業や鉄鋼会社の社外工の実態については、糸園辰雄『日本の社外工制度』(ミネルヴァ書房、一九七八年)の詳細な研究がある。さらに鉄鋼業における社外工の実態については深田俊祐『新日鉄の底辺から』(三一新書、一九七一年)に詳しく書かれている。「日本の大企業は、生産の変動に対するバッファーの役割を果たす非正規もしくは間接雇用の労働者を利用する重層的な労働市場の形態に頼っている」(P・トンプソン『労働と管理　現代労働過程論争』成瀬龍夫・青木圭介ほか訳、啓文社、一九九〇年、二〇九ページ)。

(14)　労働者派遣法の成立過程については、伍賀一道『現代資本主義と不安定就業問題』(御茶の水書房、一九八八年)を参照のこと。伍賀氏はそのなかで、すでに「製造工程には労働者派遣事業を拡大しないという禁欲的態度を無条件に資本に期待することはできない」(同書、一五九ページ)と述べていた。

(15)　日経連の『新時代の「日本的経営」』に対する詳細な分析は小越洋之助『終身雇用と年功賃金の転換』(ミネルヴァ書房、二〇〇六年)の第四章で行われている。派遣労働者の自由化の流れに対して、「あまりに遅すぎた」とし、「派遣労働者が本来得ることのできた就業のチャンスを現実に奪っている可能性が高い」(藤川恵子「派遣労働の拡大と労働者保護」、電機総研編『IT時代の雇用システム』日本評論社、二〇〇一年所収、一二〇―一二一ページ)という論旨は、現在、登録型派遣労働者が急増し、彼らが無権利な状態に置かれている現実を見ると、労働者保護をいいながらもあまりにも楽観的すぎる。

(16)　この間の国際的な動きについては、戸木田嘉久・三好正巳編著『規制緩和と労働・生活』(法律文化社、一九九七年)三四ページ以降を参照のこと。もっとも、ILOの有料職業紹介事業の規制緩和は労働者に対する保護の措置を同時に謳っている。

(17) 厚生労働省が偽装請負で是正指導を行った件数は、二〇〇四年度が前年度の二・六倍にあたる六三九件に対し、二〇〇五年度はさらに九七四件に急増している（『日本経済新聞』二〇〇六年八月二一日付）。

(18) 「これまで派遣法違反で摘発された事例はない。それ以前の業務改善命令がだされ、請負要件をみたすよう行政指導が行なわれた事例が数件あるのみである」（小路行彦「構内請負業の法規制への対応」、鎌田耕一編著『契約労働の研究　アウトソーシングの労働問題』多賀出版、二〇〇一年、三〇二ページ）。

(19) 『朝日新聞』は、二〇〇六年七月三一日付の第一面に、「偽装請負広がる、キャノンや日立、松下系」と報じた。驚くべきことに、その指導監督すべき労働局自身が労働者派遣法に違反していた。大阪労働局が雇用や派遣契約のない独立行政法人の職員を事実上派遣労働者として扱っていた（『朝日新聞』二〇〇六年一一月一日付夕刊）。連合の調査では、請負労働者がいる企業の六割に偽装請負の可能性があるという（同、二〇〇六年一二月一八日付夕刊）。その後、多くの企業で偽装請負が行われていることが報道されている。

(20) 『朝日新聞』二〇〇六年八月一日付。さらに松下プラズマディスプレイの話が続く。国内回帰と騒がれた尼崎工場で、兵庫県内在住の派遣労働者二三六人を新規採用したとして二億円余りの補助金を兵庫県から二〇〇六年三月に得た。ところが、この派遣労働者は一年以内に請負契約に切り替えることになっている（『朝日新聞』二〇〇六年八月二日付）。結局、補助金の対象者は一年以内に一人もいないことになる。兵庫県は適切な処理というが、本来の補助金の趣旨からの逸脱である。さらに、大阪労働局に偽装請負を告発した請負契約の労働者は、職場で差別的な扱いをされたと提訴したが、その後職場を追われている（同、二〇〇六年八月六日付）。大阪地裁は偽装請負の疑いがきわめて強いとして、直接雇用する義務が生じると、初の司法判断をくだしたが、地位については期間満了とした（同、二〇〇七年四月二七日付）

(21) 厚生労働省は、松下プラズマディスプレイによるこのような出向による偽装請負の回避策に対して、他の製造会社に広がる可能性が高く、偽装請負に歯止めが利かなくなるために、労働者供給業にあたるとして是正するよう行政指導する方針であるという（『朝日新聞』二〇〇六年一〇月二八日付）。

(22) クリスタルグループの中核会社「コラボレート」は大阪労働局から行政指導に従わず偽装請負を繰り返し行っていたとして、姫路営業所が一か月、その他全国八三か所の事業所が二週間の事業停止命令を受けた（『日本経済新聞』二〇〇六年一〇月四日付）。構内請負からの撤退を表明していたクリスタルグループは、その後驚くべきことに、グループ全体で五九一一億円売上高がありながら、下位同業者で売上高一八五九億円のグッドウィルに買収された（同、二〇〇六年一一月一八日付）。

(23) キャノンは二万人以上いる請負や派遣労働者のうち数百人を正規労働者に、松下プラズマディスプレイは全体の二割、三六〇人を直接雇用に、トヨタ系部品メーカー光洋シーリングテクノは請負労働者約二〇〇人のうち三分の一程度を直接雇用に切り替える（『朝日新聞』二〇〇六年七月三一日付夕刊、同八月三日付、同八月六日付）。

(24) 「二次下請の担当者から『シャープに迷惑はかけられない。事故は一次下請の事業所で起こったことにする』と口裏合わせを求められたという」（『朝日新聞』二〇〇六年八月一二日付）。

(25) 請負会社が「労災保険による休業補償の手続きをする代わりに、『出勤扱い』にして男性に給与を支払っていた」（『朝日新聞』二〇〇六年八月一三日付）。さらに、労働局による偽装請負から派遣への切替のさいに、労災とばしを告発した労働者がその切替から外されていた（同、二〇〇六年九月一九日付）。

(26) ニコンで働いていた派遣労働者が死亡した。深夜交代制勤務や休日なしの連続勤務でうつ病を発症しての自殺である。川人博『過労自殺と企業の責任』（旬報社、二〇〇六年）一二三ページ参照。ニコンと派遣会社の責任を問うには裁判に訴えねばならなかった。一審の判決は両社の責任を認めている。

(27) 「元町、堤、高岡、田原（いずれも愛知県）など主要工場がほとんどで派遣社員を受け入れた。当初五〇〇人程度の予定だったが、人手不足の現場から『もっと寄こせ』と矢の催促であっという間に一四〇〇人に拡大した。人材を供給しているのは日総工産、日研総業、フルキャスト、テクノスマイル、愛知工産の業務請負五社」。日総工産は豊田市近郊の足助町に研修施設を設けてほとんど工場勤務（経験）のない若者を二泊三日で派遣労働者として仕立て上げる。指導するのは元トヨタの教育指導員をしていた人で、このために日総工産がスカウトした（『日経産業新聞』二〇〇四年五月二七日付）。他方のフルキャストは神奈川県相模原市の研修センターで「トヨタ式」を二日間で学ぶ。「派遣で、増産にむけた人手不足を埋め、生産が一服すれば派遣を減らして調整する。寮などは派遣会社が用意するので、トヨタは『総人件費も期間労働者より安上がり』（幹部）という」（『朝日新聞』二〇〇五年九月一八日付）。これこそ、派遣労働者を導入する理由である。

(28) 化粧品製造業における人材派遣の実態については、高田好章「化粧品受託製造業と人材派遣」（基礎経済科学研究所自由大学院大阪第三学科『変化のなかの企業と社会』二〇〇三年三月）を参照。

(29) 『朝日新聞』二〇〇六年七月三一日付。二〇〇五年二月五日に放映されたNHKスペシャル『フリーター漂流』は、そのような製造現場を如実に描いている。前年に放映された同じNHKスペシャル『フリーター四一七万人の衝撃』（二〇〇四年三月七日放送）に続く作品である。『フリーター漂流』については、熊沢誠『若者が働くとき――「使い捨てられ」も「燃えつき」もせず』（ミネルヴァ書房、二〇〇六年）に詳しい。

(30) 「現在、ダイハツの工場では三〇％強がアウトソーシング。しかし、ある工程では五〇％を超えているところもあるそうだ。」「やはり三〇％ぐらいが限界でしょう。それ以上になると、別の方策を考えていかないといけない」とダイハツの箕浦社長はいう（『レスポンス』二〇〇五年一〇月二八日）。

(31) 大手化学メーカーのプレス工場で働いていた派遣労働者は、「蒸し風呂のように熱い真夏の工場で作業中、疲れで意識がもうろうとしていた。不意に重さ一、〇〇〇トンを超すプレス機が頭上に迫ってきた。『危ない！』と周囲から声が響く。押しつぶされる寸前で機械が停止。『危うく死ぬところだった』……壁に立てかけた製品が倒れてきたり、やけどをするなど、あわや大惨事という危険な目に遭ったことも度々だった」。しかも、彼は派遣労働者ではなく、請負契約で働いていた（『日本経済新聞』二〇〇五年一〇月一七日付）。

(32)『日経産業新聞』二〇〇四年四月一六日付。

(33)「製造業の製造部門といえば基幹・根幹をなす部門であり、長期安定雇用を基盤に据えた正規社員を中心に、非正規社員の活用は補助的に労働力の編成がなされるということが、いわば常識であった。しかし企業は、ここにきて非正規重視型の雇用管理に向かって舵を切りつつあるとみてまちがいない」（小林良暢「EMS時代の労働組合の雇用戦略」、電機総研編『IT時代の雇用システム』日本評論社、二〇〇一年、一八六ページ）。「構内請負会社のリーダー的存在であるN社の状況を眺めてみると、同社がかかえる構内請負工数は九四年に三、二五〇名だった。ところが、その数値は、早くも九五年に五、〇八〇名に達し、その後、九六年五、四〇〇名、九七年七、五〇〇名、九八年七、八五〇名、九九年八、二二〇名、二〇〇〇年九、五〇〇名、二〇〇一年一万二、〇〇〇名と、九〇年代後半に急増している」（中馬宏之「構内請負工活用の実態と分析」、同上書、六二ページ）。電機産業における非正規従業員比率の高い工場を調査したものの最高は六四・三％、その後五〇％台から三〇％まで続く（小林、前掲論文、同上書、二一二ページの表参照）。

(34)経済産業省の「二〇〇六年版ものづくり白書」では、派遣労働者の増加による技術の伝承への懸念を率直に述べている。製造業者への調査で、国内生産の課題に「技術伝承」をあげた企業が五九％にのぼり、その原因を非正社員への依存と答えている（『日本経済新聞』二〇〇五年一〇月二一日付）。

(35)二〇〇六年一一月、ある銀行系研究所が開いた「『偽装請負問題』へ企業はどう対応するか」というセミナーは緊急開催にもかかわらず満席で、追加開催が必要なほど多くの企業担当者が詰めかけた。それだけ多くの企業が集まってくるということは、多くの企業のなかで偽装に近い形で業務請負が行われていることを表している。そして、セミナーの主眼はいかに摘発されないように業務請負を行うかに置かれていた。

(36)経団連の会長をしている御手洗冨士夫氏（キャノン会長）は「私は終身雇用が悪いものだとは思いません」

（丹羽宇一郎・御手洗冨士夫『会社は誰のために』文藝春秋社、二〇〇六年、一一七ページ）と言い、「なぜキャノンが終身雇用制を維持しているかと言えば、それが日本の労働形態や社会形態にマッチしていて合理的だからです」（同書、一一八ページ）として、「人材の流動性はきわめて低い」（同書、一一八ページ）とまで断言している。しかし、終身雇用されているキャノンの正規労働者のもとで、製造現場では終身雇用の恩恵にあずからず、流動性のきわめて高い労働者がキャノンの製品をつくっている。なお、日本における終身雇用制の実態と崩壊過程については、高田好章「崩れゆく終身雇用制と非正規労働者」（森岡孝二編著『現代日本の企業と社会――人権ルールの確立をめざして』法律文化社、一九九四年）を参照のこと。

(37)「政府の規制改革・民間開放推進会議（議長・宮内義彦オリックス会長）は〔二〇〇六年八月〕三一日、〇六年度の最終答申に向け、労働者派遣業務の対象拡大や期間上限の撤廃など、十一分野十五項目を主要課題として検討することを決めた」（『朝日新聞』二〇〇六年九月一日付）。

(38) 前述の松下プラズマは、結局請負労働者を正規労働者にする方針に転換し、その理由として「現場の熟練した人材を永続的に確保できなければ品質は保持できなくなる」と述べている（『日本経済新聞』二〇〇六年一一月一五日付）。

(39) 労働力商品の売買は一般的商品の売買とは違った特殊性がある。一般的商品の売買は単なる価値実現の過程であるが、労働力商品の売買は価値実現の過程であるだけでなく、その販売によって労働者が生活を営む過程、すなわち、彼の生命の維持過程でもある。労働者はその販売を安定的に行うことで、生活の安定が保たれる。その販売が不安定であれば、生活はたちまち不安定となり、さらにその労働者と家族の将来設計も不安定となる。それだけでなく、購入した側の問題もある。一般的商品の購入の場合は、それを生産的に消費することは当たり前のこととして前提されている。適切な商品購入であれば、その商品は生産過程で有効に消費される。ところが、労働力商品の場合は、購入した側が生産的に消費するには、効率よく働かせなければならない。一般的商品はそれ自体が不満を言ったり、サボるようなことはない。しかし、労働力商品は生きた人間であり、働く環境や待遇にたいして不満を言ったり、サボることもある。いかに意欲を持たせて、効率よく働かせるかが、労務管理者の手腕である。機械にはない即応性を人間が持っているがゆえに、生産性と品質が維持されていることは、製造ラインの経験者なら自明のことである。このように労働力商品の売買には特殊性がある。そこに一般的商品売買の法則を通用させようとするところに、人材派遣の危うさがある。

(40)　偽装請負のもとに置かれていたトヨタ自動車系部品メーカー「光洋シーリングテクノ」の労働者が労働組合を結成し直接雇用を要求した結果、二〇〇六年九月以降一部労働者が正社員として登用されることとなった（『朝日新聞』二〇〇六年八月六日付）。日亜化学でも、請負労働者のほぼ全員一六〇〇人を順次契約社員として直接雇用すると報道されたが（同、二〇〇六年一一月一一日付）、有期雇用であることに問題が残る。注25と同様に偽装請負の内部告発者が直接雇用への選考で不合格となり、徳島労働局に是正指導を申告した（同、二〇〇七年七月二四日付）。また、キャノンで働く請負労働者が労働組合を結成して、正社員として雇用するよう申し入れをし（同、二〇〇六年一〇月一九日付）、さらに、企業横断的な労働組合を結成して、請負労働者が格差是正などを求める運動を展開している（同、二〇〇六年一〇月二七日付夕刊）。

第三章　アメリカのスタッフィング・サービス産業と労働市場改革

仲野（菊地）組子

はじめに

アメリカ合衆国における第二次世界大戦後の労働市場は、一九七〇年代の前半までは、大企業の内部労働市場を中心とした中核部分と、マイノリティーや移民が多く、低賃金で不安定な雇用を特徴とする周辺部分とからなる二重構造を形成していた。しかし、八〇年代以降は、同じく分断された労働市場であることに変わりはないが、労働市場の中核をなす内部労働市場は新たな雇用形態をともないながら周辺部分と同様の低賃金・不安定雇用に侵食され続けており、今日では、全体として、雇用労働者の約三〇％が低賃金、付加給付（福利厚生給付で、健康保険、有給休暇、企業年金など）なしの不安定な非正規雇用となっている。この新たな労働市場の分断は、人種や職種によるというより、正規か非正規かの雇用形態にもとづくもので、しかも正規といえどもいつ非正規に陥るかわからないという状態を特徴としている。

この労働市場の様変わりの背景には、レーガン政権以降の新自由主義政策による金融分野をはじめとする規制緩和、民営化、「小さな政府」志向、労働組合敵視、IT化といわれる技術革新、グローバル化の進展、国内的・国際的競争の激化、さらにはM&Aの多発がある。そしてそれらが集中的に現れたのが企業の雇用管理戦略の変化である。労働者の雇用に直接影響をおよぼす企業の雇用政策に関していえば、企業はリエンジニアリングや職務再設計、アウトソーシング（外部委託）などにより大規模な人員削減を実行し、さらに必要な新技術に対応する労働者は自社内で育成するのではなく、即戦力となる労働者を外部労働市場から取り込み、不要になれば入れ替えるという雇用の「ジャスト・イン・タイム化」を志向するようになっている。

こうした労働市場の大規模な様変わりによって、ブルーカラーであるかホワイトカラーであるかを問わず大量の失業者が排出されたが、今日の労働市場で特徴的なのは、失業者の再就職が、パートタイム、インディペンデント・コントラクト（自営業の個人請負）、派遣、コントラクト・ワーク（業務請負会社の労働）、オン・コール・ワーク（呼び出し労働）といった非正規雇用の形態であること、失業者の多くがそうした雇用を必要とする産業、おもにサービス産業に吸収されているということである。

このような雇用形態にある労働者の多くが、低賃金で付加給付のない不安定な就業を余儀なくされている状況については、近時、さまざまに報告されている。本章で取り上げるひとつのテーマは、失業者を再就職させる労働市場仲介業である民間のスタッフィング・サービス産業の役割についてである。スタッフィング・サービス産業、なかでも人材派遣業こそがそれを利用する企業と一体となって非正規雇用という形態に労働者を追い込んでいる、いわば仕掛け人なのである。

スタッフィング・サービス産業は、一九八〇年代の初めには、失業者に対する職業紹介業の側面が前面にでていたが、八〇年代後半から九〇年代にかけては、それに加えて企業の雇用責任の回避手段をセールス・ポイントにして業務拡大をはかり、とくに新産業であるＩＴ産業やバイオ産業などに進出していった。さらに今日では、ＰＥＯ（professional employer organization）と呼ばれる人事業務請負業にまで進出している。

　こうして、著しく業務拡大を続けているスタッフィング・サービス産業であるが、そこには致命的な矛盾がある。そもそも労働市場仲介業は、雇用そのものを創出するわけではない。さらに、その活動を野放しにしている状態は、労働者供給業というものが、もともと雇用という労働者の生命と生活に不可欠な領域を営業の場にして、低スキルの日雇労働者に寄生し、彼らからピンはねすることを利潤の源泉とする産業であることをあからさまにしている。

　こうした状況に対して、業務の制限やその内容に立ち入っての規制にはいたっていないが、目に余る搾取を規制し、地域の貧困化などを改善するために労働者支援の派遣事業を起こして、労働市場を改革する動きが出てきている。これが本章のもうひとつのテーマである。

　本章では、その特徴的なものとして、①州法によって日雇派遣労働者保護法を制定する動き、②失業者に職業訓練を施して、人材派遣業をとおさずに企業に労働者を直接雇用させることを試みているウィスコンシン州の地域訓練パートナーシップの運動、③さらに労働者支援のための派遣事業、の動向を紹介したい。これらの運動の目的と動機は、人材派遣業による日雇派遣労働者の目に余る搾取を規制し、雇用問題を含めた中小企業の再建による都市の貧困化の解決、営利を目的としない派遣事業の創出による労働者の救済にあるが、労働市場の側面からみると、その主眼は人材派遣業に依存せざるをえない底辺労働者の労働市場の改革にあるといえる。

Ⅰ　労働力流動化構造とスタッフィング・サービス産業

1　労働力流動化構造

失業した労働者が再就職するさいに、賃金・労働条件が前職のまま、あるいは前職よりもよいものであれば、問題は少ない。しかし、実際には、より低い賃金・付加給付なしの条件での再就職が多くみられる。(1)この低賃金・付加給付なしという質の悪い雇用へと労働者を導く回路に、スタッフィング・サービス産業、なかんずく人材派遣業の役割が浮かび上がる。失業したかつての正規雇用労働者たちは、失業とともに健康保険を喪失し、失業保険給付額や給付期間の削減により十分な職探しは困難で、どんな職でもありさえすれば就かねばならなくなっている。派遣会社に行きさえすれば、就職先はすぐに見つかるのだが、それは低賃金かつ付加給付なしの非正規雇用なのである。

他方、企業は、生き残り競争の激化を背景に、仕事をできるだけアウトソーシングしようとしている。アウトソーシングは、はじめは周辺の業務が対象であったが、九〇年代には、商品開発、エンジニアリング、IT関連、人事、会計などもその対象となった。それにあわせて、アウトソーシングの受け皿として、単純な分野のビジネス・サービス業から専門的な分野のビジネス・サービス業までが出現し、企業に対し競ってその効能を宣伝するようになった。これら企業向けサービス業を含めた全サービス業がかかえる労働者数は、二〇〇一年では、全民間非農業労働者の約三七%を占め、全サービス業に占める企業向けサービス業の割合は約三五%と推測されている。(2)

失業し、とにかくすぐに職に就かざるをえない労働者や、労働市場に新規参入する女性労働者は、これらのサービス業に、多くは非正規雇用で就職している。失業した労働者の再就職先[3]は、一九九八—二〇〇二年でみると、その約半数が解雇時と同じ産業に、二七—三四％はサービス業に就職している（総じて製造業からが多い）。非正規雇用は分野を問わず増大しているが、サービス業の雇用形態にはとりわけ非正規雇用が多いのが特徴である。[4]この新たな雇用先に労働者を配置するうえで重要な役割を果たしているのが人材派遣業で、非正規雇用の増大は人材派遣業の増大と軌を一にしている。

労働市場を全体的にみた場合、産業別では製造業からサービス業への、また雇用形態別では正規雇用から非正規雇用（自営業扱いのインディペンデント・コントラクターを含む）への労働力移動が、弱体化した労働組合や失業保険の改悪のもとで、人材派遣業が「潤滑剤」になって推し進められているということができる。[5]そのことは、再就職の雇用条件にも反映している。すなわち、一九九七年から二〇〇〇年にかけてのアメリカ経済の好況時、失業率は四％台に回復したが、失業者の吸収先は、その多くが、非正規、低賃金・付加給付なしの不安定な、質の悪い雇用によるものであった。アメリカの失業者の再就職率はヨーロッパ諸国よりも高いが、賃金水準はヨーロッパ諸国と比べてかなり低い。その実態は、二〇〇五年のＯＥＣＤの *Employment Outlook*[6] でも指摘されている。

2　労働市場仲介業

労働市場仲介業とは、一般的には、民間の営利企業である人材派遣業（temporary help services）[7]、民間職業紹介業（employment placement agency）、ＰＥＯ、再就職支援業（outplacement services）、業務請負業などを指すが、メディアにしばしば登場する労働コントラクター、ヘッドハンターなどもリクルーターとして含まれる。これらが、業界でスタッフィング・サービス産業と呼ばれているものである（日本で「人材ビジネス」と呼ばれるものがこれに相当する）。このうち、雇用責任を引き受けるのは、人材派遣業、PEO、業務請負業だけである。大手の人材派遣業のなかには、PEOを併設しているものもある。また地域によっては、地方政府や地方政府に助成されたNPOの仲介業、シリコンバレーなどに多く見られるIT専門業の協会、それに地方の工科大学なども職業紹介を行っており、本章で労働市場仲介業という場合にはこれらも含めている。

人材派遣業（以下、派遣業と略す）の労働者の状態は、高度なスキルをもっていて、企業からいわば「引っ張りだこ」状態の高賃金労働者もいるにはいるが、それは少数にすぎない。表3-1に示すように、他の非正規雇用形態にある労働者の条件と比較しても相当に低く、貧困レベル以下の賃金しか得ていない者の割合が五〇％を超えている。

付加給付の割合(%)		貧困レベル以下の賃金の割合（%）	
健康保険	企業年金	女性	男性
6.3	3.1	57.7	57.5
不明	不明	不明	不明
43.1	32.6	48.8	40.0
—	—	81.7	62.7
55.7	41.5	35.5	19.2
—	—	36.6	21.1
—	—	46.3	27.1
18.0	21.0	57.4	55.3
		52.3	33.4
69.4	62.6	27.6	17.7
		35.4	21.5

ホームページによる)。賃金，付加給付，貧困レ
Institute, *Nonstandard Work, Substandard Job,*

ータを再編成・修正した1999年現在の数字であ

を除くフルタイマーにおける割合を示す。
1万5870ドル以下をいう。

スタッフィング・サービス産業の現況を統計的に見たものが

表3-1　雇用形態別労働者数と賃金，付加給付，貧困レベル以下の賃金の割合

雇用形態	労働者数（千人）	割合（%）	時給（ドル）		
			平均	女性	男性
派遣労働者	1,188	0.9	9.06	8.94	9.19
直接雇用臨時労働者	3,227	2.5	不明	不明	不明
オンコール・ワーカー	2,180	1.7	11.69	10.93	12.49
日雇労働者			6.24	4.99	6.96
請負会社の労働者	769	0.6	15.11	12.80	16.00
インディペンデント・コントラクター	8,247	6.3	16.40	14.53	17.28
自営業	6,280	4.8	14.87	11.87	16.54
常用パートタイム労働者	17,380	13.2	9.74	9.52	10.38
小計	39,271	29.9			
正規フルタイム労働者	92,222	70.1	13.75	11.94	15.17
合計／平均	131,493	100	13.41	11.52	15.05

（出所）雇用形態別労働数者とその割合は，GAO Report, *Contingent Worker*, June 2000（GAO の
ベル以下の賃金の割合は，Kalleberg, Arne L., et al., Women's Research & Education
Economic Policy Institute(EPI), 1997.

（注）1）雇用形態別労働数者とその割合は，GAO（会計検査院）が労働省労働統計局の調査デ
る。また，賃金，付加給付，貧困レベル以下の賃金の割合は1995年現在の数字である。
2）付加給付（健康保険，企業年金）は，雇い主から受けるもので，常用パートタイマー
3）「貧困レベル以下の賃金の割合」とは，時給7.65ドル，フルタイム・フルイヤーで年間
4）%は四捨五入している。

表3−2[8]と表3−3である。民間調査会社SIA（Staffing Industry Analysts）による表3−2からは、売上げが年々増大している状況が見てとれる。なかでも注目すべきは、IT職派遣とPEOである。IT職派遣は、一九九〇年代後半から二〇〇〇年にかけてIT技術への転換にともない急増し、二〇〇一年のIT不況により少し落ち込んではいるが、従来から派遣職の中心であった事務職や工業職と並ぶまでになった。PEOも急速に伸び、二〇〇一年以降の伸びは、表3−2ではネット表示でそれ以前とは比較できないが、五年ごとに行われる商務省センサス局の

表3-2 スタッフィング・サービス産業の売上高の推計（1991～2004年）

（単位：10億ドル）

部門	1993年	1995年	1997年	2000年	2001年	2006年
A 派遣	28.0	44.1	61.8	84.8	78.1	95.3
(1)事務	9.7	14.2	17.3	21.4	19.8	17.1
(2)工業	7.8	12.3	14.7	17.8	15.3	26.9
(3)IT	—	—	14.8	22.0	18.7	19.4
(4)ヘルスケア	3.6	4.2	4.9	7.2	8.9	10.6
(5)専門職（法律，会計ほか）	1.7	3.3	6.0	11.4	10.4	14.6
(6)技術・エンジニアリング	5.3	10.5	4.1	5.0	5.0	6.5
B 職業紹介および調査	3.4	6.0	9.3	15.9	16.6	22.8
(1)一般職業紹介（contingency）	2.1	3.4	4.8	8.4	6.7	9.1
(2)特別職紹介（retained search）	1.1	1.7	2.6	4.5	5.8	6.4
(3)紹介予定派遣（temp-to-hire）	0.2	1.0	1.9	3.0	4.1	7.3
C PEO/Leasing	6.5	13.6	24.1	37.5	7.2	9.4
D 再就職斡旋	0.8	0.9	0.9	1.1	1.3	1.0
合 計	38.7	64.5	96.1	139.3	103.3	128.6

（出所） 1993，95年は *Staffing Industry Sourcebook 2000–2001*。1997, 2000年は *Staffing Industry Sourcebook 2003*。2001年は *Staffing Industry Report,* Feb. 28。2005, 2006年は *Staffing Industry Report,* Feb. 28, 2007 による。

（注） 1）ITの1993年，1995年は(6)の技術・エンジニアリングに含まれる。
2）一般職業紹介（contingency）は，紹介料金を雇用契約成立後に求職者または求人者から徴収する。
3）特別職紹介（retained search）とは，高級職の労働者を求める企業のためにエグゼクティブ調査会社が行う調査サービスで，料金は成功・不成功にかかわらず徴収する。
4）PEO/Leasing については，2001年以降，グロスからネットに変更されており，それ以前とは比較できない。
5）小計や合計は四捨五入している。

『エコノミック・センサス』の新しい産業分類では一九九七年からPEOが分類表示されているのでそれを見ると、一九九七年の二四一億ドルから二〇〇二年の五四五億ドルへと増大している。表3−3に示した『エコノミック・センサス』には派遣労働者数が載っているが、これは調査年の三月一二日を含む週に賃金台帳に記載された数値であるから、実際に派遣で働いた労働者数に派遣業スタッフの人数も含まれている。総登録者数や一年間にどのくらいの労働者が派遣を経験し

表3-3　人材派遣業の企業数，事業所数，労働者数，売上高の推移

	企業数	事業所数	労働者数	労働者数の対前年比（%）	売上高（千ドル）
1972年	1,740	2,953	179,170	—	918,213
1977年	2,551	4,235	313,512	175	2,323,676
1982年	3,666	6,247	470,541	150	5,143,132
1987年	7,276	12,328	1,262,731	268	16,051,152
1992年	8,290	15,630	1,422,317	113	24,105,664
1997年	10,968	23,522	2,612,719	184	57,220,898
2002年	11,510	28,494	2,426,580	93	69,606,864

（出所）　U.S. Department of Commerce, Bureau of Census, *Economic Census*, 1972–2002.

（注）　1）労働者数は3月12日を含む週の人数で，派遣労働者のほかに派遣企業のスタッフの人数も含まれている。

2）売上高は当該年のドル価。

たかとは別の数値であり、それは表の数値の数倍にのぼると推測される。

　ところで、労働市場仲介業を労働者のどのような層がどのくらい利用しているのであろうか。全米レベルの統計は見あたらないが、表3-4に示したように、ウィスコンシン州ミルウォーキー・メトロポリタン地域（ミルウォーキー市を中心とした大都市圏で六つの郡を含む）とカリフォルニア州シリコンバレー地域での、「所得別、学歴別、人種別の労働市場仲介業利用度」（二〇〇三年）の統計がある。

　この二つの地域は在来型の工業地域と新しいIT産業を中心にした地域であり、合衆国における産業立地の二つの典型的な地域と見なすことができる。ここでは、派遣業だけでなく、実際に地域で職業を紹介している政府機関あるいは政府支援のNPOや専門職協会も含めて比較されている。この統計によれば、労働市場仲介業を利用して就職したものは、ミルウォーキー地域では二九・九%、シリコンバレー地域では二六・三%である。仲介業のうちでは派遣業がその五―六割を占めている。階層別にみると、ミルウォーキー地域では、低所得者層、低学歴層、白人以外の人種が派遣業を利用する比率が高いことがわかる。仲介業を利用した者のうちで、とくに低所得者層では六割以上が、ヒスパニックでは約八割が派遣業を利用している。他方、シリコンバレー地域では、ミルウォーキーと同様に、低所得者層や低学歴層で派遣業が多く利用されているが、高学歴層、高所得層も利用している。それは、シリコンバレーがIT産業の集積地であり高学歴の労働者が多いこと、またIT関係の派遣業が多いためと考えられる。人種別では白人の利用率はほぼ平均値に近く、アフリカ・アメリカンやアジア系その他の利用率も高い。ヒスパニックの場合はもともと仲介業を利用することが少なく、利用する仲介業の種類もさまざまで、分散している。

3 スタッフィング・サービス産業の労働市場への影響

二〇〇三年にミルウォーキー地域とシリコンバレー地域を対象としたWPUSA（Working Partnership USA）とCOWS（Center on Wisconsin Strategy）による共同調査レポート、「不安定経済下の経済機会（*Economic Opportunity in a Volatile Economy*）」（以下では「共同調査」と略する）が発表された（表3-4は

労働市場仲介業利用度（2003年）

人種別			
黒人	ヒスパニック	アジア系ほか	白人
57.9	54.1	32.6	24.9
31.0	43.4	22.7	10.9
9.5	2.1	0.5	6.6
12.6	4.4	7.5	3.4
1.3	3.4	1.9	2.8
3.5	0.9	0.0	1.2
172	62	39	386
57.7	18.8	29.2	26.3
46.0	5.7	19.9	15.6
2.4	3.8	6.2	4.1
6.4	4.2	1.4	2.2
3.0	3.5	0.1	2.7
0.0	1.5	1.7	1.7
32	177	135	345

on Wisconsin Strategy, Madison WI., よる)。

収6万ドル以下。

表3-4　ミルウォーキーとシリコンバレーにおける所得別，学歴別，人種別の

	求職者に占める仲介業利用者の割合（%）	世帯所得別		教育レベル別	
		下から33%層	上から67%層	高卒以下	大卒(単位取得を含む）以上
ミルウォーキー・メトロ地域					
仲介業利用の割合（%）	29.9	40.7	26.7	32.4	27.8
派遣業	15.0	26.7	11.6	16.5	13.9
コミュニティーカレッジ	6.3	2.3	7.2	4.4	7.7
政府／NPO	4.5	9.4	2.9	8.0	1.8
労働組合	2.7	2.0	3.4	2.6	2.8
専門職協会	1.3	0.3	1.6	0.9	1.6
合計数（人）	659	279	280	345	311
カリフォルニア州・シリコンバレー地域					
仲介業利用の割合（%）	26.3	28.6	26.2	21.5	29.3
派遣業	15.3	12.6	15.3	11.5	17.8
コミュニティーカレッジ	4.4	3.7	5.6	3.0	5.1
政府／NPO	2.7	6.0	1.2	3.6	2.3
労働組合	2.4	6.2	1.4	3.5	1.6
専門職協会	1.6	0.3	2.7	0.0	2.5
合計数（人）	689	218	361	264	417

（出所）A Collaborative Research Project of Working Partnership USA, San Jose, Ca. and the Center *Economic Opportunity in a Volatile Economy*, May, 2003，表6-6（COWSのホームページに

（注）1)「仲介業利用の割合」は過去3年間に職を得るために利用した割合。
2)「下から33%層」とは，ミルウォーキーでは年収4万ドル以下，シリコンバレーでは年
3)「労働組合」とは建設業などの労働組合運営の職業紹介業。
4)「専門職協会」とは，IT職などの組織がメンバーに対して行う職業紹介などのサービス。

この調査の一部)。「共同調査」は、労働市場仲介業、なかんずく派遣業が、「不利な労働者」（移民、低学歴層、低所得層、シングルマザー、障害者など）を労働市場の底辺に追いやっているもとで、「不利な労働者」たちをよい仕事[9]に就かせるにはどうすればよいか、仲介業はどうあるべきか、という視点に立って実施されたものである。

　同調査を含めた諸資料によって、派遣業が労働市場にどのような影響を及ぼしているかを見てい

きたい。

(1)派遣業は企業改革を妨げている

派遣業の業務のうちで通常最も多いのは職業紹介業務であるが、それ自体が企業改革を妨げている側面がある。

たとえば、ある地域の本の梱包会社は、季節により周期的に大量の労働者を必要とするが、重労働かつ低賃金のため労働者がなかなか定着しない。そこで多くの梱包会社では、業務内容を多角化して周期的変動をできるだけ少なくしようと試みている。しかし、ある会社は、派遣労働者の安定的な供給を利用しており、そのために派遣業に強く依存している。[10] ここでは、派遣業の存在が企業の改革努力を妨げているだけでなく、労働者を派遣労働者に固定化してしまう役割を果たしているといえる。

(2)派遣業は低賃金・不安定雇用労働者を特定地域に縛りつけている

派遣業には、労働者五〇人以下の小規模な業者（これが多数）と、一〇〇〇名以上の労働者を雇用する大規模な業者とがある。小規模業者の典型は、日雇・肉体労働をおもに扱い、その多くは都市地域の失業・貧困地帯で営業している。その実態をシカゴ・メトロポリタン（シカゴ市を中心とする経済圏）に見てみよう。

シカゴ市中心街の雇用シェアは、スプロール化によって減少し、雇用の多くは郊外に移っている。しかし、郊外へは公共交通手段が使えず、そのため失業者は市内に滞留してしまっている。これらの失業者は、日雇派遣の職業紹介所（ハイヤリング・ホール）[11]を通じて職に就いていった。一九九〇年代に大都市圏で最も急激に成長した産業は、派遣業であったという。派遣先は、工場のシフト労働であるアッセンブリー、倉庫、建築現場、パッキング、荷おろしなどである。[12] 郊外で展開する大規模派遣会社は、彼らの顧客企業の近くにモダンな事務所を構えているが、日雇派遣の職業紹介所は、ホームレスのシェルターのある低賃金労働者地域、福祉のオフィスの周辺、ラテン系居住区の裏通りなどにひしめいている。郊外では一日八―九ドルの仕事がインナー・シティー（大都市中心部のスラム街）では、最低賃金の四・二五ドルで雇えたといわれている。[13] 日雇派遣の職業紹介所は、その多くが従順でスキルをもたないラテン系の居住地区に建てられている。ヒスパニックたちを日雇労働者として安く雇い入れ、派遣業者の交通手段を使って郊外の職に就かせているわけである。派遣業者は公共交通手段が使えないことを利用して、インナー・シティーの失業者を低賃金の日雇労働者として地域に縛りつけておいて、そこを郊外企業への低賃金労働者の供給基地としている。こうした派遣日雇労働者の地域的な固定化は、都市の貧困化、都市の廃墟化の原因ともなっている。

（3）派遣業は労働者に適した職業は紹介せず、職業訓練もほとんど施さない

失業者にとって派遣業はその職探しに欠かせないものであり頼りにしてもいるが、派遣業者は労働者に適した職業を紹介するわけではないし、職業訓練もほとんど施していない。

派遣業が企業として成り立つ上で第一に必要なことは、各企業から注文をとることである。もちろん職を探している労働者が必要なのだが、職を求める労働者は、インナー・シティーに滞留していて、不自由しない。派遣業は、企業から仕事をとることに専念していて、労働者を受注した仕事に合わせるだけで、労働者の希望にそった職を探すわけではない。また、小規模な派遣業の場合には、扱える仕事の種類はそう多くはないし、全州規模や一定の地域規模の求人をフォローしているわけでもない。さらに派遣業から

紹介された仕事を断れば、その後、仕事はなかなか回ってこないという[14]。

派遣業者は、職業訓練もしていると主張しているが、それは直接訓練していることを意味しない。職業訓練といっても、たとえば部屋にコンピュータがたった一台置かれただけ、という類のものである[15]。

「共同調査」から、他の仲介業と比較して派遣業のサービス水準をみると、職業訓練に関しても就職にさいしての援助に関しても、派遣業はあらゆる点で最低であり、対して政府あるいは政府支援のNGOのサービス水準が比較的高いことがわかる[16]。職業訓練をほとんどしないということは、労働者が低スキルの底辺労働市場からいつまでたっても抜け出すことができず、貧困が再生産されることを意味している。

（4）派遣業は新産業に容易に入り込むことができる

新産業にとって派遣労働者の利用は、コストの削減や、採用業務・雇用責任の回避をもたらすものとして歓迎されている。だから派遣業にとっては、新産業は比較的容易に参入が可能な分野といえる。再び表3-2のSIAによる売上高を見てみよう。二〇〇六年には、IT職は二〇〇一年のIT不況の回復過程にあるが、ヘルスケア、専門、技術・エンジニアリング職で売上高を増大させており、そこには新産業への参入をうかがわせるものがある。ここで売上高を伸ばしている専門職についていえば、時給は他と比較して高いが、職業訓練費は自己負担であるうえ、雇用の不安定さは他の職と変わりがない。

新産業と派遣業の関係の深さは、サンディエゴの調査からもその一端がうかがえる。サンディエゴの調査によると、ソフトウェア産業では、非正規雇用労働者が一〇%を占めているが、そのうち派遣労働者は四八%にのぼっている。同じく新産業であるバイオテクノロジー産業の場合は、非正規雇用労働者の比率は一二%であるが、そのうちのなんと八〇%は派遣労働者である。対して、在来産業のなかで非正規雇用労働者の多いホテル産業の場合は、非正規雇用労働者比率は三一%ほどだが、派遣労働者はそのうちの七%を占めるにすぎない[17]。

本章では、正規雇用市場にも影響を及ぼすと思われるペイローリング（payrolling 派遣への移籍）、紹介予定派遣（temp-to-perm）、PEO、VMS協定についてはは詳しくふれることができないが、それらは新たなスタッフィング・サービス産業の戦略として一九九〇年代後半から急速に広がっている[18]。かいつまんで述べると、ペイローリングとは、採用は企業で直接行うが、すぐに雇用を派遣会社に移してしまう、あるいは正規雇用の労働者がある日突然、派遣会社に移籍させられるものである。紹介予定派遣とは、日本と同様、正規雇用を前提に試用期間は派遣扱いで雇用されるが、試用期間中に選別されてしまうものである。PEOとは正規雇用労働者の人事管理全般をスタッフィング・サービス会社の一種であるPEO社が請け負うもので、ここでは健康保険や労災保険で、労働者の過去の病歴をもとに掛金に差別を設ける、給付内容や労災保険での職業の虚偽記載、さらに倒産や詐欺等による不支給などの問題が生じている。VMS協定とは正規雇用・非正規雇用の割り振りや非正規雇用労働者の仕事の管理、人件費削減の提案など、企業の第二人事部として役割を果たすものである。

4　スタッフィング・サービス産業の矛盾

以上、スタッフィング・サービス産業の現状を概観してきたが、ここでは、この産業が抱える矛盾を三点にまとめておく。実は、こうした矛盾を突く形で、底辺労働者の労働市場を変革しようとする運動が生じてきているのである。

(1)雇用責任の下請による利益獲得の限界

ペイローリング、PEOは、雇用責任の下請を売り物にした戦略である。ペイローリングされた労働者のいる職場では、正規労働者と同じ仕事をしているにもかかわらず、彼らと比べて、賃金についても付加給付についても、著しく劣った労働者が同じ職場に存在することになる。当然、それは労働者のやる気に影響する。また、長期にわたって仕事をしてきたパーマテンプス（長期間就労している派遣労働者や請負労働者）からは不満が生じる。これがもとで訴訟になり勝利したのがマイクロソフト事件[19]である。またPEOは、企業が保険会社にかける健康保険や労災保険などの管理を請け負うことでそこから利潤を得ようとするが、それは企業にとってはコスト削減になるものの、労働者にとってはリスクや負担増となって跳ね返ってくる。実際に、PEO会社が倒産してしまって、健康保険料が未納状態で給付が受けられないという事態が生じている。このようにスタッフィング・サービス産業は、一般の製造業などが生産とその販売にもとづいて利潤を上げるのとは異なり、労働者の賃金、付加給付、各種保険などを、いわば削り取る形でしか利潤を確保することができない。これは自ら雇用を創出せず、労働者の労働報酬からその利益を生み出すスタッフィング・サービス産業に共通する限界である。

企業が派遣業に依存せず、直接労働者を雇用するならば、当然、派遣業は縮小せざるをえない。派遣業の縮小を直接目的としたものではないが、雇用をつくりだすために労働者の職業訓練を認め、安易に解雇しない企業を支援し、失業者に企業のニーズにあった職業訓練を施

割合(単位：%)

2005年	2006年
23.6	26.9
30.1	—

は，Department of
1995, 1997, 1999,

職ではない比較的低

表3-5　SIAによる工業職派遣売上高の割合とBLSによる工業職派遣労働者の

	1993年	1995年	1997年	1999年	2000年	2001年	2003年
工業職派遣売上額の割合	27.9	27.9	23.8	21.7	21.0	19.6	21.8
工業職労働者の割合	—	33.2	29.1	29.2	—	23.2	—

（出所）工業職派遣売上高の割合は，表3-2と同じ。全派遣労働者における工業職労働者の割合
Labor, Bureau of Labor Statistics, Contingent and Alternative Employment Arrangements,
2001, 2005（BLSのホームページによる）。

（注）1）SIAは，前述のとおりStaffing Industry Analysts，BLSはアメリカ合衆国労働省統計局。
2）工業職とは，製造業機械操作工，組立工，ドライバー，人夫などを指し，専門職や技術
技能職を指す。

して、派遣業を通さずに直接企業に雇用させるメカニズムを地域でつくりだすという運動が起きてきているのである。

（2）派遣業の底辺労働者への寄生はなくならない

表3-5に見るように、製造業における工業職（機械操作工、組立工、車の運転手、人夫、日雇肉体労働など）の割合は、依然として減少していない。さきに日雇労働の実態で見たように、派遣業のスキルをあまり必要としない工業職への依存はまたスキルをもたない失業者がつねに構造的・地域的に存在するという現実にも依存している。派遣業の存在がそうした構造を固定化してしまう役割を果たしているのである。今日では、日雇雇用というもともと低廉な料金のうちから派遣業がさまざまな名目でさらにピンはねをするという、目に余る搾取がまかり通ってさえいる。

スキルをもたない失業者にとって職に就けるということは、一時的には救いになるが、よい仕事・よい雇用を保障しなければ真の救済にはならないし、地域の貧困構造を解消することにもつながらない。加えて、財政の削減と新自由主義政策のもとで社会福祉が切り縮められ、民営化が進むもとで、底辺に追いやられる層は増大している。こうした事情が、日雇労働者保護法が州法として成立してくる背景になって

いるのである。

(3)派遣業務はスタッフィング・サービス産業の専売特許ではない

職業斡旋事業の多くが民間に委ねられており、しかも派遣業を規制し、派遣労働者を保護する法律はない、というのが合衆国の現状である。それは、悪質な派遣業の存在を許している一方で、「不利な労働者」を救済する目的をもった派遣業の登場も促している。少額の資本で設立が可能で、しかも新規参入がしやすいという派遣業の特徴も手伝って、労働組合や地域の運動にもとづいた労働者支援の派遣業が生まれつつある。次にはそうした動きを見てみよう。

Ⅱ　派遣業に対抗する労働市場の改革運動
――底辺労働者の底上げ――

派遣業の労働市場への悪影響を抑えるという点で比較的運動が進んでいるのは、底辺労働者によりよい雇用を保障しようとする運動である。もちろん、労働者全体にかかわるリビング・ウエイジ運動（自治体の仕事を請け負う事業所は、その労働者に生活できる賃金を与えよという運動）、最低賃金の引き上げ、健康保険の改革や失業保険の改悪阻止、移民法問題などの全国的な運動や法的規制を求める運動は、底辺労働者の雇用条件の引き上げをも意味するものである。ここでは、労働市場における派遣業の改革という視点から見て際だっている三種類の運動を取り上げることにする。

1　日雇労働者保護法制定の動き

前節でシカゴ・メトロポリタンを例にとってみたように、日雇労働者の労働・雇用条件は悪化している。これに対して、日雇労働者保護法という形でそれを規制する方向が生まれている。それは日雇職紹介業（レイバープール）の規模にかかわらず州内のすべての日雇労働者を保護するもので、さらに日雇労働市場の拡大を防ぐ意味ももっている。この州法は派遣業自体の規制を目的とする法律ではなく、あくまで日雇労働者に対する保護法ではあるが、実際には日雇職紹介業を経営している派遣業の行動をも規制するものとなっている。

日雇労働者を保護する州法や市条例は、NELP（National Employment Law Project 全国雇用法プロジェクト）やNAFFE（North American Alliance for Fair Employment 北アメリカの公正雇用同盟）のニュースによると、二〇〇二年九月現在、フロリダ、ジョージア、テキサス、マサチューセッツ、イリノイ、アリゾナの各州とアトランタ、シカゴの二都市で制定されている[20]。

いずれの州法や市条例もその内容は似ているが、フロリダ州の州法を例にとると、①実際に必要な、あるいは職場でとくに必要とされる装備品、衣類、その他の品目の入手にかかわる代金請求を禁じる。②交通費、食事の料金を制限する。③賃金の支払手段は、現金または一般に行われている方法とする。④賃金からの控除は、法的に認められているもの以外は、控除の結果が最低賃金を下回ってはならない。⑤賃金からの控除については、その明細を記した賃金報告書を提示する。⑥職業紹介のための待合所（レイバーホール）を運営する日雇職紹介業は、基本的な設備であるトイレ・洗面所、飲料水、十分な座席を備えていなければならない。⑦日雇職紹介業は、第三者（ユーザー）が日雇労働者を長期間雇用する権利を制限してはならない。⑧雇い主を訴える労働者の権利を保障し、雇い主が法律に違反した場合には、一〇〇〇ドルのペナルティーを科す、などを定めている。

各地の州法・市条例では、このほかに以下のような規定が設けられている。ジョージア州法では、日雇労働者に対して、賃金支払に関して雇い主（派遣先企業）の財産に対する先取特権を定めている。またイリノイ州法では、州労働部が、派遣業者の告知義務違反やとくに賃金に関すること、その他の法律違反を労働者が訴えるためにコレクトコールの電話番号を労働者に周知することを要請している。同時に、ストライキ、ロックアウト、その他の争議のある場所に、それを知らせずに労働者を派遣することを禁じている。テキサス州法では、日雇職紹介業の運営にあたっては、ライセンスを必要要件とし、労働者の氏名、住所、労働場所、支払った賃金、賃金からの控除の記録を保存し、それを州の「ライセンスと登録部」が利用できるようにしなければならないとし、「ライセンスと登録部」の部長や部が受け取った情報は部内だけで利用し、部外秘とされるとしている。マサチューセッツ州法は、交通費について詳しく記載し、実際の費用以上の控除を禁じ、交通費は日給総額の三％を超えてはならないとしている。また交通費を賃金から控除する場合は、承諾書を必要とし、しかも承諾書は労働者が理解できる言語でなければならないとしている。アトランタ市条例では、ライセンスを得ようとする者は、犯罪歴、日雇職紹介業に関連するそれまでのビジネス歴の記述とその確認を必要とし、初年度一七五ドル、更新のために一〇〇ドルを添えて毎年申し出なければならないとしている。シカゴ市条例では日雇労働者に、シカゴ市人権条例が適用されることを明確に謳っている。

これらの州法や市条例の制定に関して、ＮＡＦＦＥは、関連する組織と連携して日雇労働者の搾取をやめさせるための不正一掃キャンペーン（Clean Up or Clean Out !）を全米レベルで繰り広げている。あわせて、最大の日雇職専門派遣会社であり、日雇労働市場に大きな影響力をもつレイバー・レディー（Labor Ready）社の数々の「悪徳行為」を暴き、それらを根絶するたたかいにも着手している。同社は一九八九年に創立されており、二〇〇四年には全米のスタッフィング・サービス産業界で第一六位の売上げを上げている。二〇〇三年二月現在、五〇州に七五〇の営業拠点をもち、カナダやプエルトリコにも進出していて[21]、一日の雇用労働者数は約六〇万人にのぼるといわれる。年間の売上高は約九〇〇万ドル、日雇労働市場の一四%を占めてトップに位置し（二位以下の五つの法人を合わせても一三%にしかならない）、建設産業のなかでは最大の雇い主である[22]。

レイバー・レディー社の「悪徳行為」としてあげられているものは、仕事内容を文書で提供しない、付加給付を支給しない、時間外手当や待機時間に対する手当てを支給しない、賃金から装備品や交通費を差し引く、賃金支払は一ドル以上の手数料がかかるCD機を利用させる、等々である。これらによって労働者の手取賃金は、最低賃金を下回ってしまっている。また、労災補償のコストを削減するために、労働者を恣意的に保険料の掛金が低い産業に分類することまでしているという。負傷率も高く、労働者の四人に一人にのぼるというから、健康安全法にも明らかに違反している。それは、鉱山夫や建設労働者の負傷率よりも数倍高いものである。同社の交通手段は、しばしば安全基準に達していなかったり、適切な保険に入っていなかったりしている。また労働者の移送にさいして、頻繁に労働者自身の車にほかの労働者を同乗させており、事故が起きても責任をとることはない[23]。このようなレイバー・レディー社に対しては、日雇労働者保護法にもとづいて、いくつかの訴訟が全国的に起こされている[24]。

日雇労働者をめぐるたたかいのなかで、一九九九年一一月には、さまざまな組織が連合し、「全国日雇労働組織化ネットワーク」（National Day Labor Organizing Network）が創設された。さらにその後、日雇労働者の現状とその救済を求める運動が国際的にも報告された。日雇労働者の有力な支援組織である「経済的誠実性を求めるサウスウェスト・センター」（Southwest Center for Economic Integrity）は、NAFFEを代表して二〇〇二年のILOの国際労働会議に参加し報告したが、同センターのレポートは同会議で採択されている。レポートは最後に、「……フォーマルセクターを支配する法を意識的に守ろうとする雇い主は、インフォーマル化によって法を制度的に避けようとする雇い主との公正ではない競争に直面している。しかもその競争が増大していることに注目しなければならない。この問題の解決は、一層の規制緩和ではなく、すべての労働者に、評価と保護に関して同じ基本的基準を保障することにある[25]」と端的に述べている。

2　よい雇用をつくりだすWRTP[26]の試み

（1）ミルウォーキー・メトロポリタンの貧富の格差と地域的分断

ウィスコンシン地域パートナーシップ（Wisconsin Regional Training Partnership WRTP）は、ミルウォーキー市とそれを取り巻く六つの郡、ミルウォーキー、ケノーシャ、オゾーキー、ラシーン、ワシントン、ウォーキシャからなるミルウォーキー・メトロポリタンで着手された。この地域は、アメリカの大都市の多くがそうであるように、近年、メトロポリタンの核都市とその周辺の貧困地帯を中心として、郊外の富裕地帯、両者の中間に位置する中間地帯という三層の同心円を描いている。ほぼ一九七〇年代の後半からこのような地域的分離がはじまり、一九八九年をとると、三つの地帯の年収の中位数は、貧困地帯のそれは

表3-6　ウィスコンシン州の性別，学歴別の平均実質時間賃金（2003年ドル基準）

	1979年		2000年		2003年		変化率（%）	
	男	女	男	女	男	女	男	女
高校中退	14.34	8.63	10.22	8.33	9.79	8.31	−31.7	−3.7
高卒	16.45	9.31	13.10	10.53	14.04	10.88	−14.7	16.9
大学単位取得	15.96	9.94	15.68	11.15	15.07	11.96	−5.6	20.3
大卒以上	18.97	13.11	22.39	18.57	23.50	18.61	23.9	42.0

（出所）　COWS, *The State of Working Wisconsin*, 2004. COWSのホームページより。

二一三万ドル、中間地帯四万ドル、富裕地帯六万ドルとなっている。人口は逆に、それぞれ一〇六万人、五三万人、一四万人である。就職状況で見ると、富裕地帯での求人倍率は二・〇倍あり、中間地帯は一・〇倍、貧困地帯は逆に〇・二五倍、四人に一つの職しかないありさまである。とくに若者層で高校中退ないし高卒でもスキルをもたない労働者の就職状況は、ここ二〇年間に一層悪化している。こうした底辺層の失業期間は、一九八〇年代後半には六〇年代後半と比べて八・五週増大しているという。一九九〇年代には、所得十分位トップの労働時間は増大しているが、底辺層では減少し続けている。[27]実質賃金は、表3-6に示すように一九七九年から二〇〇三年で見ると、低学歴層では下落し、高学歴層は上昇している。とくに、高校中退の男性労働者の時給の下落が顕著で、なんと三二%も下落している。

このような所得や雇用の地域的格差をともなうスプロール化は、一九七〇年代の後半からの製造業の郊外への移転にともなって生じている。無論、すべての製造業が郊外に移転したわけではなく、地域内で分業が保てるという利点から金属加工、機械製造、プラスチック加工、機器製造業などは市中心部にとどまり続けている。このような企業は、労働者にスキル訓練を施して、できるだけ解雇はせずに雇用を保障しながら生産性を上げようと努力している。そうした企業が過半数以上もあるという。しかし、これらの企業も国内

的・国際的な競争にさらされ、支援なしには安定した経営が維持できる状況にはないのが実情である。(28)

(2)COWSの結成とWRTPの試み

このようなスプロール化による貧困化と都市の荒廃からミルウォーキーを再建するために、COWS(Center on Wisconsin Strategy)が、ウィスコンシン州立大学マディソン校を中心に結成された。COWSのミルウォーキーの再建計画は、労働者によい雇用を提供することを柱に貧困を克服し、地域経済を住民生活の充実に向けていわば下から再建しようとするものである。企業は、放置しておけばローロード戦略(新技術の採用にさいして、旧技能の労働者を解雇し、すぐに役立つ技能労働者を短期、必要な期間のみ雇用する)を採用しようとするが、それをハイロード戦略(ローロード戦略とは逆に旧技能の労働者を訓練して新技能を習得させて雇用を保障する戦略)に転換させて、労働者の雇用条件の改善をはかろうとするものである。そのさい、労働者の教育訓練を一社で行おうとすれば、訓練した労働者が他社に転職してしまえば、その教育訓練投資はまるごと損失になりかねない。そこで製造業を中心に経営者と労働組合が団体をつくり、教育訓練を集団的に保障し、労働者に雇用と昇進、生活できる賃金、付加給付を保障する枠組みをつくりだした。これには地域の大学も技術教育に参加しているし、コミュニティー・グループも参加して、不利な環境にある労働者やカラードにも教育訓練の機会や職が回るようなシステムとなっている。これが一九九二年五月発足のコンソーシアム、WRTPである。参加企業の大半は、ミルウォーキー経済の中心的企業である前述した金属加工、機械製造、プラスチック加工、機器製造業などである。一九九二年九月には、ウィスコンシン州知事、ミルウォーキー市長、郡の行政府の長がいずれもWRTPに着手することを宣言したことで、WRTPは公的資金援助を受けることができるようになった。全国ではじめての画期的なことである。

WRTPの理事会は、労使同数の代表者からなり、工科大学をはじめ公共部門の代表は投票権のない助言メンバーとなっている。二〇〇一年現在、一〇〇社以上、六万五〇〇〇名の労働者を擁する企業が参加し、労働組合は一三組合が参加している。[29] NFG（Neighborhood Funders Group）レポートによると、二〇〇〇年現在で、参加企業の雇用労働者数は、地域全体の工業職の四分の一に達するとされている。五年間に約六〇〇〇名の労働者に教育訓練を行ったが、そのうち一五〇〇人は、有色人種であるという。[30]

（3）WRTPの活動内容

WRTPの主な活動は、①労働者教育センターによる現役労働者の教育訓練、②見習制度による若者に対する就職・職業教育、③パートナーシップ確立のためのサポート、の三つに絞ることができる。

労働者教育センターによる教育訓練に労働者がどれだけ参加するかは、WRTP成功のカギとなるが、カリキュラムは、労働者の必要にもとづいて、基本的な読み・書き、数学、テクニカル・スキル、自己開発プログラムで構成されている。現職労働者が参加する場合には時給の半額が保障される。センターは仲間の助言ネットワークを確立して、一対一での指導や協力ができるようにした。二〇〇〇年の年次報告書によると、賃金は、初歩的な作業であっても、水準を引き上げ付加給付のつく時給一〇ドルとされている。その結果、該当者の年収は九〇〇〇ドルから二万三〇〇〇ドルに上がっている。その九割は有色人種である。さらに職務階梯制を強化して、一〇〇〇名の労働者のスキルを嵩上げしていく新しいプロジェクトも設計された。これが実施されれば、彼らの時給一〇・五ドルを一四・八ドルにすることができるという。

注目すべきことは、同じく二〇〇〇年の年次報告書には、派遣業は利用企業に対し料金として派遣労働者の時給の五〇%ないし年賃金の二〇%をとっていると指摘されていることである。派遣労働者の生産性は常用労働者より低いにもかかわらず、派遣利用にともなう派遣料金、求人料金、転職コストは、しばしば正規雇用労働者の賃金や付加給付にかかるコストよりも高くついている。そのため、同報告書によるとWRTP企業は、しだいに派遣業利用をやめる方向にあるという。[31]

若者の職業教育である実習制度には、連邦政府が一九九四年に、「学校から労働への機会法」(U.S. School-to -Work Opportunities Act) を成立させ、「学校から労働へ」政策が全国的に取り組まれたという背景がある。しかし、これはうまく機能しなかった。若者を実際に雇用する企業の関与を欠いていたために効果が上がらず、協力するコミュニティーの工業専門学校は、その多くが特定企業のニーズに合わせてプログラムをつくるために、どの企業にも通じるスキル養成にはならなかった。またスキルに関する全国標準プログラムの作成は一部の産業では成功したものの、多くの企業、とくに大企業はこの標準にほとんど興味を示さなかった。このようななかで、WRTPは、政府や企業のほかに組織された労働者も加えて、企業・学生・教師・労働組合間の交流をはかり、学校教育と教師の考え方の刷新をはかった。「若者実習制度」では、労働組合員が学生の助言者となり、学生に工業職のスキル面と合わせて組合活動についても説明している。また、労働組合は、現職労働者と若者を入れ替えるためにこの制度を使わないよう、企業に歯止めをかけている。WRTPは、その報告書で、二〇〇〇年までに数百人が、この若者実習制度を利用することを期待していると述べている。

(4)成功の要因——コアリッションとパートナーシップ

WRTPは、企業に必要なスキルの習得を工科大学や工業専門学校の協力を得てプログラム化し、それにもとづいて労働者の訓練を実施している。また企業が必要とする労働者数を労働組合が把握し、訓練を修了した労働者をセンターが企業に供給している。新しい就職希望者の教育訓練も実施している。地域のコミュニティーは個々の労働者の状態を把握して、彼らの状況に応じた訓練と就職を世話するなど、各組織が密接な連携を保っている。ここにWRTPの活動の核心があるといえよう。このように、底辺労働者に必要なスキルを習得させ、その雇用機会の拡大をはかるためには、企業、労働組合、行政府、工科大学や工業専門学校などの教育機関、地域のコミュニティーなどのコアリッション（coalition 組織的同盟、連携）が不可欠である。その中心となるのは企業経営者と労働組合のパートナーシップなのである。

労働組合は、企業の経営、とりわけその生産性を向上させるために技術革新についても協力し、企業は、賃金、付加給付など職場の声に現れるさまざまな要求に応えることを労働組合と約束する。ここには「われわれとあいつら」という敵対関係ではなく、企業と労働者の生活を共に守りながら、地域経済を再建し維持するという、企業と労働組合との協力関係がある。労働組合には、企業に対する敵対意識や「労使協調」への根深い懐疑があることも事実である。だからWRTPは、企業と労働組合の双方に対して粘り強い実践的仲介を行っているのである。最近出されたCOWSのマット・ヴィダルのレポートは、企業と労働組合のパートナーシップが、新技術の導入が結局は労働者にしわ寄せされて、賃金・労働条件を悪化させるという危惧をいだいている組合員に対して、組合員や職場の労働者の声が実際の仕事の改善に貴重なものであるという認識を広めて、労働者の信頼を勝ち得た例を紹介している(32)。

同時に、WRTPの成功にとって、教育訓練の中身が各企業の実情に即したものであり、また労働組合が実際に職場で強い権限を持っているという条件がカギとなっている点も見落とすことはできない。

WRTPは、企業を支援しながら同時によい雇用を生み出すための枠組みをつくりだしたといえよう。それは労働市場の改革のひとつの方向性を示すものといえる。このような枠組みが広がるならば、派遣業が労働市場に入り込む余地はせばまるであろう。まさしく雇用をつくりだすのは企業であって、労働市場仲介業ではないのである。

同時に、そこには強みと同時に弱点もかかえていることを忘れてはならない。こうした雇用保障の試みは、企業経営が順調であることが前提である。企業経営は、たとえ地域社会や労働組合の協力・支援を得て、グローバル下の激しい競争のもとで、アウトソーシングや安上がりな派遣労働者の利用という流れに抗していても、大状況の影響からまぬがれることはできない。地域の企業を再建・支援しつつ、底辺労働者や失業者を減らすという運動がかかえる困難な側面がそこには厳然としてあるといえよう。

現在、アメリカでは、産業を問わず、労働組合の組織率は非常に低く、労働組合がないところも多い。そうした状況のもとで、低賃金、付加給付なしの底辺労働者がやむことなく生み出され、派遣業の成長が続いている。次に紹介する、労働市場を改革するために労働者支援の派遣業をつくりだして、派遣労働者を組織化しようとする戦略は、そうした状況を背景に生まれたものである。

3　労働者支援のための派遣事業と派遣労働者の組織化
——ワーキングパートナーシップUSAスタッフィング・サービスの試み

ワーキングパートナーシップUSAスタッフィング・サービス（Working Partnership USA Staffing Services 以下、WPUSAスタッフィング・サービスと略す）は、WPUSAが民間の派遣業に対抗して一九九九年に設立した労働者支援のための派遣事業である。それは、いわばWPUSAの目的のひとつの運動形態といってよい。まずWPUSAの活動から見てみよう。

WPUSAは、中央労働評議会（AFL-CIOのカリフォルニア州の中央組織）のもとに、労働運動が直面する新しい役割を担うためにシリコンバレーに誕生した革新的なNGOである。中央労働評議会とWPUSAは、単なる労働運動を展開するだけでなく、さまざまな要求やキャンペーンを結合して、シリコンバレーでの幅広い社会運動の展開を目指している。WPUSAが発足した当時のシリコンバレーの労働評議会は、二、三人のスタッフがいるだけで、財政基盤にも乏しかった。中央労働評議会の委員長に選出された若きアミー・ディーンは、「ニュー・エコノミーの拠点」シリコンバレーでたたかうためには、この地域の経済構造の深い理解と、各種のグループとの幅広い連携と同盟、労働側が社会正義に基礎をおいた経済的力を地域に確立するための積極的なキャンペーンが必要であると考え、二〇を超えるサウス・ベイ地域（サンフランシスコ周辺の湾岸地帯の南部地域）の実情に合わせて、さまざまなエスニック・グループや男性／女性からなるスタッフをつくりあげた。その主たる活動は、①政策の指針となるシリコンバレーの表には現れない影の部分の実態調査と報告書の作成、②地域リーダーの教育・養成、③リビング・ウエイジを含む草の根キャンペーンの展開、④企業・組合、自治体、教育機関などの連携にもとづく常設組織の設立、⑤派遣事業の創出と派遣労働者の組織化、である。

WPUSAのさまざまな活動のなかから一九九九年にスタッフィング・サービス事業が確立した。事業は産業標準よりも高い賃金・付加給付を保障して、民間派遣業のモデルとなることを目指している。二〇〇一年秋現在、登録労働者数が約一〇〇〇名、うち四〇―五〇名は、フルタイム・フルイヤーに近い年間一八〇〇時間働いている。これらの労働者の派遣先は、労働時間の割合で非営利企業一〇%、公的部門四五%、民間企業四五%となっている。賃金は、事務職で平均時給が一四ドルを超えている。

WPUASのスタッフィング・サービス事業は、労働組合と連携して、そこに三つの要素をもたせている。第一は、労働者にベストな派遣事業を行う。第二は、派遣業を変革するために派遣条件の基本的な基準をつくることをとおして、派遣労働者のメンバーシップ協会を組織する。第三は、トレーニング・アクセスを改善し、長期的には労働者のスキルレベルを証明できるようにし、誰にでもわかるスキルの階梯をつくりだすことである。

(1)派遣事業の教訓

三つの要素のうちでは最も重要な労働者を派遣する事業では、問題が噴出した。さきの「共同調査」によると、スタッフィング・サービス事業の運営には当初組合の活動家が当たったがうまくゆかず、結局は専門家を必要とした。登録したもののスキルをまったくもたない労働者はどの企業にも採用されず、セミ・スキル労働者（熟練とまではいかないが、多少その職務の経験のある労働者）を活用することにした。セミ・スキル労働者を活用することによってスキルをもたない労働者を教育し、生活できないほど低賃金で低労働条件の職場への派遣を回避した。派遣先は、事業に賛同する企業をターゲットとしたが、そのような企業はもともと派遣労働者をあまり採用していなかった。加えて、民間企業は、この事業の社会的使命には関心を示さなかった。しかし、まだまだ少数にすぎないが、労働者によい賃金と労働条件を保障することは、労働者の質をも変えるということに一部の企業は次第に気づくようになった。民間企業は、質のよい派遣労働者を求めていたのである。現在、派遣労働者のメンバーシップ協会を組織する段階に入っており、組織参加者は一〇〇〇名を超えている。労働者の教育訓練に関しては、地域の大学と提携して「福祉から労働へ」政策（福祉受給者を就労させようとする連邦の政策。シングルマザーが大量に低賃金労働者となった）のもとで労働者になった者に対しては基本的なスキルを、派遣労働者にはコンピュータ訓練を、メンバーシップ組織の参加者には、一回シリーズのソフト・スキルのワークショップを提供している。「福祉から労働へ」政策で労働者になり、訓練プログラムを修了した二〇名に対してはさらに訓練を重ねることを前提に、州政府が職業を紹介する保証をとりつけている。(33)

(2)労働者支援のための派遣事業の意義

労働者支援のための派遣事業の意義について、「共同調査」は次のように述べている。「スタッフィング・サービスは、企業の労働力の非正規労働者への転換が不可避であることを前提としている。それゆえこのスタッフィング・サービス産業の改革や新たな局面を開く運動は、仕事の質を高める上で必要なステップである」(34)と。

一般的に、スキルをもたない労働者が低賃金、付加給付なしの不安定な職に就くことは当然だと思われている。それでは教育歴も自己資金もない底辺層は、いつまでたっても貧困から抜け出ることができない。しかし、教育訓練のための援助が得られ、企業が要求するスキルはどのようなものであるかがわかれば、底辺からの脱出は可能である。このことは派遣事業にはまだまだ開拓できる余地があるということをWPUSAのスタッフィング・サービス事業は示しているし、そこには労働市場仲介業の質を引き上げる契機となる可能性すら感じられるものがある。

かといって、労働者支援のための派遣事業の担い手たちは、この事業を拡大して市場を圧倒しようと考えているわけではない。現在、行政が支援する労働者仲介業が存在している。表3−5で見たように、「不利な労働者」が職を得ようと向かう先は、民間の派遣業と政府支援のNPOが圧倒的に多い。政府支援のNPOは、福祉についいては十分な知識を持っているが、雇用については企業とのつながりが弱く、その使命にかかわらず、よい仕事を紹介することも、その手段にも乏しいという弱点をかかえている。スタッフィング・サービス事業で獲得された経験、教訓は政府支援のNPOなどでも生かされねばならないし、生かせるはずである。

WPUSAスタッフィング・サービス事業は、労働者支援のための派遣事業とはいかなるものであるかを示すものである。当面は、実際に派遣事業を展開して底辺労働者を援助するとともに、行政に支援を要請しながら労働者仲介業を改革することを目標にしているようである。派遣労働者の組織が、既存の労働組合や支援組織と手を携えて、求職上の問題の解決や法や行政規制の改善についてどのくらい実効ある成果をあげうるかは、今後の展開に待たねばならない。

おわりに

これまで述べてきた労働市場の改革運動は、まだ緒についたばかりである。したがってここで総括的に述べることは早すぎるように思う。そこで以下では、これらに運動に対する筆者の感想と注目点を述べることにとどめたい。

本章で取り上げた運動は、日雇労働者へのあまりにも過酷な搾取、地域のスプロール化のなかで取り残された企業の経営問題や貧困者たちの就職問題のように差し迫った課題を担った運動から、シリコンバレーにおける、労働組合が中心となって派遣事業を起こし派遣労働者を組織化しようとする試みのように、幅広く長期的な展望をもった運動まで、さまざまである。しかし、そのいずれもが「不利な労働者」に質のよい仕事や雇用を保障しようとする運動であることでは共通している。質のよい仕事や雇用を保障するという点では、労働市場仲介業の改革は避けて通れない問題のひとつであることは明らかであろう。しかし同時に、これには、すでにみたように企業経営がローロードに向かい、労働者を使い捨て、賃金・労働条件が「底辺に向かう競争」（race to the bottom）状況になっているもとで、それを助長しているのがスタッフィング・サービス産業、とりわけ派遣業であるという背景がある。そのため、労働市場改革といっても一筋縄ではありえない。直接関連する問題だけでも、最低賃金問題、移民問題、失業問題、貧困問題、スプロール化による地域間の所得格差問題、若者の教育訓練問題、福祉改革問題など広範囲にわたる改革を必要とし、労働市場改革はその一環と位置づけることができよう。それゆえに、労働組合運動や社会運動自体もコアリッションやパートナーシップという新しい形態を生み出しながら、ダイナミックな対応が求められているといえるし、現にそうした動きが進行している。

アメリカ合衆国を労働市場という側面から観察すると、まれに見る特異性を持っていることに気がつく。周辺の国々から出稼ぎにやってくる登録・非登録の移民がおり、さらに人材派遣大国といっていいほど伝統的に大小の派遣業が多数存在し、しかもそれを規制する連邦法はないのである。基本的に解雇は自由、就職斡旋はほとんど民間にゆだねられている。一見すれば、労働者にとっては救いのない状況にみえる。しかし、そうした状況にもかかわらず、派遣業の矛盾という間隙をついて、いま自分たちには何ができるのかを追求している運動を見てみると、運動とはどこから生まれるのか、それはどう形づくられるのか、そしてそれはどのように広がっていくのかの原型を見ているような気がする。

注

（1）労働統計局によって作成された資料によると、三年以上在籍したフルタイム労働者で、工場や会社の閉鎖や移転、十分な仕事の欠如、職やシフトの廃止、といった理由で解雇された者の一―二年後の就職状況は、時系列で（一九九二―二〇〇二年）、フルタイマー職に再就職できたものは六〇―六八％と六〇％台である。フルタイマー職に再就職できても賃金が前職より下がった者も上がった者もいるが、前職と等しいか上がった者は二六―三五％、景気がよい年でさえ、再びフルタイマー職に就くことができて賃金が前職より等しいか上回るのは約三分の一強という状況である（Hipple, Steven, “Worker displacement in the mid-1990s,” *Monthly Labor Review*, July 1999, p. 27; Helwig, Ryan T., “Worker displacement in a strong labor market,” *Monthly Labor Review*, June 2001, p. 24; Helwig, Ryan T., “Worker displacement in 1999-2000,” *Monthly Labor Review*, June 2004, p. 64）。

（2）企業向けサービスには、産業分類番号ＳＩＣ73のビジネス・サービスとＳＩＣ8のなかの法律サービス、エンジニアリングとマネージメントサービスを算入した。なお、二〇〇二年から労働統計局（ＢＬＳ）は、新しい産業分類ＮＡＩＣＳに変更したため、二〇〇一年を使用した（U. S. Census Bureau, *Statistical Abstract of the United States*, 2002）。

（3）注(1)と同じ文献による。

（4）一九九五年、産業別非正規雇用労働者の割合で半数を超えているものは、女性では、農業（七六％）、小売業（五〇％）、私的家庭内サービス（六七％）、ビジネス向けサービスや修理サービス（五一％）、個人サービス（五三％）、興行・レクリエーションサービス（五一％）、男性では、農業（六一％）、林業・漁業（五七％）、私的家庭内サービス（八五％）であり、ビジネス向けサービスや修理サービスは三九％である（Kalleberg, Arne L., et al., Economic Policy Institute (EPI), Women's Research & Education Institute, *Nonstandard Work, Substandard Jobs*, 1997）。

（5）　仲野（菊地）組子「アメリカ合衆国の規制緩和と雇用構造の変質」（加藤祐治・内山昂監修／労働運動総合研究所編『規制緩和と雇用失業問題』新日本出版社、一九九七年所収）。仲野（菊地）組子『アメリカの非正規雇用』（桜井書店、二〇〇〇年）を参照されたい。

（6）　アメリカでは、製造業において失業二年以内に再就職している労働者の率は六三・四％であり、再就職先の賃金が三〇％以上下落した者の率は二五％である。それに対してにヨーロッパの一四か国では、平均するとそれぞれ五二％、五％である（OECD, *Employment Outlook 2005*. ＯＥＣＤのホームページによる、二〇〇五年八月閲覧）。

（7）　アメリカの産業分類上は Temporary Help Service が正式名称であるが、略称 Temp Agency ともいわれる。また人材派遣業はその業務を拡張しているので、自ら Staffing Service Industry と呼んでいる。

（8）　Staffing Industry Analysts の表には、センサス局や労働統計局の産業分類では人材派遣業には分類されていない請負企業の派遣業務も含まれているため、実際に派遣の職種に多いＩＴ職が多く表れている貴重な表である。ただし、労働者数は出ていない。

（9）　この章でいう「よい仕事」「よい雇用」とは、人並みに暮らせる雇用という意味で、ＩＬＯで用いている「ディーセントワーク」（次章参照）と同じ意味を持つ。

（10）　A Collaborative Research Project of Working Partnership USA, San Jose, Ca. and the Center on Wisconsin Strategy, Madison WI., *Economic Opportunity in a Volatile Economy*, May 2003, p. 82. この調査レポートは二〇〇七年四月に出版された。Chris Benner, Laura Leete and Manuel Pastor, *Staircases or Treadmills?* Russell Saga

Foundation, 2007.

（11） Peck, Jamie and Nick Theodore, "Contingent Chicago: Restructuring the Space of Temporary Labor," *International Journal of Urban and Regional Research*, Vol. 25.3, Sep. 2001, p. 480.

（12） *Ibid.*, pp. 472–473.

（13） *Ibid.*, p. 484.

（14） 労働者支援組織のＮＧＯであるＣＰＩ（Center on Policy Initiatives）の派遣労働者に関する実態レポートによると、派遣労働者は、「与えられた仕事の割り当てを拒否すると、その理由が何であれ、あとの仕事紹介に対して紹介順位のリストを下げられる。Ｂリストになる」と述べられている（Center on Policy Initiatives, *Just Getting By*, October 2002, p. 18. ＣＰＩのホームページ、二〇〇三年五月閲覧）。

（15） *Ibid.*, p. 23.

（16） A Collaborative Research Project of Working Partnership USA, *op. cit.*, Table 6–6.

（17） Center on Policy Initiatives, *op. cit.*, pp. 8–9, 50.

（18） 仲野（菊地）組子「アメリカ合衆国における市場原理の貫徹する労働市場と法規制の闘い」（労働運動総合研究所『クォータリー』二〇〇四年夏秋号）を参照されたい。

（19） 仲野（菊地）組子「アメリカのパーマテンプスの闘い」（『労働法律旬報』一五〇七号、二〇〇一年七月）を参照されたい。

（20） シカゴ市条例については、NAFFE, News & Comments. May 29, 2002（http://www.fairjobs.org/docs/n&c1.pdf 二〇〇二年六月一日閲覧）。その他は、一九九九年にＮＥＬＰ（National Employment Law Project）とＦＷＪＦ（Farm Worker Justice Fund, Inc.）が共催した「下請労働者イニシャチブ戦略」に関する全国フォーラム提出レポート Survey of State Day Labor Legislation を参照した（NELP, "Survey of State Day Labor Legislation"

2001, NELPホームページ、二〇〇二年六月一日閲覧)。その後、NELPホームページのレポートによると、二〇〇五年九月までにニューメキシコ州が加わっている（レポート A Comparison of Day Labor Statutes as of September, 2005. NELPホームページ、二〇〇五年八月閲覧)。

(21) Labor Ready のホームページ（http://www.laborleady.com/home/common/ 二〇〇三年一月一〇日閲覧)。

(22) NAFFE, Clean Up or Clear Out ! のサイト（http://www.naffe.net/lr/letter.htm 二〇〇三年一月一〇日閲覧)。

(23) 同右。

(24) 訴訟の詳細は、仲野(菊地)、前掲「アメリカ合衆国における市場原理の貫徹する労働市場と法規制の闘い」を参照されたい。

(25) Southwest Center for Economic Integrity（http://www.economicintegrity.org/naafe.htm 二〇〇三年八月一三日閲覧)。

(26) これについての詳細は、仲野(菊地)組子「社会が企業を変えるアメリカ合衆国の経験」（夏目啓二編著『21世紀の企業経営』日本評論社、二〇〇六年）を参照されたい。

(27) Luria, Daniel D. and Joel Rogers, *Metro Future*, Beacon Press, 1999, p. 3.

(28) *Ibid.*, pp. 22–23.

(29) Reynolds, David B., *Taking the High Road*, M. E. Sharpe, Inc., 2002, p. 186.

(30) NFG(Neighborhood Funders Group) Report, Summer, 2000(http://www.nfg.org/reports/72wisconsin.htm 二〇〇三年一月閲覧)。

(31) WRTP Annual Report 2000(http://www.cows.org/pdf/workdev/wrtp/ar-wrtp-00.pdf 二〇〇四年一一月一日閲覧)。

(32) Vidal, Matt, "Not Just Another Consultant," COWS Report, Oct. 2004（http://www.cows.org/pdf/workdev/

wrtp/rp-hpwo.pdf 二〇〇五年一月閲覧）。

（33） A Collaborative Research Project of Working Partnership USA, *op. cit.*, pp. 91–93.

（34） *Ibid.*, p. 96.

（補注） 本章は社会政策学会第一一一回大会（二〇〇五年一〇月）の非典型労働部会での報告を修正・加筆したものである。

第四章　ディーセントワークと日本の労働基準

高橋邦太郎

はじめに

一九八〇年代から九〇年代にかけての情報通信技術の進歩と多国籍企業の発展に牽引されて、世界の諸地域間の結びつきが緊密化し、資本主義社会は貧富の格差の拡大をともないながら、「グローバリゼーション」の時代を迎えた。この変化は、企業の経営戦略や雇用・労働関係をはじめ文化・健康・教育・移民など社会生活の全般にわたっている。

本章では、グローバル化による雇用・労働の変化を概観し、国際労働機関（International Labour Organization, 以下ＩＬＯと略記）の提唱する「ディーセントワーク」（decent work―「働きがいのある人間らしい仕事」）をキーワードに、日本の労働基準の現状とあるべき姿について考察する。

全体は、以下の四節からなる。

Ⅰ「グローバル化による雇用・労働の変化」では、グローバル化のもとで、「資本主義のルール」として国際的にも認められてきた労働基準が破壊されている現状を分析し、なぜこの時期にＩＬＯが、ディーセントワークという新しい国際労働基準を提起したか、その背景を考察する。

Ⅱ「ＩＬＯの提言するディーセントワーク」では、ＩＬＯが提唱する「企業活動の公正なルール」としてのディーセントワークの主要な内容について紹介する。これは、いままで設定してきた国際的労働基準の遵守をいうだけでは労働環境の悪化を是正することができない状況が出現したもとで、途上国をはじめとする各国での貧困や格差の解消のためには、「公正なグローバル化」に向かって労働者と市民運動が共同し、ディーセントワークを「まず国内から始めよう」「いまこそ職場に平等を」という行動によってこそ可能であると呼びかけた変革の道を意味する。

Ⅲ「ディーセントワークからみた日本の雇用と労働」では、日本の政府と企業は、ＩＬＯの定める国際基準にきわめて消極的であるばかりか、現実の労働政策・労使関係でもＩＬＯ基準に明確に違反し、規制緩和と民営化の政策で日本の経済社会を不安定化し、かえって格差を助長し拡大していることを批判する。

Ⅳ「ディーセントワークへの企業の対応と変革の兆し」では、日本の企業が自ら主張する企業の社会的責任を積極的に遂行する立場に立つならば、ディーセントワークというＩＬＯの提言をもとに、公正なルールにもとづいた企業活動を行うべきであることを主張する。またディーセントワークの獲得による公正なグローバル化への転換は、長く困難ではあっても結局は世界の労働者が解決すべき問題であることを強調する。

Ⅰ　グローバル化による雇用・労働の変化

グローバル化の進展のもとで、いわゆる新自由主義の思想を背景にした自由化・効率化による規制緩和政策が拡がり、企業の経営戦略は「国際競争力強化」が根本戦略となった。生産・消費・金融・雇用・労働など人間の社会的営みの全体にわたって、この戦略にそわないものはすべて破壊し、とくに雇用の流動化・多様化・弾力化が強行された。かつて資本主義経済の労働政策は「完全雇用」を目標にしてきたが、グローバル化によってこの基本理念は崩壊し、「雇用流動化」がキーワードとなった。従来の雇用関係が破壊された理由は、主として、①情報通信技術の発展が雇用形態の多様化とアウトソーシング（外部委託）を可能にし、正規雇用の多くを非正規雇用に置き換えることを可能にしてきたこと、②市場原理の支配によって株主優先のため、固定費とくに労働コストの削減に踏み切らざるをえなくなったこと、にある。

日本では構造改革と称してこの戦略が追求され、「設備・債務・雇用の三つの過剰」を強調して経営再構築とは即人員整理を意味するかのように喧伝し、長年の労働慣行を破壊した。この政策の推進者であった竹中平蔵大臣（当時）の雇用に関する認識を、彼の著書より引用してみよう。

「雇用とは企業の利潤を追求するに伴って生まれるもの」「企業活動の結果として派生的に発生するもの」であって、「企業は人を雇うために存在しているわけではありません。あくまでも利潤を追求するため、儲ける事を目的に存在しているわけで、その目的のために、資本だけでなく労働も必要になるのです。このために労働の需要が生まれて雇用が発生するのです」「規制緩和は企業から見れば、今までのような固定費の負担を軽減するという意味をもち、働く側にとっては、多様な働き方が認められるということになります[1]」。

彼は、働く側のメリットとして、多様な働き方が可能になると主張する。ライフサイクルの変化によって働き方の多様化を求める人もいないわけではないが、働き方の多様化とは、結局、固定費の負担の軽減つまり企業の労働コストの節約が最も大きな動機となっている。正規雇用労働者を減らして非正規雇用労働者を増加させることであり、雇用の不安定化ひいては格差の拡大をもたらすものである。

後に日本経団連に統合された日経連が一九九五年に公表した『新時代の「日本的経営」』と題する文書は、雇用を、①長期蓄積能力活用型、②高度専門能力活用型、③雇用柔軟型の三タイプ（いわゆる「雇用のポートフォリオ」）に分類し、最大の利潤をあげるために、各企業が三グループの最適の雇用組合せを選択すべきことを説いた。(2) 以後、雇用形態と労働の管理はこの文書の方針で一貫して進行する。竹中氏が主張する労働の多様化とは、「ポートフォリオ」が示す③のグループ、すなわち企業が恣意的に雇用を破棄することができ、昇給も社会福祉の保障もない雇用柔軟型の非正規労働者を年々増加させることであった。しかも一九九五年版『労働白書』は、①②③の雇用形態の選択は労働者の自己責任であり、労働者は職業能力の開発すなわちエンプロイアビリティ（就業継続性）の向上に励むべきことを強調した。(3)

総務省「労働力調査」によれば、二〇〇六年現在、非正規労働者の比率は全労働者の三三％に達し、女性労働者では五割を超える。ハローワークの求人も非正規雇用が多く、とくに若者の非正規雇用比率が高まっている。それにともない、正規労働者と非正規労働者の労働所得格差が拡大しているだけでなく、さらに問題なのは正規・非正規の格差が身分的格差として固定化しつつあることである。近年、非正規労働者は、たんにパートタイマーだけでなく、派遣・請負という多種にわたる雇用形態でアウトソーシングされ、(4) 雇用関係は前例のない激しい解体・再編過程にある。(5)

労働政策研究・研修機構の調査によると、非正規労働者が感じている問題点は、①仕事の割に正規労働者より賃金が低い、②契約・派遣労働の雇用期間満了後の不安が大きい、の二つが最も高い割合を占めている。同じ調査で、企業が非正規労働者を雇用する理由は、①賃金費用の節約、②賃金以外の労働費用の節約、③景気変動にともなう雇用量の調整、④正社員を重要業務に特化、⑤長時間営業（操業）への対応などとなっている。また別の調査でも、五二％の非正規労働者が正規労働者とほとんど同じ仕事に従事し責任を持たされているにもかかわらず、その賃金は七〇—八〇％未満の企業が一番多く、六割を超える非正規労働者が不満を抱いている。[6] 実質的に正規労働者と同じ環境で労働する非正規労働者の格差に対する不満が大きいことはごく自然であるといえよう。

雇用の非正規化にともなう労働所得格差の拡大をいままで認めていなかった政府は、二〇〇六年度版『経済財政白書』において、「雇用形態の多様さも労働所得格差変動の一因」として、「労働所得水準の低い非正規雇用の割合が高まることで、全体のジニ係数も高まった」とはじめて認めたものの、[7] その主要因が構造改革政策にあるとは認めていない。ＩＬＯは一九九四年にパートタイム労働条約（一七五号）を採択して、パート労働者を賃金その他の労働条件で差別することを禁じた。これにもとづいて、たとえばイギリスでは、「パートタイム労働者規則」（一九九九年）において、「時間比例の原則」適用を明記するなど、パート労働者とフルタイム労働者の賃金は同一労働同一賃金という原則が守られている。だが、日本政府はこのＩＬＯ条約を批准しておらず、[8] パートタイム労働法の見直し論議についても「均衡」処遇の努力義務などに多くの問題を残している。

職場では、成果主義による人事考課やノルマ管理が厳しくなって、労働者が疲弊し、とくに正規労働者の長時間労働やサービス残業が横行している。[9] 長時間労働の結果、過労死を招き、重大な事故や職場での健康被害とくにメンタルヘルス障害の多発も報告されている。[10] ロナルド・ドーアも言うように、歴史的に形づくられてきた賃金・雇用・解雇・労働時間などの制度の急激な緩和と崩壊は、労働市場の流動性がもたらしたものであり、それで利益を得たのは「売り手市場にいる希少な技能の持ち主」だけであり、「買い手市場に直面する非熟練労働者」にとっては「不安と搾取をもたらす懸念の種」にすぎない。(11)

グローバル化による構造的な変化にもとづく格差の拡大は、企業・職場だけの問題ではなく、地域間・産業間・企業間にも拡がった。資本力と情報力を持つ企業はより安い労働力を求めて国外へ進出した結果、産業の空洞化が激しくなり、海外へ進出できない企業の間では中小企業を中心にデジタル・デバイドが生み出された。各地の商店街はシャッター街と呼ばれるまでに衰微し、都市の空洞化も激しくなっている。またさらに格差は、教育・医療・健康・家計・貯蓄などの国民生活のあらゆる部面にわたり、年間の自殺者が三万人を超えるという悲惨な現象も見られる。またあるデータによると、二〇〇五年度の家計貯蓄率は三・一％と過去最低を八年連続して更新したという。(12)このような格差の拡大は、もっぱら現代日本の労働所得格差の拡大とそれを助長した構造改革がもたらしたものである。

国際的に見ると、アメリカでは、上位五％の最富裕層が総所得の二〇％を占め、連邦政府が定めた貧困ライン以下の生活を余儀なくされる人びとが二〇〇四年現在で三七〇〇万人（全人口の一三％）いる。このうちのほとんどの労働力人口は、働きながら最低限の欲求さえ充足できない「ワーキング・プア」である。アフリカや中南米などには、グローバル経済の周辺のインフォーマル経済で食うや食わずの生活をしている労働者が満ち満ちている。世界中で、莫大な富を蓄積してますます富裕化していく一握りの人びとと、その他の多くの国民との格差が拡がるとともに、多くの富を集積した国と豊かさから取り残され債務に苦しむ国との格差も拡がってきた。多くの多国籍企業の年間売上高が多くの国々のGNPをはるかに超えているという現状からも明らかである。このことは世界の国家間関係が対等でないことを示している。覇権大国とそれに追随する諸国による利己的な政策の押しつけが、世界の平和を乱している現状を見れば明らかである。

Ⅱ　ＩＬＯの提言するディーセントワーク

1　ＩＬＯはなぜ新しい提案をしたのか

周知のように、ＩＬＯは、一九一九年、第一次世界大戦の惨禍とロシア社会主義革命の影響を受けて、世界の労働者の生活と職場に社会正義をともなった繁栄をもたらしうるような平和と安定の社会的な枠組み、すなわち国際的な労働基準を構築することを目的として創設された。労働基準について、日本の労働基準法は、労働契約、雇用、賃金、労働時間などの労働条件についての守るべき最低基準を定めている。労働基準とは、「使用者による一方的な労働条件の決定に対する公的な規制措置」であるといえよう。(13)

ＩＬＯが最初に取り組んだ国際的労働基準は労働時間短縮の問題である。ＩＬＯ第一号条約は、「工業的企業における労働時間を一日八時間且週四八時間に制限する条約」であった。以来八〇年余、団結権・労使関係・賃金・休暇・差別・安全衛生など、労働者の生活と労働のあらゆる部面に関して国際的な基準を設定し、各国政府と企業に対して、立法や制度の改善によって労働者が人間として尊重されるよう勧告・提言してきた。それはいわば労働者の生活の安定、ひいては世界の自由と平和のために奮闘してきた歴史であったといってもいい。一九四四年、ＩＬＯは第二次世界大戦の終結に際してＩＬＯ憲章を起草し、フィラデルフィア宣言を発した。「世界の永続する平和は、社会的正義を基礎としてのみ確立することができる」のであり、「世界の平和と協調が危うくされるほど大きな社会不安を起こすような」労働条件の悪化や労働不安が生じた場合、「正義および人道」「世界の恒久平和」の立場から、労働条件の改善の障害を除去する状況を築くことがILOの権限であり使命である、という。このような活動は、「ILOは誠実にそして精力的に、きわめて多くの国における最も悪質な不正義の除去という改革に成功してきている」「あらゆる国の社会福祉立法に影響を与えてきた」と評価され、創設五〇年の一九六九年にはノーベル平和賞を授与されたのであった。

だが一九八〇―九〇年代以降のグローバル化の急速な進展によって、先述のように、新しい国家・労働・企業間の関係が構築され、従来の国民国家の制約のもとでの国民経済における規制と調停という国際労働基準では規制できない状況が生み出されてきた。

他面、グローバル化によって、貿易・財政・生産・投資など経済関係の相互依存がかつてなかったほどに強まったことも事実である。今日では、グローバルな関係を通じIT技術を利用した国の内外での無数の組織（NGO・労働組合・企業・メディアなど）のネットワークが、世界中の組織と個人の社会的・政治的な相互関係を強化している。一九九九年、シアトルでのWTO国際会議を包囲した市民運動は、貧困・格差・差別を克服しようとする巨大な運動となって広まった。これらを無視して企業活動や国家経営を行うのは不可能な状態にまで、運動は発展した。人間生活の不安定と雇用・労働の問題が多国籍企業を中心とする国際市場の問題と無縁のものではないという認識は、いまや世界中の広範な人びとの共通認識になったといっていい。したがってグローバル化した世界を一方的に否定し排除することはできない。もちろんグローバル化が、人間生活を不安定化し雇用・労働を破壊する一面を持つかぎりにおいて、あらゆる面からこれに規制を加え対応することは喫緊の重大事である。ジャグディシュ・バグワティは、グローバル化をうまく作用させることは貧困の克服に役立つとしながらも、それは、「放っておいて最大の効果を発揮するものではなく」、「富裕国と貧困国とを問わず多くの国で著しい成長を見せている市民社会の力を借りて」「適切に管理してこそより一層の効果を生む」とグローバル化の規制について述べている。(14)

ＩＬＯは、グローバル化による格差の拡大が従来の雇用基準の破壊を基礎とするものであり、世界の労働者が平和と正義にもとづく新しい国際的労働基準の提言を必要としていることを認識した。したがって従来の政府・労働者団体・使用者団体の三者による対話と調停を最重要視しながらも、市民運動の高まりという新しい情勢に対応した提言の公表に踏み切ったのである。新しい国際労働基準は「変革（change）のためのビジョン」として提言された。それは現在のグローバル化の進展の方向を転換させるための道筋を付けるということである。つまりＩＬＯにとっては、グローバル経済は、新たな公的妥当性をもった適切なガバナンスによってさらに繁栄・発展する可能性を持ち、生み出された膨大な富を公正に分配することができる。つまり「今日のグローバル化した経済において国際労働基準は、グローバル経済の成長がすべての人に利益をもたらすことを国際的に確保するための基本的要素となっている」(15)。それを主張するためには、労働者が労働者としての権利の保障を主張できる地位を獲得することこそが必要であり、「権利の保障は、それゆえ、発展の過程のあらゆる段階で、経済成長や社会的公平と雇用に転換する永久的行為を保障する」(16)のである。したがって、「すべての国での適正で公正なグローバル・ルール、政策、制度が緊急に必要とされている」ものの、まずは「国内から始めなければならない」(17)という認識に立っている。

そして地域の身近な市民運動と共同して、グローバル化に適応した新しい国際労働基準を世界の政労使に示し、労働者が変革のための歴史的能力を発揮するべきときだと主張したのである。

昔から地域のコミュニティは、環境を保全し、持続可能な消費と生産のパターンを実現してきた。だが多くのコミュニティは、いまグローバル化によってその弾力性や活力を失ってしまった。地域の生産システムの復興と市場の支援によって地域のコミュニティの基盤が強化されれば、それぞれの地域は、公正なルールにもとづく労働によって大きい活力を再生できるだろうし、それが広く強いネットワークによって結ばれるならば、グローバル化を推進する政府をしてグローバルな勢力を制御する政府に転換させ、その政策を強力に後押しすることができる。ローカルレベルのガバナンス改革は、衰微した地域コミュニティの機能を活性化し、グローバル化を人びとのためのものとする戦略を生み出す中心的要素となるだろう。したがって国家は、従来の行動の枠組みを大きく変え、市民運動などの社会的アクターと協力して、変革を管理するための支援を惜しんではならない。

「国民国家が集まっている世界で、グローバル化におけるガバナンスは国家レベルのガバナンスと切っても切れない関係にある。グローバル化の機会を生かし、国内の様々な層に広く公正に行きわたらせるためには、効果的な政治法律制度、強力な経済技術力、経済目標と社会目標を統合する政策が必要である。より一般的にいうと、国内政策において他国のニーズが勘案されている良好なガバナンスの国のほうが、公平かつより包括的なグローバル化のプロセスをもたらすための効果的なパートナーとなる。グローバル化への対応は国内から始まるという理由もそこにある(18)」。

すべてはここから出発する。その新しい国際労働基準こそが、一九九九年のＩＬＯ第八七回総会において、ファン・ソマビア事務局長によって報告された「ディーセントワーク」という提案である。

2　ディーセントワークの内容

一九九九年一月の世界経済フォーラムの席上、当時のアナン国連事務総長は、「人権の擁護、組合活動の自由、強制労働や児童労働の排除、雇用と職業の差別、環境への配慮」など一〇項目にわたる原則をグローバル・コンパクトとして提唱した。そしてこれらの原則を守ることによって企業のビジョンに社会的側面が得られ、事業のチャンスが最大限に生かされると主張した。

ソマビア事務局長によって、ILOの今後の活動はディーセントワークを主要目標とするという方針が掲げられたが、これは国連のグローバル・コンパクトの具体化といえよう。ディーセントワークは、たんに雇用の促進だけではなく、多様化し弾力化し流動化する労働環境のなかで「受け入れることのできる質の仕事の創出」[19]を目標とする変革のためのビジョンである。つまりディーセントワークとは「働きがいのある人間らしい仕事」であり、労働者の「権利が保護され、十分な収入を生み出し、適切な社会的保護が供与される生産的な仕事」であり、グローバル化された世界で、「世界中の政治および実業界の指導者たちに突きつけられている世界的な要求」[20]であり、グローバルゴールであると主張する。[21]ILOは、グローバル化については社会開発と経済開発の統合という観点に立ち、企業は開放経済における雇用の場であるとしている。それゆえに、ディーセントワークやグローバル・コンパクトの推進は、企業に対しての鋭い提案となる。この場合、とくに雇用と労働条件の改善においては中小企業の役割とその重要性についても言及されており、さらに政労使その他の組織内部での女性の地位を確実なものとするよう、女性の権利とキャリア形成の機会を強化する政策として取り上げていることにも注意したい。

さて、ILO総会での報告では、労働における基本的原則と権利について、「中核的な労働基準」(core labour standards)が確立した市民社会を、グローバルな基本的原理として達成することの重要性に関して述べている。中核的な労働基準とは、九八年総会で、人権と労働基準の擁護はILOの創立理念に対する責務であるとして宣言されたものであって、ディーセントワークの具体的表現として以後の総会報告のたびに強調されている。その内容は、(1)結社の自由および団体交渉権の効果的な承認、(2)あらゆる形態の強制労働の禁止、(3)児童労働の実効的な廃止、(4)雇用および職業における差別の排除、である。さらに、ディーセントワークを推進・実現するためには、中核的な労働基準を基本として四つの戦略的目標が掲げられ、それをバランスよく統合的に遂行すべきだとしている。四つの戦略目標とは、①労働における基本的原則と権利、②男女が雇用と収入を確保できるより多くの機会の創出、③社会保護の問題、④社会的対話と三者構成主義の問題、である。

ディーセントワークという主張の第一の課題は、人権と労働の基本的原則と権利の統一のための運動である。これは中核的な労働基準の主眼点をなす項目である。とくに中核的な労働基準の(3)であげられた児童労働の実効的廃止は、最悪の児童労働すなわち性産業・家事手伝いなどの耐え難い条件と顕在化しにくい女児労働をただちに廃絶するという性急な要求ではなく、彼女らに適切な教育を与え、ディーセントワークを普及・提供することを強調している。これはもちろん、九八年宣言の他の諸項目、たとえばインフォーマル経済の即時廃止を要求していないことと同じである。それは各国の成熟の不均衡を意識したものであり、可能なことから実行しようとするILOの方針だといえる。したがって国内・地域・国際レベルで宣言を周知理解させ、使用者団体・労働組合・市民社会グループなどが宣言を活用し、実際に運動に大きく関与して基準適用監視の効果を強めることや、実際問題として実行される政策を推進することなどを、緊急の国際重点計画として主張している。

第二の課題は、雇用と収入である。雇用と収入はＩＬＯの活動の中核に位置づけられ、人間らしい生活水準や社会開発・経済発展そして個人の満足にとって生産的な雇用の特別な重要性を強調している。ＩＬＯの最近の報告書[22]によると、二〇〇六年の世界の失業者数は一億九五二〇万人で依然として最高水準にある。また全世界二八億人以上の労働者のうち一三・七億人が一世帯一日二ドルの貧困ラインから脱していない。ソマビア事務局長は、五年余り続いている経済成長によって生産性は二六％伸びたのに就業者はわずかに一六・六％増であり、成長が雇用増ではなく生産性水準の上昇にのみ反映されていることに深刻な懸念を表明し、企業が失業率低下に向かって成長と雇用の繋がりの強化、すなわち人間と社会に視点をおく改革の重視を提起する。それは、具体的にはディーセントワークを前提とした雇用の質の向上の要求でもある。

ＩＬＯは、雇用の質の向上は生産性の向上と矛盾しないとして次のように述べている。

「安全で保障された職場は、生命維持のための要求を満たすばかりではなく、生産性を上げ事業を成長させます。制度的枠組みが正常であれば、保障された労働者はさらに自分自身と自らの仕事に投資します。適応性は必要ですが、それは時として職と企業の喪失をもたらします。しかし、社会政策は、生産性を引き上げ社会環境の改善を助けることによって、生産的な要因となることもできます[23]」。

また、労働時間が新しい労働スケジュールの出現でますます長時間化し、労働市場の規制と制度が適応していないとも批判している。さらに雇用促進のためには労働市場へのアクセスが不平等であってはならないと警告し、雇用における男女平等、若者の失業への特別な配慮なども取り上げている。[24]

第三の課題は、社会保護と社会保障の強化についてである。グローバル化政策は自己努力あるいは自己負担という名のもとに、伝統的な社会政策すなわち福祉国家による社会保障制度を、「官から民へ」のスローガンが示すように、国家の責任から資本の営利のために見直す傾向を強めている。しかし、ＩＬＯは、社会保障の拡充・管理の改善を進めるように政府・社会保障機関への支援を行い、労働市場・雇用政策を社会保障と関連づけて推進する。社会保障の具体的な問題には、健康管理・介護・失業保険などがあるが、職場における過労死などを含め、労働時間や労働内容の問題が職業上の安全と健康に関する新たな問題としてとくに重視されている。日本の現状にも関連して、ディーセントワークと若者雇用や労働環境の問題についてはⅢ節でも論じてみたい。

第四の課題は、社会的対話の強化についてである。ＩＬＯは、政労使の三者で構成されそのコンセンサスによって運営される対話と行動の機関として、諸問題解決に努力してきた。だが現在、社会的対話は十分に活用されず、時代遅れの国家や企業では労働組合との対話に障害が起こっている。実りある社会的対話のために、近年急成長した市民社会グループやＮＧＯとの密接な連携は、最重要視される三者対話に対して影響力を発揮するし、市民社会との繋がりを強めることは伝統的な目的と新たな目的のために社会的対話の活用に光を当てることにもなる。もちろんＩＬＯは国際的レベルの問題を取り扱う場ではあるが、地域レベルの問題を排除するものではない。労働・社会についての問題[25]――職場の行動規範やエイズなど――でも地域での関心をさらに高めたい。第八七回総会の事務局長報告は、世界の各地でどのように協力体制が構築され、またディーセントワーク実現のために、ＩＬＯが機関としての組織能力をいかに高めるかについても詳述している。

Ⅲ　ディーセントワークからみた日本の雇用と労働

1　ＩＬＯ後進国日本の雇用・労働政策

日本はＩＬＯの創生時から主要構成国として加盟していたが、一九三三年の国際連盟脱退を契機として国際的孤立化の道を歩み、四〇年には脱退したものとみなされた。敗戦後、ＩＬＯへの復帰は国連加盟よりも早い五一年に実現した。だが日本政府は、創設以来一貫してＩＬＯの活動には消極的であり、第一号条約「工業的企業における労働時間を一日八時間且週四八時間に制限する条約」をはじめとする労働時間に関する条約は、すべて批准していない。日本は、現在でもＩＬＯ後進国なのである。(26)

ＩＬＯは政労使の三者の対話によって運営されてきた。日本でもいろいろ問題はあるが一応三者構成は守られ、ＩＬＯ総会ではそれぞれの利益を主張し討議してきた。ディーセントワークや公正なグローバル化が提案・討議された総会においても同様であった。ところが第九二回総会に使用者側委員として出席し、提案に賛成演説をした奥田碩日本経団連会長（当時）は、帰国後、雑誌に次のように報告した。(27)

「私は、グローバル化の恩恵に浴するには雇用の創出やディーセントワークを実現する源泉となる、企業の成長に対する認識を高めるべきであると説いた。こうした視点から、ＩＬＯにおいても、企業による富の創出プロセスについて理解を深め、企業活動をもっとサポートしていくという新しい発想が必要であると主張した」（傍点は引用者）。

財界首脳のこのような発言は、ＩＬＯ事務局長が、経済成長だけでは雇用の改善はできない、ディーセントワークを発展させ公正なグローバル化を推し進めよう、と報告したのとはあまりにもかけ離れたスタンスに立っていることに気づかされる。

さてＩＬＯは、まずディーセントワークの根本である中核的な労働基準の確立を目標にして活動をはじめている。この中核的な労働基準は、すでに日本では法的に確立されている労働者の権利であり、このような問題は労働者の権利がまだ確立していない発展途上諸国の問題だと思われがちである。だがはたしてそう言ってしまえるのか。

中核的な労働基準の第一は、結社の自由と団体交渉権である。日本国憲法第二八条は「勤労者の団結する権利および団体交渉その他の団体行動をする権利は、これを保障する」と述べ、これらの権利は労働組合法・労働基準法などの諸法規によって、厳しく守られているように見える。だが現実には、すべての労働者の団結権が認められているわけではない。使用者によって労働者の団結権が阻害され多くの企業で乱暴な交渉拒否が行われている。厚生労働省の二〇〇四年度「個別労働紛争解決制度の施行状況」によると、八二万三〇〇〇件の労働相談が寄せられ、うち個別労働紛争相談は一六万件を超え前年より約二万件（一三・七％）も増加しているという。また、国家・地方公務員は一律にストライキ権を剥奪され、警官・消防団員などには団結権も認められていない。ＩＬＯは、日本の公務員にストライキ権を含む労働基本権を付与する法令改正を実施するように、〇二年一一月、〇三年六月、〇六年三月の三回にわたって日本政府に勧告している。全日本教職員組合がＩＬＯおよびユネスコに申し立てた「教員の地位保全」についても、

ＩＬＯ・ユネスコ共同専門化委員会第八回会議において、教育労働者の専門性を高く評価し、教育労働者の労働の権利を守るよう「教員の地位に関する勧告」を政府に対して出している。[28] これらの運動の結果、公務員労働者に対して一定の権利を認めるよう政府は考慮しているようだが、全般的に見て、労働法規は労働者の権利を確立したように見えながら、いまでは次第に骨抜きにされ空洞化される方向に進んでいる。

さらに、第二―第四の諸項目にしても、アメリカ国務省『人身売買報告書』が日本を「人身売買監視対象国」（二〇〇四年）として「性的搾取のため売買される多数の女性や子どもの目的（対象）国」（二〇〇五年）にあげたように、日本社会のなかで見すごせない事件が数多く起こっていることは周知の事実である。ディーセントワークを中心とした中核的な労働基準を承認し、労働者の労働条件と労働環境を保障する「国際枠組み協約」（International Framework Agreement）を締結する企業と労組が九〇年代以降ヨーロッパでは急速に拡がっているが、日本ではただの一社も締結した企業はない。[29]

2　ディーセントワークと若者の雇用政策

このように日本では、ディーセントワークと雇用問題についていまなお多くの問題が存在しているが、ここでは、とくに日本の雇用問題にとって最も深刻な若者の雇用問題について、第九三回総会でのソマビア事務局長の報告[30]を紹介しつつ、ＩＬＯ後進国日本の現状を検討してみよう。

日本における若者の雇用問題は、世界と同様に深刻な事態である。日本ではとくに、雇用の機会があるにもかかわらず就職しないとか、職業観が希薄であるとか、パラサイト生活の気楽さに埋没しているとか、就職に精一杯取り組もうとしないとか、若者に対して自己責任を強調するバッシングが世間の風潮になっている。[31] そして学校教育と家庭のしつけが悪いからだとされ、年金財政の問題までが若者の責任とされている。だが、はたして「働かない」若者の存在は「家庭」と「学校」に問題があるのか。若者の就職難の原因は何か。

若者雇用の最大の問題は、大企業をはじめとして各企業が雇用の形態を大きく変化させたことに起因している。先述した雇用のポートフォリオによる選択の導入と不況期に長く続いた新卒採用抑制のもとで、若者への新規雇用は、昇給も賞与も年金も退職金もまったくないかほとんどない低賃金の有期雇用が大幅に増えた。若者の間のいわゆるフリーターやニートの存在は、正規雇用労働者として採用されないためにやむなく短期の非正規労働者として働かざるをえず、企業の事情という名目で短期に解雇され、結果として失業状態に追い込まれることによるものであり、企業の雇用戦略こそが最も大きな責任を負うべきである。熊沢誠氏は近著で、正社員は明日には使い捨てられるフリーターであり、フリーターの明日はニートである。フリーターやニートは、仕事のノルマで生気を失った正社員を見て正社員になりたくないと考えていると述べ、正規労働者に対する職場の重圧が、青年の労働への情熱を奪う状況を描いている。[32]

ソマビア事務局長によると、地球規模で就職可能な若者のなかで職を持っているのは半数に満たず、多くの若者は不本意なパートや派遣労働者であるか、不適切な生産に従事する不完全就業者である。[33] たしかに景気後退期では労働経験を持つ中途転職の労働者に比べて、未経験の若者は企業の即戦力にはならないかもしれない。だが、ソマビア事務局長は、若者が雇用されるか、問題を抱えたままであるかは、本人の将来にかかわるとして、若者のディーセントワークへの道筋をつくるよう各国のイニシアティブを強く訴えている。

第九三回総会の報告書も言っている。若者支援の雇用戦略は若者への投資であり、若者がディーセントワークにつくことは、経済機構全体に相乗効果をもたらし、消費者需要を高めさらには税収入の増加をもたらす。若者の初期におけるキャリア発達の成功は、社会的サービスの必要性を大幅に減少させるのみでなく、雇用の成功は、若者の経済的自立を促し、家族の形成など重要な社会的人間発達に資するし、少子化対策など社会への積極的な貢献となる。雇用への移行に時間がかかることは他の移行にも影響を及ぼし、人生その後の人間発達を妨げる。若者の失業と不完全雇用は社会に重いコストをもたらし、他のエンプロイアビリティや所得、良質の仕事へのアクセスを恒久的に損なうことになる。(34)

ＩＬＯは、若者の完全雇用とディーセントワーク促進のためのアクションプランの作成やディーセントワーク・アジェンダを通じた活動を積極的に行っている。これらは規制緩和と民営化を中心とする新自由主義的経済政策に対する真正面からの規制であり、公正なグローバル化を世界的に推進しようとするＩＬＯにとっても、最も重大な課題といえよう。

3　ディーセントワークとホワイトカラー・エグゼンプション

ホワイトカラー・エグゼンプションをめぐる政労使間の論争については、すでに第一章で詳しく述べられている。ここでは、ＩＬＯが提起するディーセントワークに関連して、いくつかの問題点を述べてみよう。

政府や財界は、ホワイトカラー・エグゼンプションを導入しようとする理由として、労働者の働き方の多様化をあげる。なるほど労働者の生活条件は、時代の変化に応じて客観的に多様化していることは事実であろう。だが、労働者の生活が多様化することと、企業が経営政策として労働条件を多様化し差別化する問題とはまったく別のことである。労働者の生活を守るべき労働組合の力を削いでおいて、よほど高度の能力をもつごく少数の労働者を除いて、労働者個人が自分の生活の多様性にもとづいた労働条件を企業に要求できるわけがない。労働内容・労働時間・労働期限などの決定権を企業が強く握っているかぎり、企業に対して従属的な労働者が一般的であり、だからこそ企業にはディーセントワークにもとづいた慎重な配慮が要求されるのである。(35)

しかも本音のところは、先述のように、企業の固定費とくに労働コストの削減にあることは明白である。反対の世論がいみじくも名づけた「残業代ゼロ法」というのが、この制度導入法案の本質である。諸外国の制度を調査した労働政策研究・研修機構の報告書も、(36)アメリカ型制度の導入は、過労死と過労自殺を含む長時間労働に歯止めが利かなくなる危険がある。労使の合意といっても、日本の現状では法的規制がなくなればエグゼンプションの対象となる労働者はほとんど全体に拡大する恐れなしとしない、と批判した。このような事実上の労働時間規制の撤廃は、結局、「残業代ゼロ」「過労死促進」に導かれる。連合、全労連、日本労働弁護団もそれぞれ海外調査の結果を公表し、「労働時間についての保護を一切なくす制度だ」と強く批判し、「もっと人間らしい労働時間規制の必要性」を訴えたのは当然であった。(37)

さらに問題なのは職場でのメンタルヘルス不全の増加である。労働政策研究・研修機構が大企業を含む九五社に行った質問の結果によると、(38)不全者増加と答えた企業は調査企業の八割に及び、今後増加するだろうと答えた企業も八割近くを占め、企業のパフォーマンスに影響を与えると認識している。また、労働者に対する年俸制の強要によって、労働条件・労働契約はすべて個人が対象となり、現在無力化しているとはいえ、労働者連帯の基礎である労働組合がさらに無用の存在とされることは大きい問題である。(39)

世論の厳しい反対によって、厚生労働省は一応法案の提出を見送ったとはいえ、決してあきらめたわけではない。厚生労働省が、異常とも見える強硬な態度で審議を進めようとした背景には、アメリカ財界の強い労働規制緩和の要求がある。二〇〇六年六月の「日米投資イニシアティブ報告書」によると、アメリカは投資環境改善に必要な労働移動を促すための四項目の要求――①確定拠出年金をより魅力的にすること、②解雇紛争の金銭的解決、③ホワイトカラー・エグゼンプション制度の導入、④労働者派遣法による規制の緩和――を提出した。これに対し日本政府は、④については「現段階では、派遣期間の制限を撤廃することが妥当であると判断する材料はそろっていない」としたものの、①②③については「検討を行っていく方針である」と回答したという。「御手洗ビジョン」に見られるように、財界もホワイトカラー・エグゼンプション導入に執念を燃やしている。(40)

しかし、以上述べた企業の経営戦略や政府の規制緩和の労働政策は、ILOが提言するディーセントワーク推進の方向とまったく異なり、まさにILOが警告し批判する格差社会拡大の方向にますます日本社会を推進しようとするものである。いまただちにすべての規制緩和政策を放棄し、労働者や市民が安心して生活できる社会への方向に労働基準を見直し、雇用保障を確実に強化するための労働法制の改革が求められる。

Ⅳ　ディーセントワークへの企業の対応と変革の兆し

大企業がグローバル化を追求するなかで発覚した環境事故・労働基準違反などの反社会的行動が次々と

明るみに出て、大企業の責任を追及する世論が強まった。この声に押されて、一九九一年に経団連は企業行動基準を策定し、さらに二〇〇四年には日本経団連も企業行動憲章を制定して、「企業の社会的責任」（Corporate Social Responsibilities 以下CSRと略記）を遵守する姿勢を打ち出した。もちろんCSRは、かつてのメセナやフィランソロピー活動だけではない。それは社内的には企業内の労働条件・労使関係・人権にまで及び、また対外的には下請業者などの取引企業にまで及ぶ社会的責任であり、さらには広く自社製品の消費者をはじめグローバル・レベルから地域レベルにいたるまでの環境問題を包含するなど、企業の本業にとって直接生じる社会的責任を意味する。

「今企業に問われているのは、（企業経営に責任を持つ経営者の―引用者挿入）その付加価値を生み出す経済活動のあり方そのものである。従って企業に求められる社会的責任とは、まず、経営活動のプロセスに社会的公正性・倫理性、環境への配慮を組み込むことである。環境、労働・雇用、人権、製品、途上国での労働環境や人権、情報公開などといった問題領域において、（経営者が―引用者挿入）どのように取り組んでいくかが問われている」(41)。

ここでは、CSRの多くの問題点のなかから、雇用と労働についての企業ルールの必要性をディーセントワークの問題を中心に検討を加えよう。

ある調査(42)によると、調査企業の八割がCSRに取り組んではいるものの、「達成レベルは法令順守がトッププライオリティ」であり、ステーク・ホルダーに対する重視の順番は、①顧客・消費者、②社会、③株主、④社員である。これは、企業の不祥事やスキャンダルが消費者の購買行動に影響し株主の企業離れつまり株価の低落を恐れていることを示している。したがって、国際的な規格化の動きに対しては、賛成一七・一％、反対一三・〇％、どちらともいえないが六六・〇％になっているという。また上場企業の九割超がCSR規定を有しているが、コンプライアンス（法令等遵守）の観点からCSRの制度面の整備を先行させているにすぎないのであって、経営者の本音はCSRを企業の積極的な利潤獲得のための手段として利用するところにある。だからたとえばSRI（Socially Responsible Investment）を通じて利益増進を強調する企業の多いこともうなずけるのである。(43)もっとも長時間労働や賃金不払残業の解消について七割弱の企業が適正な労働時間管理を実施しているという指摘もあるが、労働・雇用に関する規定を盛り込むことがCSRであるという認識は薄く、まして各企業の企業倫理基準にILOが主張するディーセントワークが含まれているものは少ない。

ところで企業の社会的責任に取り入れられるべき労働条件・労使関係は、あくまでもディーセントワークを誠実に遵守する立場からのものでなくてはならない。すでに吾郷真一教授が危惧されているように、企業の社会的責任の美名のもとで採用される労働基準が、企業の恣意的発意によって、ILO基準を有名無実とする例が現出している。(44)

労働者・消費者・住民が本当の意味においてのステーク・ホルダーとして、行政を含めて、徹底的に企業に情報の公開を求め、ILO国際基準にもとづいて企業の諸戦略を監視することが必要であろう。もちろん、ディーセントワーク遵守は労働者のみが利益を享受できるという問題ではない。すでにアメリカでも社員のモラール低下と技術の継承の深刻化が懸念されているが、(45)有期雇用による労働者の使い捨てと成果主義が技術と職場をどのように崩壊させたかは、富士通その他の事例を見ても明らかである。(46)企業としても地域の協力を得て生産・消費の経営活動を行うことこそが、その国際的・地域的地位の向上と発展という利益につながることは当然であり、経営者はよくその点を認識し、CSR遂行の主体として行動し責任を負うべきであろう。企業は一定の利潤を獲得することを公に認められている社会的存在であり、その限りにおいてもILOの定めた国際的労働基準すなわちディーセントワークにもとづいた労働者保護という社会的責任を負うべき存在である。いまは、経営者が自社の都合によって国際的基準を曲解し、コスト低減に邁進して国際競争力を高めようという時期ではない。

日本経団連でも、職場懇談会や苦情・相談窓口など労使協議による職場レベルのコミュニケーション推進を提案した。(47) だがそれは企業の成長と利益に寄与する社員をつくりだそうという期待に満ちたものであり、その限りでの中身のない「尊重と信頼」である。ここには労働者のディーセントな労働を通じて新しい職場環境をつくろうという姿勢はまったく見えない。このことから見て、CSRを口にする企業経営者が自助努力でその社会的責任を果たし、ディーセントワークによる公正なグローバル化への途を歩むかどうか疑問である。

国際労働組織とりわけアメリカやヨーロッパの労働組合は、職場に基礎をおく組織と運動づくりに主眼を置き、市民運動や地域運動などの草の根の闘いと協同した新しい労働組合運動を発展させている。二〇〇六年春に初期雇用契約に反対して闘いついにそれを撤回させたフランスの学生・労働者の経験をはじめ、アメリカ、ヨーロッパ、アジア、ラテンアメリカ、その他世界の労働者の運動にも学びながら、労働運動は、言葉だけでなく実際に市民運動や地域活動と連携し市民の利益を守る運動とともに発展することが必要である。(48)

たとえばトヨタでは、労使協調路線のトヨタ自動車労組に対抗して、二〇〇六年一月、労働者が頼れる労組を目指した「全トヨタ労働組合」が、非正規雇用労働者や管理職さらには関連する下請労働者や外国人労働者をも含んだ関連企業横断的労働組合として結成された[49]。また最近各地では、企業別組合から脱却した新しい個人加盟のユニオンの結成と活動が盛んになり、非正規労働者を組織して正規労働者並みの労働条件や社会保障を獲得する運動の事例が多く報じられている。また若者の雇用について、各労働組合も本格的な運動を起こし始めている。NPOを中心とした若者ユニオンの組織化も活発化している。これらの闘いはまだ変革の端緒にすぎないし、さらに地域と結びついた今後の粘り強い地道な活動を期待したい。

おわりに

ILO憲章とフィラデルフィア宣言は、世界の平和と労働問題の改善を呼びかけ結びつけた画期的なものである。国際的に合意された労働条件を確実に日本で実現することは、日本国憲法が指し示した「恒久の平和を念願し、人間相互の関係を支配する崇高な理想を深く自覚する……平和を愛する諸国民の公正と信義に信頼して、我らの安全と生存を保持しようと決意した」という途に同じである。

ILOが示したディーセントワークによる公正なグローバル化への途の実現は、平和憲法をはじめとする労働諸法規を守り抜く民主主義擁護の闘いと連携している。ILO第九一回総会は「今こそ職場に平等を[50]」を発表し、第九二回総会報告においても「まず職場から出発しよう[51]」と呼びかけている。ディーセントワークの獲得による公正なグローバル化への転換は、運動としては結局は国内問題・企業内問題として、まずは企業内の労働者が取り組むべき課題であろう。それは長く困難な道であるかもしれない。だが労働者が労働現場の民主化を少しずつでも前進させていくならば、それは地域住民の多くの共感をうるだろうし、地域の要求を解決しようとする市民運動の参加も得て、地域から変革の波を起こせるだろう。こうして、企業と企業経営者の経営戦略を市民本位に変更させ、公正な企業ルールによるディーセントワークにもとづいた法的規制の方向へと政府や企業の政策を転換させることができよう。

スーザン・ジョージも宣言(52)しているように、「オルター・グローバリゼーション、もうひとつの世界に向かって」、企業の内からも外からも公正な企業ルールのもとでのディーセントな労働の実現が一歩ずつでも前進していくよう要求していきたい。

注

(1) 竹中平蔵『あしたの経済学』(幻冬社、二〇〇三年)二四四ページ以下。
(2) 日本経営者団体連合会『新時代の「日本的経営」』一九九五年。
(3) 労働省『労働白書——急速に変化する労働市場と新たな雇用の創出』平成一一年版(一九九九年)二三一—六五ページ。
(4) 本書第二章「雇用の外部化と製造業における派遣・請負」参照。
(5) 労働政策研究・研修機構『多様な働き方とその政策課題について』労働政策レポート5(二〇〇六年)二三二—三二ページ。
(6) 労働政策研究・研修機構『「多様化する就業形態の下での人事戦略と労働者の意識に関する調査」結果』二〇〇六年七月一四日(電子版)。
(7) 内閣府編『経済財政白書——成長条件が復元し、新たな成長を目指す日本経済』平成一八年版(二〇〇六年)

二五六ページ。

(8) 松竹伸幸『ルールある経済社会へ』（新日本出版社、二〇〇四年）七六ページ以下。

(9) 職場では、いまIT技術の発展によって新しい条件と経営慣行が生まれ、職場内での監視が厳しくなっている。労働者によるメール・インターネット・電話その他の通信方式を監視するための安全管理ソフトやビデオテープといった手段が使用されている。しかも、アメリカ経営者協会（AMA）によると、大多数の雇用者は、従業員の業務成果と行動を監視するための新技術（たとえば全地球測位衛星システム GPS）の使用を労働者に通知することで成果をあげているという（「スクリーンの裏側――職場の監視と隠れた目」ILO広報誌『ワールド・オブ・ワーク』二〇〇五年第二号、電子版）。

(10) 『週刊エコノミスト』「特集 最高益の蔭で加速する職場崩壊」二〇〇六年三月一四日号、三八―九ページ。

(11) R・ドーア『働くということ――グローバル化と労働の新しい意味』（石塚雅彦訳、中公新書、二〇〇五年）七五―六ページ。

(12) 内閣府「二〇〇五年度国民経済計算」二〇〇七年一月一二日（電子版）。

(13) 伍賀一道「雇用と働き方よりみたワーキング・プア」（『ポリティーク』一〇号、二〇〇五年）五七ページ。

(14) J・バグアティ『グローバリゼーションを擁護する』（鈴木主税ほか訳、日本経済新聞社、二〇〇五年）三三九―四二ページ。

(15) ILO『グローバル経済のためのルール――国際労働基準の手引き』（吾郷真一監訳、ILO駐日事務所、二〇〇六年）五ページ。

(16) ILO『ディーセントワーク 働く価値のある仕事の実現を目指して』第八七回総会事務局長報告（ILO東京支局訳、一九九九年）、二〇〇〇年。

(17) ILOグローバル化の社会的側面に関する世界委員会『公正なグローバル化――すべての人々に機会を作り

出す』（ＩＬＯ駐日事務所監訳、二〇〇四年）五八ページ。
(18) 同右訳、五六ページ。
(19) ＩＬＯ、前掲訳『ディーセントワーク』五ページ。
(20) 同右訳、i—iiページ。
(21) ＩＬＯが「グローバリゼーションの社会的側面」を重視するにいたった大きい要因として、労働者側理事のほとんどを出している国際自由労連とりわけＡＦＬ＝ＣＩＯが、反共主義を見直し、グローバル化に対する基本的スタンスを、職場を中心とした労働組合らしい団体交渉と労働協約締結の方向へと活動方針を転換したことがあげられる（筒井晴彦「変化の中の国際労働運動」、『経済』二〇〇六年一月号、一〇〇ページ以下、参照）。
(22) ILO, *Global Employment Trends Brief*, 2007.（電子版）。
(23) ＩＬＯ、前掲訳『ディーセントワーク』三一ページ。
(24) ＩＬＯ『若者 ディーセント・ワークへの道——若年雇用の促進・課題への取り組み』第九三回総会報告書Ⅳ（第六議題）、二〇〇五年、参照。
(25) ＩＬＯ、前掲訳『ディーセントワーク』参照。
(26) 中山和久『ＩＬＯ条約と日本』（岩波新書、一九九八年）参照。
(27) 奥田碩「グローバル化と雇用をめぐる課題」（『経済 Trend』二〇〇四年八月号）五〇ページ。
(28) ＩＬＯ条約の批准を進める会『国際労働基準で日本を変える』（大月書店、一九九八年）参照。
(29) 筒井晴彦、前掲論文、一〇四—一〇五ページ。
(30) ＩＬＯ、前掲訳『若者 ディーセント・ワークへの道』。
(31) 宮本みち子『若者が〈社会的弱者〉に転落する』新書Ｙ（洋泉社、二〇〇二年）参照。

(32) 熊沢誠『若者が働くとき――「使い捨てられ」も「燃えつき」もせず』（ミネルヴァ書房、二〇〇六年）iiページ。
(33) ILO、前掲訳『若者 ディーセント・ワークへの道』第一章パラグラフ40。
(34) 同右訳、第一章、参照。
(35) 西谷敏「新時代の労働法の課題」（西谷敏ほか編『転換期労働法の課題――変容する企業社会と労働法』旬報社、二〇〇三年）参照。
(36) 労働政策研究・研修機構「諸外国のホワイトカラー労働者に係る労働時間法制に関する調査研究報告書」二〇〇五年四月（電子版）。
(37) 日本労働組合連合会「アメリカ、ホワイトカラー・イグゼンプション調査団報告書」二〇〇五年四月（電子版）。日本労働弁護団「〈労働契約法制及び労働時間制度の在り方について（案）〉に対する意見」二〇〇六年六月（電子版）。
(38) 労働政策研究・研修機構『就業形態の多様化の中での日本人の働き方――日本人の働き方調査（第一回）』二〇〇六年。
(39) 森岡孝二・川人博・鴨田哲郎『これ以上、働けますか？』（岩波ブックレット、二〇〇六年）参照。ほかに、『経済』二〇〇六年一二月号（特集 労働契約法と「自律的労働時間制度」）所収の脇田滋「労働条件個別化と『過労死促進』の法改正」ほかの諸論文、座談会、参照。また、『前衛』二〇〇六年六月号（特集 働くルール破壊する労働法制大改悪）所収の今村幸次郎「ねらいは戦後労働法制の抜本的転換に」ほかの諸論文、参照。
(40) 『希望の国、日本』ビジョン2007（日本経済団体連合会、二〇〇七年）一二〇ページ。
(41) 労働政策研究・研修機構『グローバリゼーションと企業の社会的責任――主に労働と人権の領域を中心にして』二〇〇五年、一五ページ。

(42) 社会経済生産性本部「企業の社会的責任（CSR）調査」（要旨）二〇〇五年三月三日（電子版）。

(43) 森岡孝二「CSR時代の株主運動と企業改革」（池上惇・二宮厚美編『人間発達と公共性の経済学』桜井書店、二〇〇五年）一二五―六ページ。

(44) 吾郷真一「労働基準やILO基準への取り組み」（『世界の労働』二〇〇五年五月号）一三―四ページ。

(45) C・キャベリ『雇用の未来』（若山由美訳、日本経済新聞社、二〇〇一年）四七ページ。

(46) 前掲『週刊エコノミスト』参照。

(47) 日本経済団体連合会「新たな時代の企業内コミュニケーションの構築に向けて」二〇〇六年五月（電子版）。

(48) 国際労働研究センター編著『社会運動ユニオニズム、アメリカの新しい労働運動』（緑風出版、二〇〇五年）。仲野組子「社会が企業を変えるアメリカ合衆国の経験」（夏目啓二編著『21世紀の企業経営』日本評論社、二〇〇六年）。

(49) 若月忠夫「全トヨタ労働組合の結成と課題」（『「新・日本的経営」のその後』労務理論学会誌第16号、晃洋書房、二〇〇七年）参照。

なお、二〇〇六年一月、労働者が頼れる労組を目指した「全トヨタ労働組合」の結成宣言の一部を記す。「この組合は要求と自覚的意志に基づき正規・非正規社員を問わず、パート・期間・嘱託・管理職・派遣など全てのトヨタ関連企業で働く労働者が、一人でも加入できる個人加盟の単一組織です」。「私たちは、トヨタ系関連企業に『働くルール』を守らせ、『働くものの生活と権利を守る』ことに真剣に取り組む『本当の労働組合』が求められていることを痛烈に感じています」。「私たちの『全トヨタ労働組合』は、少数の組合員でスタートしますが、既存の労働組合では決してできない『ひとりひとりの要求実現のため』取組みます。又企業に法律を遵守させ、社会的責任を果たさせることができると確信しています。そしてこの地域の労働者と市民の皆さんの期待に応えるために活動します」。

「私たちは人間らしく健康で安心して働ける職場と、家族団らんの生活ができるように取り組むことを申して結成宣言とします」。（http://www.labornetjp.org/labornet/news/2006/1138634581018staff01）

(50) ＩＬＯ『いまこそ職場に平等を――仕事における基本的原則及び権利に関するＩＬＯ宣言とそのフォローアップに基づくグローバル・レポート』第九一回総会事務局長報告（二〇〇三年）ＩＬＯ駐日事務所、二〇〇四年。

(51) 前掲、ＩＬＯグローバル化の社会的側面に関する世界委員会報告、参照。

(52) Ｓ・ジョージ『オルター・グローバリゼーション宣言――もうひとつの世界は可能だ！　もし……』（杉村昌昭ほか訳、作品社、二〇〇四年）。

第五章　家計の資産格差と生活格差

髙島嘉巳

はじめに

「格差社会」をめぐる論議が盛んである。それは、国会論戦をはじめ日本列島全体を包み込む「国民的テーマ」として浮上するにいたった。そこには、そうした議論を表面にまで押し上げざるをえない、昨今の日本社会の底深い変化がある。本章は、現代日本社会がかかえる経済格差のうち、とくに家計資産の格差に焦点をあてる。そこからさらに「生活水準」の格差にまで関連づけて考察を展開するものである。

ところで、このような「格差論議」の盛行はいまに始まったことではない。かつて「一億総中流」などとはやされた日本社会は、一九八〇年代後半のいわゆる「バブル期」——株価・地価の異常な高騰——の到来によって一大転機を迎えた。土地等を持つものと持たないものとの資産格差が絶望的なまでに拡がった、として大問題となった。そのため「格差」視点からの研究も喚起されて一定の業績が官民双方から公刊され始めた(1)。政府としても問題の重大性に押されて「生活大国論」等を掲げざるをえなくなった。

現在の「格差論議」は、バブル崩壊後の十数年を経たうえでの第二ラウンドといえる。その際、家計の経済格差に関しては所得を主たる指標とする議論がほとんどであり、それに比べて資産格差の実態解明や理論化への取り組みが立ち遅れてきたことは否めない。その理由は主に、家計資産の統計資料の整備が不十分のため、その活用や研究も大きく制約されてきたことにある、とされている[(2)]。

一方、所得（フロー）と資産（ストック）との一般的関係からいえば、それぞれの格差は、前者の帰結としての後者においてこそ増幅してもたらされる傾向にある。そのうえ、生活不安や生活向上に備えるために家計資産がもつ独自の役割も重要である。その意味で格差問題全体のなかで家計資産に焦点をあて、それを「生活水準」や「生活の質」の問題にまで関連づけて考察することは、きわめて積極的意義を有するものと考えられる。

以上のような問題意識にまさに呼応すべき統計資料として、浜田浩児氏の一連の注目すべき諸業績がある[(3)]（以下、「浜田資料」といい、この注に示すように必要に応じて①②③の番号を付す）。それらは本章の叙述展開にも有益な礎石をなすものであるので、それに依拠しつつ、まず第一に所得格差が必然的に資産格差をもたらすことの事実関係を数字的に概観してあとづける（第Ⅰ節）。そして、家計資産形成への諸要因について、より総合的に検討をおこなう。それは、勤労所得のみならず資産所得をも視野に入れ、また世代間にわたる相続や教育、さらに税や社会保障等の政策要因をも加えて、家計資産形成とその格差の諸要因の立体的構造の究明を目指すものとなる（第Ⅱ節）。ついで、企業資産と対比した家計資産の経済的な特性を検討することによって、家計資産をめぐるより深い現状認識と分析のための理論的な整序を試みる（第Ⅲ節）。さらに、家計資産の格差構造と「生活水準」との関わりについてA・センの所説にも言及しながら必要な論点の提示を試みる（第Ⅳ節）。そのうえで、近時の家計資産をめぐる諸動向を政策効果等も交えて概括的に捉えてみる。それは、現今の国民的経験と実感に照らしたリアリティの全体的な総括になるはずである

（第Ⅴ節）。最後にやや歴史的視点をも交えた現状確認による「おわりに」をもって総括としたい。

Ⅰ　家計の所得格差と資産格差

現代日本における家計資産の形成が、まずは所得の多寡に規定されることを検証するために、前記「浜田資料」に依拠することによって本章全体の立論へのスタート台とする。「浜田資料」の主要内容は、国民経済計算の新しい国際基準93ＳＮＡにもとづいて、そこでの家計勘定（世帯の所得、資産等々）に見合うように、総務省「全国消費実態調査」等を基礎資料とした加工推計をおこない、九〇年代における家計の所得支出勘定、貸借対照表勘定の分布統計を作成したものである。その分布統計の集計値とＳＮＡとの開差率は、所得で約二％以下、内訳項目でも一〇％以下であるとのことであるから、(4) その信頼度は相当に高いもの見られる。

1　所得、諸負担、可処分所得、消費、貯蓄の相関分布統計

まず、「浜田資料」①から一九九九年度における第一次所得十分位別の所得、諸負担、可処分所得、消費、貯蓄の推計額を随次摘出して一覧するために表５-１を作成した。(5) ただし、紙数等の都合で第Ⅰ、Ⅳ、Ⅶ、Ⅹの各十分位に加えて、第Ⅰ～Ⅹ十分位の平均という五分類項（コーホート）のみの区分によって表示した。けだし、この範囲の限定的な抽出によってもここでの論証には十分耐えうると考えられるからである。

表5-1　所得，諸負担，消費，貯蓄の相関分布（1999年）　（単位：千円）

第一次所得配分（①=a+b+c−d）

	第Ⅰ十分位	第Ⅳ十分位	平均	第Ⅶ十分位	第Ⅹ十分位
a 営業余剰・混合所得	454	1,152	1,718	1,804	4,279
b 雇用者報酬	286	3,094	5,274	6,424	13,480
c 財産所得（受取）	190	342	438	390	1,137
d 財産所得（支払）	602	232	341	374	456
①第一次所得バランス	327	4,357	7,089	8,244	18,440

所得の第二次配分（②=①−e−f−g+h+i）

	第Ⅰ十分位	第Ⅳ十分位	平均	第Ⅶ十分位	第Ⅹ十分位
e 所得に課される税	58	182	515	408	2,288
f 強制的社会負担	145	658	938	1,155	1,931
g その他経常移転（支払）	203	241	377	385	833
h 社会保障・扶助	1,856	889	945	516	631
i その他経常移転（受取）	983	230	335	127	78
②可処分所得	2,760	4,395	6,539	6,939	14,096
③現実消費支出	3,427	4,017	5,599	5,702	10,230
④貯蓄（②−③）	−667	378	940	1,237	3,866
貯蓄率（④÷②%）	−24.2	8.6	14.4	17.8	27.4

（出所）　浜田浩児「SNA家計勘定の分布統計——国民経済ベースの所得資産分布」（『経済分析』167号，2003年，財務省印刷局）。

この表における所得分類について、若干の注釈をしておけば、国民経済計算（SNA）では家計範疇のなかに個人企業も入るので、ここでの「営業余剰」には個人事業主の勤労報酬が含まれる。また、「混合所得」とは、本来財産所得に含まれるべき地代が、この分布統計では建物家賃と資料的に分離できないのでそれら賃貸料（地代・家賃）としてまとめて表示したものである。

上表5-1からは第一に、家計資産形成への道筋が所得から貯蓄にいたるまでの所要項目を介在させて数字的にも明確に示された。第二に、所得が高ければ高いほどそれに付随する諸数値を加減した後の貯蓄額と貯蓄率は高いことが明確である。第三に、税等による所得再配分機能を数字上でも一定程

表5–2　第一次所得十分位（抄）別の資産保有状況　（単位：千円）

	第Ⅰ十分位	第Ⅳ十分位	平均	第Ⅶ十分位	第Ⅹ十分位
①非金融資産	12,702	16,048	24,054	22,834	52,185
生産資産	2,054	3,059	5,212	5,781	11,531
・住宅（現住居）	1,353	2,400	4,221	5,134	8,278
・住宅（その他）	701	659	991	646	3,253
有形非生産資産	10,648	12,989	18,842	17,053	40,654
・土地（現住居地）	8,164	10,380	15,013	14,397	29,469
・土地（その他）	2,484	2,609	3,830	2,656	11,185
②金融資産	15,846	21,182	27,322	24,483	61,046
・預金	11,371	12,514	15,983	13,567	32,112
・証券（株式除く）	446	1,600	1,952	1,602	6,311
・株式	834	2,460	3,145	2,707	10,389
・保険・年金準備金	3,195	4,609	6,242	6,610	12,237
③資産合計（①＋②）	28,548	37,230	51,376	47,317	113,234
④負債（借入）	10,508	4,489	7,284	8,690	10,724
⑤正味資産（③－④）	18,040	32,741	44,092	38,626	102,510
〈参考〉持ち家率（%）	51.1	47.1	68.2	73.4	94.3

（出所）表5–1に同じ。

度確認できる。そして第四に、第一次所得について対比した各十分位ごとの指数（平均＝一〇〇）は、低位から高位に向けて［5：61：100：116：260］となるのに対して、その後の帰結である貯蓄においては［－71：40：100：132：412］、という具合に、その開差は所得レベル以上に拡大している。

2　土地・住宅資産と金融資産の分布状況

つぎに同じく「浜田資料」①により、前掲の所得十分位等に即した非金融資産（実物資産）と金融資産の分布統計より抽出した表5－2をかかげる。[6] これにより、いよいよ本章の主題である家計資産の分布と格差の概容が総体的に表示されることになる。

所得と貯蓄に関する前項（表5－1）と同様に、ここでも所得十分位等の高位に寄せるほど実物資産額も金融資産額も相応に上昇していることが明らかとなる。そのことは、分類小項目においても、その総額においても同じ傾向にある。なお、〈参考〉として各分位等ごとの持ち家率を掲げた。それにより、家計資産形成の一つの眼目である「持ち家」の所得階層別の分布状況も、所得・貯蓄額への照応が示され、また資産内容にたいする重要な寄与の度合を示している。

3 小括

以上、表5-1によっては第一次所得と貯蓄とにかんする所得各十分位ごとの平均（＝一〇〇）に対する指数を掲示したが、これと同様に表5-2にもとづいて資産のうち、実物資産と金融資産とに分けた各掲出十分位指数を低位から高位に向けて示せば、〈実物資産〉［53：67：100：95：217］、〈金融資産〉［58：76：100：90：223］とそれぞれなっており、これを前出の所得と貯蓄の各指数序列と合わせて総合的に検討するならば、そこには相互間の十分な整合性と因果関係とが確認できる。それゆえ、第一次所得の大小の度合が、貯蓄とのほぼ比例的な照応関係を経て、帰結として実物および金融の各家計資産形成の大小（その有無や、遅速）に結実する、という因果の整合性が確認された、といえる。

Ⅱ　家計資産形成と格差への構造的諸要因

前節では、家計の所得と蓄財との一般関係が「増加関数」として確認できたが、それはさしあたり当人当代にかぎった「閉鎖的な」枠内の視点からの考察にとどまった。人は有限の生を親から子へ、子から孫へと生き継いでいる。そのため、生命と生活の（再）生産の基本単位である家計の資産形成を考えるうえでは、以下のように所得の種類や相続の有無などへの必要な視点をも加えた総合的な考察が求められてくる。

1　家計所得における勤労所得と資産所得

前節表5-1では、家計が受け取る第一次所得として「a営業余剰・混合所得」、「b雇用者報酬」、「c財産所得（受取）」（本章では以下「資産所得」という）の三つがあった。

まず、勤労所得とは概ね上記「b」に該当し、通常は雇用者（労働者）の賃金（給与、サラリー）を指す。現代日本の就業者構成からいえば、圧倒的多数を雇用労働者が占めているため、雇用者報酬の動向がもつ意義は大きい。ただ、大企業の役員・上級管理職の勤労報酬をどう捉えるかには、それなりの問題がある。つぎに、資産所得については表5-1では「c」の金融資産の所有や運用にもとづく利子、配当等の収入をさしている。

そのうえで前述のように、自営業者の事業者報酬は「営業余剰」として分類されつつ、土地・建物等の賃貸による借地・借家料として「混合所得」とされたものが合わさって「a」を構成するので、そこにおける勤労所得と資産所得との内訳の正確な区分は困難である。にもかかわらず営業余剰＝勤労所得、混合所得＝資産所得という理にかなった分類をふまえ、さらに表5-2の諸数値ともあわせて吟味すれば、次のことがいえる。

第一に表5-1からは、勤労所得に対比される資産所得は、各十分位が高位になるほどその額を増している。そこでは金融資産による所得（c）は明示的に、また「混合所得」も蓋然的に、それゆえ両者をあわせての増加傾向をはっきり確認することができる。第二に表5-2からは、「混合所得」の所得源となる現居住用以外の土地・住宅資産保有額は、十分位が高位になるほどその額を増しており、上記の「蓋然性」を根拠づけている。第三に同じく表5-2からは、十分位が高位になるほど金融資産総額が増加しており、それを原資とする資産所得の増加傾向はすでに数字的にも確認できた。

そのうえで第四に、ここに改めて注目すべきことは、十分位が高位になるにしたがって示される所得や資産の諸数値は、それまで（第Ⅰ十分位～第Ⅶ十分位）の漸進的変化を超えて第Ⅹ十分位にいたっていずれも急激に増加していることである。しかも、金融資産に関しては、預金額に対する証券・株式保有額の割合は第Ⅰ十分位＝一一％、その他平均＝三二％に対して第Ⅹ十分位＝五二％と抜群であり、その内訳構成でも大きな相違をみせている。

また、金融、実物いずれの資産所得も、単独にあるいは勤労所得に合算されて、所得全体を安定的なものにすることができる。このような実態は、総じて高位所得者したがって高位資産所有者の所得内訳として、無視できない資産所得のシェアの存在を示すものである。さらに、ここでの資産所有に由来するインカム・ゲインの重要性とあわせて、キャピタル・ゲインの可能性と現実性についても怠らず注視する必要があるが、ここではその指摘だけにとどめたい(7)。

2　世代間移転事項

前項では勤労所得にたいしての資産所得の位置の重要性を確認できた。そのような資産所有は、当事者当代の稼得によるものだけと限定されることなく、先代からの相続にもとづくものもある、ということがここで追加されるべき新たな視点である。

資料的にはやや古いが、一九八〇年代に日本の家計が保有する土地資産額の約四〇%、金融資産額の約二八%が相続を原因とする、との調査結果の報告がある。また、一九九〇年の調査では家計資産額の四〇%が遺産相続によるという推計が紹介されている[8]。

その後の少子高齢化の急激な進展にかんがみるとき、相続および生前贈与等の制度が、ある部分の家計資産の形成に大きく関与し寄与してきたことは明白である。

その点で、相続経験の有無による資産保有額の差も無視できない。全国平均によると、相続経験有りの世帯の資産保有額九五〇〇万円弱にたいして相続経験無しの世帯のそれは三四〇〇万円強であり[9]、その比は約三対一であって、開差も小さくない。

こうして相続資産の有無とその多寡に起因するところの家計資産形成への影響は、たとえそれが他律的なものであったとしても実態的には甚大であることが確認されなければならない。

3　可処分所得、消費、貯蓄

前掲表5-1からも①可処分所得、②現実消費支出、③貯蓄、の各項目は、各十分位等にしたがった大小関係にほぼ正確に照応していた。そんななか、個別家計が資産形成を意図するならば、さしあたり可処分所得から消費を抑えた応分の貯蓄が求められる。

貯蓄の三大目的としては、よく老後資金、教育費、住宅取得があげられる。

まず、「人生八〇年時代」ともいわれる長い老後生活資金を現役時代のうちに手当てすることが求められる。そのため、厳しい雇用情勢のなか就業確保・昇進・所得増等のための「働きすぎ」も当然視されがちとなる。

つぎに、家計にとって子どもの教育は最大級の課題となる。相続による対象としての家計資産が実物的(土地・建物)あるいは金銭的なものであるのにたいして、子どもの教育は無形もしくは人的な世代間継承の重要事項と考えられる。しかも、世界有数の高い教育費は、家計消費の重い負担になることが避けられない。なぜなら、学歴社会日本では子どもの教育の「成否」が彼/彼女たちの「所得力」いかんに連動していくだけに、この課題の持つ意義はきわめて大きいからである。

また、家計における「投資」として重要なものに住宅取得がある。戦後日本では特に「人生における最大の買い物」あるいは「(持ち家は)男一代の甲斐性」などの評価が定着して久しい。イデオロギーとしての持ち家主義の蔓延、景気振興をめざした住宅建設促進策等々があいまって表5-2〈参考〉欄が示すように、各層とも持ち家率は高水準に達している。その結果、それらの持ち家は枢要な相続対象ともなっている。

以上のような状況のもと、消費と資産形成との間には激しいせめぎあいがある。右記の貯蓄三大目的をはじめとする諸要因をも複合的に包み込んで、一定の消費水準と生活スタイルの維持は貯蓄との厳しい対抗関係におかれ、そこでの軋轢が不可避となる。のちの「生活水準」論とも深くかかわってくるゆえんである。

4　法制的・政策的諸要因

同じく表5-1によって、「e所得に課される税」、「f強制的社会負担」、および「gその他経常移転（支払）」の三つが控除項目として、また「h社会保障・扶助」と「iその他経常移転（受取）」が付加項目として、それぞれ第一次所得にたいする国民経済規模での所得再配分の成り立ちが数字的にも確かめられる。

一方、この表では明確に表れないが、さまざまな制度的・政策的な要因による影響も見逃せない。たとえば、勤労所得に与える諸般の労働法制の方向性（例　非正規労働の拡大）、授業料等にかんする教育行政、医療費の自己負担にかんする医療政策、さらには公共料金等々、時どきの政策や公的制度にもとづく諸負担の及ぼす影響は大きい。

こうして、税や社会保障を介しての所得再配分の機能とともに、諸般の政策全体が生活と生活費全般に大きくかかわってくることによって、ここでの検討課題である家計資産形成を促進するのか、それとも抑制するのか、という正負両面の環境条件を直接・間接に醸成することになる。

5　小括

以上では、前節で確認された家計における「所得→資産形成」という基本定式をふまえて、それを媒介する諸要因にも目配りしてきた。すなわち、①勤労所得と資産所得との区分とバランス、②自らの稼得と相続等による家計資産の取得原因による区分、③消費費目における老後対策、教育、住宅の大きな比重、④国家・政府の政策効果の正負いずれかの所得と資産形成にとっての影響の重要性、以上の主要四点である。

それら各要因は、それぞれ家計資産形成における重要な要因でありつつ、現実には糾合されて複合的に作用するところとなる。その結果は、家計資産「形成」にかんしてのみならず、そこでの「格差形成」にかんしても同様に構造的・立体的な要因となる。

Ⅲ 企業資産との関連における家計資産

以上により、家計資産の形成と格差の諸要因が構造的・立体的に把握された。ここでは、企業資産との対比や相互関連のもとに家計資産自体の特性や内部構成にも分け入って、その形成と格差要因のより深い内実へと迫るべく試みたい。

1 国民経済のなかの家計資産と企業資産

日本経済全体の資産状況を俯瞰する意味で、まず「国民経済計算」の資産項目の数値を引用する。それにより家計（個人企業を含む）および企業の各制度部門の資産と負債の保有状況が把握できる。そこで、さきの「浜田資料」の調査時点の一九九九年と、資料的には最近時の二〇〇四年とを対比するためにつぎのように表5-3を作成した。

この表からまず確認できることは、日本経済全体の資産保有状況においては家計部門と企業部門の合計が、非金融資産（実物資産）、金融資産、負債のいずれをとっても圧倒的割合を占めている、ということである。それゆえ家計資産独自の位置の重要性とその消長を注視するとともに、家計資産と企業資産との相互関係に着目することが必要になる。

　そのうえで、一口に企業といってもその資産保有状況は資本金規模別に大きな偏差を示している。それは、企業総数約二七〇万社のうち、資本金一〇億円以上の約六千社（〇・二%）にあたるものが全企業資産の約半分（四七%）を保有している、という「偏った」現実である。(10) しかも、各企業間にまたがる資本所有・役員派遣・取引関係等々に由来する「支配関係」の実態を反映させるならば、その集中率はさらに大きく膨らむことは確実である。

　こうして、国民経済を制度部門別にみると、大きな比重を有している家計資産は、すでに見たように大きな分布と格差のもと、実質的にはごく一握りの大企業群に掌握された企業資産との対峙と並存のもとにある、という全体の相関図を描くことができる。そのうえで、大企業資産と家計資産とは、その間に無数の中小企業資産や個人企業資産をも介在させながら、さまざまな労働・財市場を通じてその消長がもたらされるものと考えられる。

表5-3　国民経済における家計と企業の資産・負債保有状況　（単位：兆円）

暦年末	資産種類	家計部門	企業部門	国全体
1999年	非金融資産	1,297（45.5）	1,036（36.3）	2,852
	うち土地	1,022（63.2）	404（25.0）	1,618
	金融資産	1,407（24.7）	3,832（67.4）	5,686
	負債	409（ 7.3）	4,504（80.3）	5,606
2004年	非金融資産	1,027（38.9）	936（35.4）	2,641
	うち土地	782（62.8）	312（25.0）	1,246
	金融資産	1,433（25.3）	3,708（65.4）	5,667
	負債	378（ 6.9）	4,197（76.6）	5,481

（出所）「国民経済計算」平成18年度版。
（注）1）企業部門は非金融機関法人と金融機関との合算数字である。
2）資産種類の各部門数値直後の（　）内にそれぞれの国全体に占める%を示した。

2 家計資産と企業資産

遠くギリシャの哲学者アリストテレスは、いわゆる生計術を「家政術」と「貨殖術」への分化と対立のなかで考えた。そして、「前者は貨幣そのものとは異なるものを目的とするが、後者は貨幣の増殖を目的とする。……互いに重なり合う面をもつこれら二つの形態を混同したために、ある人々は貨幣を無限に保持し増殖することが家政術の最終目標であると考えるにいたっている」[11]、という。ここでの「貨幣そのものとは異なる」目的とは「快適な生活に必要な所有物」=「使用価値」を指すものと考えられる。ところで後者の目的=「貨幣の増殖」は、現代の資本主義世界においてまさに企業資産のあり方として日常的・普遍的な現象としてわれわれの眼前に展開されているところである。

また、先般のバブル時にも積極的な論陣を張った石川経夫氏は、家計資産にかかる二大分類を「生活保障の富」と「自己目的化された富」という命名と内容区分のもとにおこなった。前者は、生計維持のための所得発生源、将来の購買力や予測を超えた経済困難への備え、そして次世代家族のための資源の確保、という目的と内容の「異時点にわたる消費の実現ないし家計の安全保障的動機から保有される富」であるのにたいして、後者は「それ自体が保有者の効用を生み出すことから通常は決して消費されない資産である点で、性格を大きく異にする」、という。後者はまた、「単に自己保全を図るだけでなく、政治、経済のさまざまな局面で影響力を行使しつつ自己増殖を果たそうとする自然の傾向をもつ」、と説明されている。[12]

問題をより原理的なレベルに引き戻して、生活手段と生産手段というより一般的な区分にしたがえば、端的に家計資産は前者に、企業資産は後者にそれぞれ属することになろう。そのうえで生活手段=家計資産は、本来的には購買等を通して商品市場からすでに引き揚げられ、家計という個人生活の経済単位による消費過程におかれた経済財である。ところがその一部は、家計による消費過程から抜け出して商品・貨幣市場に再出動することもありうるし、家計は引き続きその所有・管理主体でありうる。アリストテレス＝石川説による意味での後者は、まさにその一部を指すものであろう。

そのことが可能なのは、すでに見た国民経済的な資産配置のなかで、企業資産こそが「貨幣の増殖を目的とする」あるいは「自己増殖を果たそうとする」「自然の傾向」のもとに国民経済全体を包摂し牽引していく主動力であり、あくまでもそれとの相互関係のもとでのみ家計資産がある、という全体構造に帰せられることになろう。

3　家計資産における「生活資産」と「貨殖資産」

こうして家計資産についていっそう分析的にみるならば、それは純粋に家計による消費に供せられている資産と、それが金融・株式市場や不動産賃貸市場の総運動の流れに委ねられる資産とに、内部的に大別できることが確認できる。それゆえ、家計資産における前者を「生活資産」、後者を「貨殖資産」と命名し区分することが有益かつ便宜となろう。それらはまさしくアリストテレス＝石川説での区分にも概ね合致し、とりわけ後者は「貨殖術」あるいは「自己目的化された富」にかかわる資産だとして識別可能である。

その点で、さきの「浜田資料」にもとづく表5-1、表5-2は、所得と資産の大きさに準じて「貨殖資産」とそれに由来する資産所得も相対的に大きくなることを実証したことに着目できる。たしかにアリストテレスも生計術の区分において家政術と貨殖術とは「互いに重なり合う」側面を認め、それらは截然として絶対的なものではないと言及した。このことは、一般的に両者間の互換性・流動性を物語るが、その区分自体の有用性・適格性を損なうものではない。たとえば、個別家計のある層は「貨殖資産」にはまったく無縁で「生活資産」のみで汲々と過ごすのにたいして、膨大な「貨殖資産」のごく一部を「生活資産」に差し向けるだけでも〝リッチ〟に暮らせる層もその対極にはある、というような把握のごとくである。現実には両者すなわち「生活資産」と「貨殖資産」の間の無数の組み合わせのもとに人々の生活は営まれていく。そうしたなか、社会階層的には「生活資産」のみにかろうじて終始する多数部分と、それを超えて「貨殖資産」にも大きく頼れる少数部分への基本的分岐がすでにさきの表5−1、表5−2でも見ることができた。

その点でとくに注目すべきなのは、石川経夫氏がさきの所論において大企業資産の管理・運営にかかわる者の特別の位置と権能に着目したことである。同氏によれば「日本の経営者層が家計部門の富のほぼ三割に相当する民間企業部門の富に対する裁量権を実質的に保有している」とし[13]、それを究明する。そこでの「裁量権」なるものの具体的中身もそれ以来さまざまに発展しただろうことは予測できるが（例　役員報酬、ストックオプション等）、いまはそれを論じる場合ではない。いずれにせよその背景にはすでに見たような、小数の大企業群を頂点とする巨大な資産集中があることは疑いを入れない。さきに所得第X十分位層の資産所有における突出振りが確認されたが、それはまさにこのことの傍証と見て差し支えなかろう。

4　小括

以上を要するに、国民経済的な資産配置としては、家計資産と企業資産とが緊密な共存と対立の相互連関のもとに息づいているなかで、それが投影する家計資産の内部にも「生活資産」とともに「貨殖資産」が、臨時的か恒常的かは別として析出されてくる。

前節では家計資産形成と格差の諸要因を所得、消費、世代間事項、政策効果等として構造的・立体的に概括した。それに加えてここでは、企業資産との外延的・内包的関係のもとに家計資産を捉えるように努めた。すなわち、主動力・駆動力としての企業資産の運動に大きく包摂されながらも、あるいは能動的に（貨殖資産）あるいは受動的に（生活資産）位置づけられている、というところに家計資産の成り立ちのさらなる立体構造が求められた。それは同時に、さらなる家計資産「格差」をもたらす立体構造でもあった。

Ⅳ　家計の資産格差と生活格差

古代中国の哲人・孟子は「恒産無キモノハ恒心ナシ」（一定の財産のない者や一定の仕事に従事しない者には安定した正しい心がない）といって、相応の資産所有をもって物心両面の安定の基礎とみなした。さきのアリストテレスとともに、これら東西両哲人の思考からも、人が暮らしを営むうえで資産所有の内容や度合が古来重要な考慮事項であったことがわかる。まして、現代日本のように華麗な商品社会にあっては、何人も仙人のように「霞を食って」生きていくことはできない。そのため、人が生きていくうえでの「生活水準」や「生活の質」の問題は、家計資産の有無や大小とどのようにかかわってくるのだろうか。

1 家計資産と生活水準との関連

ある個人や国民の「生活水準」を測定し評価する場合、何をもってその基準ないし尺度とすべきなのか。これまでは通例、所得、とりわけそれを原資とする消費の大小をもってするのが一般的であった。[14]

しかしながら、人々の生活水準を問題とする場合、その評価基準を単に所得と消費だけに局限してしまって十分だろうか。たとえば、端的に（蟻に比べられる）「キリギリス」とか、（江戸っ子の気風のよさを体現する）「宵越しの金《ゼニ》は持たネー」というような消費スタイルと生き方も想起される。一方、現代家計の営為を何らかの時間的スパンで考えればわかるように、そこにはしばしば収支バランスの凹凸が避けられない。そこには、当座の生計費の過不足をはじめ、マイホーム取得、老後の備え、子どもの教育費や遺産向けの蓄えなど各般のライフ・イベントを見越した対策としての家計資産の役割と意義がある。あの孟子が「恒産」の意義を強調してから時代はさらに下って『ヴェニスの商人』におけるシャイロックをして「生命をつなぐ私の財産をお取りになるんじゃ、私の生命をお取りになるのも同じことだ」[15]と叫ばせたのも、もっとこの事情に通じてくる。

それでは、所得や消費のみならず、それに資産をも加えた「総合的」基準をもってのぞめば、「生活水準」論にとって必要にして十分な理論的・実践的な座標軸が定立されたことになるのだろうか。もしその答えがイエスならば、ここでの議論には終止符が打たれることになる。

2　A・センの「生活水準」論

「効用（の享受）と生活水準との関係は、たしかにあることはあるのだが、それは兄弟姉妹の関係というよりはむしろまたいとこの関係にすぎない[16]」。「生活水準は、富裕（の度合）によってたとえ大きく影響されるとしても、富裕度を示す尺度ではない。それ（＝生活水準）は、人が（それによって）生活を営むための資源や資力の問題としてよりも、その人がまさに営む生活そのものにとって直接かかわる問題でなければならない。（評価基準としての）効用から（資源という）客観的な基準への転換は幾分は妥当だとしても、だが富裕（＝資源）による基準に安住しきってしまうことはできない[17]」「ここでの主眼は、生活水準は、実際的には機能（functionings）と潜在能力（capabilities）の問題であり、直接的に富裕や財や効用などにかかわる問題ではない、ということである[18]」。

以上に紹介した言説は、かのノーベル経済学賞受賞者A・センのものである。さきの問題設定に急いで対応させるためにやや唐突の引用となったが、その問題への清新な（逆）提起として傾聴に値するものと考えられる。それゆえ、このような論定にいたる背景と道筋をここで簡単にフィードバックしておこう。

A・センは、人の福祉あるいは「善き生」（Well-Being）にかんする評価の基準を何に求めるかについて、従来の経済学の主流の考え方を大胆に批判して、それに対する自説を積極的に対置してきた。従来の考え方というのは主に、「効用アプローチ」あるいは「財アプローチ」といわれるもので、それらは端的に人が享受するところの効用、あるいは人が所有するところの財（貨）＝富の大小をもってその人の「善き生」評価の基準とするものである。ということは、われわれがいましがた検討したばかりの「消費基準」論あるいは「資産基準」論に、それぞれ該当することになろう。

それらにたいしてA・センは、「機能アプローチ」もしくは「潜在能力アプローチ」という方法と見解を提起し展開してきた。彼によれば、「(潜在能力アプローチは)生活とはさまざまな『何かをすること』(doings)や『ある状態でいること』(beings)の組み合わせであるという考えに基づくものであり、また人のクオリティー・オブ・ライフ(生活の質)は、価値ある機能を達成する潜在能力という観点から評価されるべきであると考える」[19]、という。また、「潜在能力アプローチの焦点は主に価値対象を見極めることであり、機能や機能するための潜在能力という観点から評価空間を定める。……さらにこのアプローチは、潜在能力という形でさまざまな自由を評価する余地も残している。このアプローチは……、生きるための手段や自由のための手段(所得、富など)に直接的な重要性を付与しない」[20]ともいう。そのような基本思考の論脈上にさきほど紹介したA・センの「生活水準」論が敷衍されることになる。

その関連でいまひとつ注目すべき主張は、「潜在能力アプローチ」の重要な柱としてのエージェンシー論である。それは行為主体としての人間をエージェント(Agent 能動者)とペイシェント(Patient 受動者)とに大別する。そのなかでエージェントへの高い関心のもと、「ある個人の『エージェンシーとしての達成』とは、その人が追及する理由があると考える目標や価値(のため)ならば、それがその人自身の福祉には直接結びついているかどうかに関わらず、それを実現していくことをいう。エージェントとしての個人は自分自身の福祉のためにだけ行動するとはかぎらない」[21]、ともいう。

その例として、たとえば「祖国の独立」や「地域の繁栄」などの〃大義〃のためには、たとえ「身を捨ててでも」という選択と行動があげられている。そこには「エージェンシーとしての自由」と「福祉のための自由」の並存と対抗のなかに、人々の福祉、生活水準、はては「生きざま」までを大きく包み込む理論枠が組み立てられている、といえよう。

3　家計資産と「生活水準」との関連をめぐる論点

以上によるA・センの啓発的な問題提起をふまえて、それを現代日本における家計資産論と「かみ合わせる」ならば、どうなるのだろうか。以下の三点にしぼって検討してみたい。

第一は、A・センの所論が、すでに見た家計資産格差構造のもとで現実に生活する人々に、どのような理論的あるいは実践的な指針となりうるだろうか、という問題である。

たしかに、ある人の「機能と状態」に即して「生活水準」なるものを評価し判定することは、より実際的であり、的確である、といえよう。同時に、商品社会なればこそ人々の機能と状態のためには貨幣的・資産的な裏打ちが相応に具備されていなければならない。そのための家計資産はすでに見たように大きな分布と格差のもとにあり、多くの家計にとって所得と資産の相対的・絶対的不足が「機能と状態」の維持と改善にとっての重大な制約になっている、という現実がある。なるほど、A・センのいうとおり、消費（効用）や資産と「生活水準」との関係はまたいとこのような間接的なものかもしれない。しかしそのまたいとこからさえも見放されたに等しい、無縁にして無援の「細民」の広範な存在をどう見、どう対処すべきだろうか。

このような事態に照らして考えてみると、上述のセンの所説は一般的な「評価上のテーゼ」（「解釈の立場」）にはなりえても、そのままでは「実践上のテーゼ」（「現状変革の立場」）にはなりえないのではないのか。したがってわれわれには、A・センの打ち出した「機能と潜在能力」説の新機軸を真に生かすためにも、ここ日本での家計資産格差の現実の把握とともにその構造的・規定的諸要因にも分け入って、たとえ間接的とはいえ「善き生」を支えるべき裏打ち＝家計資産確保のための確かな方途の解明という現実的な課題がつきつけられているのではないだろうか。

第二は、企業資産と家計資産、さらには家計資産における「生活資産」と「貨殖資産」との相互関係にかかわる問題である。

A・センが「潜在能力アプローチ」に依拠して「生活水準」を説く場合、そこには「財や効用といった空間から離れて、生活の構成要素からなる空間（機能、潜在能力）で議論する」、という新たな提起があった。その際、商品社会に生きるうえでの物質的な裏打ちとしての所得、消費（効用）、財との関連を没却しては現代人の生活は成り立たないこともあわせて当然である。しかも、そこでの所得や財は、超歴史的な所得一般でもなければ財一般でもない。それらは国内的・国際的な商品・資本の運動過程に不可避的に組み入れられた領域のなかでの所得であり、財である。その結果、家計資産のなかにも「生活資産」と「貨殖資産」との、分岐、共存、対抗があることはすでに見た。

そこから、超歴史的な財一般にとどまらない現代日本の家計資産、とりわけそこにおける「貨殖資産」への正当な着目が求められてくる。それは、A・センが深く私淑するアリストテレスいうところの「貨幣の増殖を目的とする」ものにほかならない。それは、「生活水準」の内容としての人の「機能と潜在能力」の空間とは別次元の原理（貨幣の増殖、貨殖）のもとに駆動されている。こうして、利潤原理のもとに動員された家計資産（「貨殖資産」）が一定規模以上に恒常的・基本的なものとして形成されるならば、そのような「家計」当事者の心中深く「資本魂」が培養され、資本の人格化が進行するようになる。

こうして、一方には人間としての「生活水準」維持のための「生活資産」のやりくりに終始する多数者がおり、もう一方にはそれには概して無縁かつ無感覚な「貨殖資産」のエージェント（代理人／能動者）としての少数者が対置される、という構図がある。家計資産をめぐる人的・物的配置の立体的・対抗的構図のこうした現実にたいして、財と人との関係のいわば超歴史的な抽象レベルでの「解釈」が、どのような理論的・実践的な有効性をどこまで発揮できるのだろうか。ここでも日本の現実に内在した探求がわれわれ自身の課題として求められることになる。

第三は、いわゆるエージェンシーと「生活水準」問題をめぐっての論点である。

さきほどは、A・センによる「またいとこ関係」説は、一般的な「評価上のテーゼ」（＝解釈の立場）にとどまるものだ、とやや冷めた論評を下した。しかし同時に、彼のエージェンシー論には現状変革への方向性が客観的に「潜在」していることを見逃すなら、それは不公平のそしりをまぬがれないだろう。彼によれば前述のエージェンシーの意義づけに付帯させて、そこにはさらに二つの区別があるという。「すなわち、①人が価値を認め、達成したいと思うことが実現されることと、②その実現にその人自身が積極的な役割を果たすということとの間の区別である[22]」、という。A・センはそのうち②のほうを「参加型」と自らも称しているが、それにたいして①は期待はしていたがその人自身の寄与がないままに実現された場合を指すとの説明があるので、その意味でここでは「受動型」と呼ぶことができよう。

すぐ後にも見るように、この日本で家計資産と生活水準をめぐる全般状況は厳しさを増しつつあり、多くの人々にとって閉塞感は募る一方になっている。こうしたなか、A・センのエージェンシー論は一条の光明を投げ入れるものとなりうる。その光明は、これまでのテーマ＝家計資産論とのかかわりでどのように見出すことができるだろうか。

エージェントが掲げるとされる「目標、価値、大義」は天から降ってくるものでも啓示されるものでもない。また、エージェントとペイシェントの二区分、さらにはそこでの「参加型」と「受動型」という二区分も固定的で不動のものでもない。人々は日々の労働、生活、諸活動のなかでさまざまな動機のもとに選択と行動を繰り返す。そこには他律的で余儀なくされるものや、あるいは内発的・自律的なものなど多くのタイプがありうるだろう。ここにおいても人々の機能と状態は、否応なく家計資産の有無（その量と質）に身近に規定されることになる。その家計資産の全体としての貧困化と格差拡大が進むとすれば、それがまた無数のチャンネルをとおして人々の動機、選択、行動等にフィードバックして跳ね返ってくる。

こうした過程の進行は、A・センいうところのエージェントとペイシェント、あるいは「参加型」と「受動型」という既存の暫定的な区分を超えて、それぞれの「善き生」をめざす選択と行動への諸条件を触発し醸成し続けるだろう。ともあれ彼の一般的な提起を受けたわれわれとしては、家計資産をめぐる格差と生活の厳しい現実的な関連を、独自にこの日本で究明し対処していくことが求められている。

V　家計資産形成をめぐる近時の諸動向

以上では、家計資産の形成と格差化への諸要因、そこでの企業資産との関連における構造的・立体的な組み立て、さらにはA・センの所説ともかかわって家計資産と「生活水準」との、さまざまに検討を要する課題にも言及してきた。ここでは、近時における家計資産をめぐる特徴的な動向の要点のみを簡単に再確認することにする。

1　家計資産をめぐる近時動向

現代日本の家計の金融資産をめぐる情勢は大きな変動を遂げている。

橋本内閣時の「日本版ビッグバン」（一九九六年）によっていっそうの金融の自由化と規制緩和へと突き進むことになった。そのなかで、いわゆるリテール部門こそがこれからの「主戦場」だ、との掛け声のもとに総額一千数百兆円にのぼる家計の金融資産は、内外金融機関の攻勢に直面させられている。そこでの主な特徴は次のとおりである。

第一に、「貯蓄から投資へ」の官民による大動員である。従来、わが国の家計金融資産は預貯金等の「安全商品」が大部分を占めてきたが、長年のゼロ金利政策、国債の大量流通、ペイオフ全面解禁（〇五年四月）等のなかで、リスク商品の新規開発、その銀行窓口販売等の「自由化」によって「リスク商品」への比重拡大が強力に進められつつある。

第二は、大手金融機関による富裕層を対象とするプライベート・バンキング（PB）の展開である。たとえば金融資産保有額一億円以上の家計が選別され、そこに向けた特別チーム編成のもと、ポートフォリオ指南によるリスク商品の斡旋・取扱い等による手数料稼ぎがはかられる。これは対日進出済みの外国勢がすでに先鞭をつけてきたものであり、それに遅れじと邦銀・証券大手が一斉に追随している路線である。

第三は、いわゆる低所得層対策である。これまで「サラ金」として暗いイメージで扱われてきた消費者金融を大手銀行が取り込んでの布陣が急速に整えられつつある。そこでの最大の魅力は無担保とはいえ、高金利貸付による大きな利ざや稼ぎにある。こうした提携によって、大手主導の消費者金融がオールラウンドに展開されている。

第四は、リテールの主柱としての住宅ローン戦略の強化である。すでにその貸付残高は一〇〇兆円を超えており、表5-3に見る家計の負債総額三七八兆円（二〇〇四年）に照らしても、その大きさがわかる。

つぎに家計の土地・住宅資産をめぐる動向はどうか。

宮沢内閣時の「生活大国五ヵ年計画」（一九九二年）の眼目は、「……大都市圏においても、勤労者世帯の平均年収の五倍程度を目安に良質な住宅の取得が可能」にする、というものであった。そこでは持ち家だけが主目標とされ、しかもその対価のメド「年収五倍」には、あらゆる「可能な」住宅ローンの総動員が前提されて過重なローン負担への途を開いた。

その後も「持ち家主義」が堅持されるなか、旧・日本住宅公団をはじめとする公営・公社住宅の位置づけは大いに軽減されて、同公団（都市再生機構）による新たな住宅建設計画は放棄された結果、主たる業務は文字どおり「都市再生」に向けられることになった。同時に住宅金融公庫も廃止され、住宅ローン市場は前述のように民間金融分野に全面的に開放されることになる。こうして生活の基本となる住居は、不動産・金融市場の荒波のなかで一層の「自己責任」「自助努力」が促されることになる。

2　近時動向の中間結果——格差拡大の進行

本章は「浜田資料」にもとづく前掲表5-1、表5-2の検討をもってスタートした。それらは一九九九年時点における家計資産の分布と格差の実証であったが、その後の時間経過によってどのように検証され、補強されるのだろうか。この点で、国民経済に占める資産のマクロ的変化は、さきの表5-3によって大まかに読み取ることができる。しかし、こと家計の所得と資産にかかる格差状況の具体的な進展は、それぞれ専門家の研究成果に頼らなければならない。その意味から以下の研究により必要な確認をしておくことにする。

第一に、国民経済的に家計所得の最大部分を占め、また資産形成への第一義的原資となる雇用者報酬はどうか。太田清・小方尚子両氏の調査研究（二〇〇六年）によれば、「労働所得の格差は、一九九〇年代後半以降拡大している。……とくに若年層で……。非正規雇用の増加がその最大の原因であ（る）……。……正社員同士の間で格差が拡大する様子も窺われる」と述べられている。[23]また、橘木俊詔氏の最近著によっても「……再分配前所得では所得分配の不公平化が進行している」と同趣旨の確認がされている。[24]

第二に、肝心の家計資産そのものについてはどうか。同じく太田清氏の別論文（二〇〇三年）によれば、バブル崩壊で土地と株の価格下落のため資産全体の格差は縮小しているが、金融資産の割合は大きくなっている、としている。ただし、家計サーベイによる金融資産調査は、スーパーリッチ層に関して漏れや過小回答が多い、との問題点も指摘されている。[25]

そこへ野村総研による最新調査結果が報道された。[26]それによると、純金融資産保有規模別の世帯数と区分ごとの各数値はつぎのとおりである――①超富裕層（五億円以上、五・二万世帯、計四六兆円）、②富裕層（一億円以上、八一・三万世帯、計一六七兆円）、③準富裕層（〇・五億円以上、二八〇・四万世帯、計一八二兆円）、④アッパーマス層（〇・三億円以上、七〇一・九万世帯、計二四六兆円）、⑤マス層（〇・三億円未満、三八三一・五万世帯、計五一二兆円）。そしてこの二年間に超富裕層は一一％、富裕層は三三％それぞれ金融資産額を増加させた、という。その結果、準富裕層から超富裕層までの上層七・五％の世帯が全家計金融資産の実に三四・二％を保有するという、富の鮮やかなまでの偏在がここ日本でも現実のものになってきた。

したがって「浜田資料」時点から現在までの推移は、所得においても資産においてもその格差化はいっそう進展し、とりわけ金融資産のそれは驚嘆すべき程度にまで進んだことが明らかになった。そのような状況の対極におけるマス（Mass 大衆）層について昨今のマスコミが報ずる具体的な指標をいくつかあげれば、つぎのものがある――いわく、「預金ゼロ世帯が四分の一」、「多重債務者の数二〇〇万人超」、「〇三年の自己破産者二四二千人、一四年間で二〇倍に」、「生活保護世帯の激増（一〇〇万超）」等々！ ここにはけっして看過できない家計資産の疲弊と歪みのカタログがある。

3 中間結果の背景――企業と家計の関係

それでは、こうした家計資産格差のさらなる拡大と進展は、どのような要因と背景に帰せられるのだろうか。

まず、諸所得のなかで最大部分をなす雇用者報酬（賃金）は、長い低迷と低減とをこの間の大きな特徴としている。国税庁のまとめによれば、二〇〇四年に民間企業に働いたものの平均給与は四三九万円／年で、前年比五万一千円の減額（△一・一％）であり、七年連続のダウンとなる。その背景には、企業（とくに大企業）の業績回復がある一方で、その対極の人件費削減が系統的に大きく寄与してきた。人件費削減をもたらす労働条件の重要な変化としては、従前のリストラ策（人員削減、欠員不補充）に加えて大々的な成果主義賃金の導入、パート・下請・派遣労働の積極的活用などが強く複合的に作用している。

こうした状況は、「国民経済計算」上の概念である「労働分配率」のトレンドにおいても急激な低下で示され、それ以前約一〇年（一九九三―二〇〇一年）の水準五三・五―五四・五％から二〇〇四年には五一％強にまで低下した。

反面、上場企業の業績は〇六年一〇月には「イザナギ」を超える「戦後最長の景気拡大」のなかで五年連続の増益決算が達成された。また、自由化と規制改革の進展によって日本の株式市場においては外国人投資家の影響力が強まり、とくに銀行や保険会社の株式保有比率を極端に高めている。そのなかで、外資主導による合併・買収（M&A）やその攻防戦があとを絶たない状況である。

かの「ビッグバン」の本家イギリスでは証券市場が外国勢に席巻されたことを指して、ウィンブルドン・テニス会場提供者（英）が決して勝者になら（れ）ないことと結びつけて「ウィンブルドン現象」として揶揄・自嘲された。それになぞらえれば日本版ビッグバンは、昨今の国技・大相撲において外国人力士（金融機関）の優勢・闊歩ぶりが著しいことから、いわば「国技館現象」が着実に進行しつつある、といえないだろうか。

そうした情勢展開のハイライトとして、「改革の本丸」と喧伝された郵政民営化があった。

4　中間結果の背景――政策要因

以上にみたような企業と家計の経済活動の交錯にたいして、政府による政策発動は何をもたらしたのだろうか。

政府施策を客観的にあとづけてみると、そこには一方における企業優遇、もう一方の家計負担増という、政策上の意図と効果の航跡が明らかである。ただし、一概に企業といい、家計といっても、その内部構成はすでに見たように広範な分化と多様性のもとにある。

それゆえ、あえて「一般家計」向けと「大企業・大資産家」向けという対比のもとに税制「改革」のみを取り上げても、対・前者には所得税・住民税の定率減税、配偶者特別控除、老年者控除等の相次ぐ廃止（→増税）がある一方で、対・後者としては研究開発・IT投資、連結納税制度、株式配当・譲渡益等にかかる各減税措置、さらには法人税の基本税率減税（四〇%→三〇%）、法人事業税減税（一二%→九・六%）、加えて相続税、所得税の最高税率の引き下げなど枚挙にいとまがないほどである。そのうえに家計には医療費増（三割負担へ）や各種保険料（年金、健康、介護、雇用）引き上げなどが連打されてきた。「国民負担率」（=国民所得に対比した租税負担率と社会保障負担率とを加算したもの）をめぐる議論で問題なのは、負担にあたる「国民」の内訳、企業と家計との関係やそれぞれの比重はどうなるのか、が重要になってくる。そしてそもそも「国の負担」=責務は一体どうなるのか。こうした一連の問題状況のなかで、着々と実行されてきたのはまさしく（大）企業寄りの施策であった。この間、施策モットーとしては「小さな政府」、「官から民へ」、「規制緩和」等が連呼されてきた。あのバブル期にあっても政策面では「生活大国」とか「個人生活重視」等の「配慮」を曲がりなりにも掲げざるをえなかったのにたいして、そのような痕跡さえなく、ただ「改革」の「痛みに耐える」ことが強調されてきた。

その理由としては、議会における政党配置などの基本条件もあるだろうが、ここで無視できないものとして「経済財政諮問会議」の存在と活動がある。それは、二〇〇一年から活動開始したもので、従来の各種審議会が最小限もっていた官界・財界・報道界等の〝合議制〟の潤色をもかなぐり捨てて、首相をはじめごく少数者に経済・財政の舵取りにかんする特権と専横を許す「司令塔」となった。なかでもその知恵袋と駆動力になったのは財界代表等からなる「民間議員」であることはよく知られている。そこにはいわゆる一般「家計」や「生活者」の声は届く由もなく（大）企業の声だけが天下御免と鳴り響いたのであった。

5　近時動向からの小括

以上のような家計資産をめぐる状況の最近時の展開をふまえ、かつこれまでの所論との関連でここに改めて概括すれば以下のようになるだろう。

第一は、企業にたいする家計、あるいは資本にたいする労働という、相互に規定し対抗しあう厳しい関係が国民的な規模で顕在化してきたことである。それを促進した背景には周知のように国際化・グローバル化の進展がある。それゆえ、財界の大方針にはつねに「国際競争力の強化」という〝錦の御旗〟が掲げられてきた。そこから現場レベルでの諸施策（リストラ＝「合理化」、成果主義賃金、非正規労働活用、等）とともに、それを支える労働法制やさらには税制にかんする「政治要求」の実現が系統的にはかられてきた。

第二は、そうしたなかで政府諸施策の片務性が明らかになり、しかもそれとしての効果が存分に発揮されたことである。すなわち、慢性的な財政危機のもと（大）企業優遇の諸施策の対極としての庶民負担増の配置がこの間の大きな特徴であった。それを見据えたうえでの労働＝家計側からの「政治要求」や連帯と反撃の運動がいまだそれ食い止めきるまでには拡がっておらず、重い課題として現在に引き継がれている。

第三に、以上のような意味での対立と優勝劣敗は、ここでのテーマ＝家計資産の格差拡大に劇的に反映されることになった。すなわち国民経済的な舞台での「富の偏在」がもたらされ、資産的ヒエラルキーをますます聳え立たせている。その点ではとくに家計資産のなかに投影された「生活資産」と「貨殖資産」の相互の位置と機能が重要である。そこではさきに紹介した石川経夫氏の言（「政治、経済のさまざまな局面で影響力を行使しつつ自己増殖を果たそうとする」）のように、「貨殖資産」の駆動力が一部の上位層にもたらした寄与は甚大である。

第四は、これまで確認されてきた家計資産形成とその格差形成の諸要因相携えての立体構造は、ますます拡大再生産され、その作用を強めていることである。そのため、所得、消費、貯蓄、教育、相続等々の個人的な要因事項が政治的・経済的・社会的にも階層化・序列化され、そのことがいっそう資産格差の拡大を加速化する、という相互関係があることである。それは「法則的」ですらある。それゆえ、各人の単世代のみならず世代間的にも特権的な〝インナーサークル〟の形成に与ることのできる一部と、「蛙の子は蛙」の大群との対極的な析出の過程が進行する。否応なく加速する少子高齢化や人口減は、そうした「蛙」たちが「生活できない」「結婚できない」「子供を生めない」等々の生活状態を余儀なくされる（た）ことの一つの社会的・歴史的な決算であり、同時に悪循環的な見取り図でもある。

第五は、このようにして、食べる・飲む・着る・住む・子どもを生み育てる・人並みに交際する等々の人間生活のごく基本的な「機能と状態」が、多くの人にとって家計資産、とりわけ「生活資産」による多大の制約のために、不十分にしか充たされていないことである。そのよう事態が広範に普遍化されて一つの「時代」としてさえ招来されつつあることである。

おわりに

Ａ・センは、（不）平等をめぐる諸論文において、「何の平等か」を深く問い直している。そしていわゆる諸般の「平等主義」に対しては概して批判的であり、それらに人間（存在）の本来的な多様性を対置することをためらわない。また「人類の平等」とか「人は生まれながらにして平等である」という言辞には強い「レトリック」性を意識している。そこから「何の平等か」を問うべきテーマの核心を「焦点変数」として設定することを主張する。[27]

本章はこのような「平等論」一般に踏み込むものではない。しかし「焦点変数」という用語を寸借するならば、たまたまここでは「家計資産」と「生活水準」とがそれに該当することになった。その結論はすでに見たようにさまざまな諸要因の複合的な作用の結果、家計資産の格差の拡大と生活水準の格差の課題とが相ともなって著しい進展の段階を画しつつある、ということであった。

いま、フランス革命の代表的スローガンの一つである「平等」について想起すれば、そこにはたしかに抽象性・観念性・レトリック性があることは否めない。しかしながら、その「平等」をも含めた近代史上の指導的諸理念（自由、人権、民主、平和、等）は、時代の進展とともにさまざまに肉づけされ、また洗練されてきた。たとえば、ワイマール憲法（一九一九年）では、「人たるに値する生活」の保障とともに、

「労働力は国の特別の保護を受ける」と宣言された。このような流れを受けついで「世界人権宣言」が国際連合によって成立した（一九四八年）。これは、わが日本国憲法の施行（一九四七年）と相前後するものであるが、それら双方の第二五条には、奇しくも「十分な生活水準を得る権利」や「健康で文化的な最低限度の生活を営む権利」が高らかに謳われている。また、さきのA・センが主導的に関与した国連「人間開発レポート」の各年次版でも各国の現状をふまえて人間の生活と尊厳を守る立場から、情報と指標の提供が続けられている。

そのような世界史的な情勢と発展段階のもとに、現代日本の国民の家計資産と生活水準めぐる現状にかんがみての展望はどうなるのだろうか。

そのための一つの指針が政策当事者から打ち出されている。さきの経済財政諮問会議のもとに専門委員会がまとめた内閣府編『日本 21世紀ビジョン』（二〇〇五年五月）がそれである。それは、「二〇三〇年のこの国のかたち」を明らかにする目的でとりまとめられたものであるが、そこには、「改革を進める」コース（目指すべき将来像）か、それとも「改革しない」コース（避けるべきシナリオ）か、という〝二者択一〟が設定されて、「改革」なるもののさらなる必要性が強調されている。そして万が一にも「改革」を怠るとすれば、「格差が固定化」され、さらに「『希望格差社会』が深刻化する」、と託宣される。(28)

その後約一年半後（二〇〇六年九月）政権は小泉内閣から安倍内閣へと変わった。「改革路線」は不変とされつつ、憲法「改定」が任期中の課題であるとも明言された。例の経済財政諮問会議の民間議員も総入れ替えとなったが、さきの『日本 21世紀ビジョン』は「改革のバイブル」として名実ともに引き継がれている。

「めざす国のかたち」といえば、二〇一五年までのそれとして『希望の国、日本――ビジョン二〇〇七』（いわゆる「御手洗ビジョン」）が日本経団連によって二〇〇七年初に発表された。さきの21世紀ビジョンも、この御手洗ビジョンも、いずれも二〇三〇年ないし二〇一五年という年限を切った短兵急なものである。そのわけは、このように目先の「展望」しか描くことができないゆえか、それとも相当に切羽詰って追い込まれているゆえか、そのいずれとも解釈は可能であろう。そこに盛られている諸項目の集積はすぐれて「総合的」で、どれも看過できない重大なものであるが、ここはそれらを喋喋する場ではない。

ただ、本章の課題「家計の資産格差と生活格差」に引き付けて一言するならばつぎのようになるだろう。すなわち、そこには前述の「金融ビッグバン」に合流するべく、内容的にはそれと対等以上の道具立て＝舞台装置として「労働ビッグバン」の本格的な目論見が込められている、と。このことは、すでに確認済みの一般家計の（賃金）収入→貯蓄→資産形成という「基本過程」を根底から揺るがすことに通じていく。加えて「改革」の名のもとでの社会保障制度（負担増と支給減）および税制（消費税率の引き上げ等）の推進によって可処分所得の縮減が不可避となる。そこには国際人権宣言や日本国憲法で掲げられた生存権と、それを裏打ちすべき家計資産（例　民のかまど、孟子いうところの「恒産」）への社会的・経済的顧慮は疎んぜられて、すべての点で「自己責任」による「奮闘努力」が称揚されてくる。

本章では冒頭において「浜田資料」による一九九九年時点での家計資産の分布と格差の状態を数字的にもやや周密に確認した。その後の最近時に至るまでの所得と資産の格差拡大傾向も一定程度追認できたし、その背景と要因にも言及してきた。この短期間の変化からだけでも『日本　21世紀ビジョン』が「避けるべき」コースとして否定的に予測した「格差の拡大と固定化」がすでに事実として顕現してきている。そのようなマス（＝大衆）にもたらされる挫折と零落は先刻「想定の範囲内」だとする当然視が、安倍著『美しい国へ』では問わず語りに〝再チャレンジ可能な社会を！〟とことさらに叫ばせている。

したがって、両ビジョンが道案内する近未来図もすでにその底が割れたも同然である。ここでA・センのエージェンシー論に立ち返るならば、このような状況のなかでエージェントもペイシェントも、あるいは「参加型」も「受動型」もそれぞれの「善き生」を目指す以上、早晩「福祉のための自由」と「エージェンシーとしての自由」とが意外に、また本質的に、至近の関係にあることを発見するようになるのではないだろうか。そして現実に迫られた模索と思索と経験を通じて「美しい国」とか「希望の国」とかいうビジョン（この言葉には本来「見通し」と「幻想」の両意がある）の虚飾性とレトリック性を看破するにいたるのではないだろうか。それらは皮肉を超えたブラック・ユーモアでこそあるからだ。

注

（1）例えば、労働大臣官房政策調査部編『資産格差――豊かな住生活と資産形成にむけて』（大蔵省印刷局、一九九一年）。下野恵子『資産格差の経済分析』（名古屋大学出版会、一九九一年）。

（2）「資産のデータはあまり豊富でない上に、データに対する信頼性にも疑問があります」（橘木俊詔『格差社会』岩波新書、二〇〇六年、二ページ）。また、河村健吉「資産格差 富裕層の実態は？」（『経済』二〇〇六年七月号（特集「格差社会」を考える）では、冒頭に（このテーマでの編集部からの依頼を）「……はじめはデータも文献も少ないのでと断りました」と記している（四八ページ）。さらに、友寄英隆「所得格差の拡大をどう検証するか」（同誌同号）では、「むすびにかえて――『格差社会』のさらなる探求のために」の筆頭課題として「資産格差の実態の探求」をあげている（七五ページ）。

（3）①浜田浩児「SNA家計勘定の分布統計——国民経済ベースの所得資産分布」（『経済分析』一六七号、二〇〇三年、財務省印刷局）。②同「SNA家計再評価勘定の分布統計」（ESRI Discussion Paper Series No. 92, April 2004. 内閣府経済社会総合研究所）。③同「一九九〇年代におけるSNAベースの所得・資産分析」（『国民経済計算』一三一号、二〇〇五年）。

（4）「浜田資料」①、二ページ。

（5）「浜田資料」①、表3-3「第一次所得十分位の所得支出勘定」、(1)第一次所得の配分勘定（一九九九年）、(2)所得の第二次分配勘定（同年）、(4)所得の使用勘定（同年）、五九—六一ページ。

（6）「浜田資料」①、表3-4「第一次所得十分位別の期末貸借対照表勘定」（一九九九年）六二ページ。

（7）詳しくは「浜田資料」③参照。

（8）高山憲之・有田富美子『貯蓄と資産形成』（岩波書店、一九九三年）四一ページ。

（9）同右、六三ページ。

（10）「財政金融統計月報」法人企業統計年報特集（平成一六年版）六四一号、二〇〇五年、五〇—五一ページ。

（11）アリストテレス『政治学』（山本光雄訳、岩波文庫）四七—五五ページ。

（12）石川経夫「家計の富と企業の富」（西村清彦・三輪芳朗編『日本の株価・地価』第一〇章、東京大学出版会、一九九〇年）二三二ページ。

（13）同右、二五三ページ。

（14）森耕二郎「総説」（同編『生活水準』新経済学大系第五巻、河出書房、一九六二年）三ページ。

（15）シェクスピア『ヴェニスの商人』（中野好夫訳、岩波文庫）一八九ページ。

（16）A. Sen, *The Standard of Living*, Cambridge University Press, 1988, p. 14.

（17）*Ibid.*, p. 16.

(18) *Ibid.*

(19) A・セン「潜在能力と福祉」(M・ヌスバウム/A・セン編『クオリティー・オブ・ライフ』第2章、竹友安彦監訳、水谷めぐみ訳、里文出版、二〇〇六年)六〇ページ。

(20) 同右、六二―六三ページ。

(21) A・セン『不平等の再検討』(池本・野上・佐藤共訳、岩波書店、一九九九年)八五ページ。

(22) 同右、八七ページ。

(23) 太田清・小方尚子「所得格差の最近の状況――格差の拡大は止まったか」(『Business & Economic Review』六巻七号、二〇〇六年七月、日本総合研究所)二七ページ。

(24) 橘木俊詔、前掲書、三四ページ。

(25) 太田清「日本における資産格差」(樋口美雄+財務省財務総合研究所編著『日本の所得格差と社会階層』第二章、日本評論社、二〇〇三年)二六―二七ページ。

(26) 『日本経済新聞』二〇〇六年九月六日付。

(27) A・セン、前掲『不平等の再検討』一―二ページ。

(28) 内閣府編『日本 21世紀ビジョン』(国立印刷局、二〇〇五年)三―一四ページ。

第六章　日本経団連の税制提言と格差問題

大辺誠一

はじめに

安倍政権が「美しい国」を標榜して二〇〇六年九月に誕生して以来、企業活力と税制をめぐる報道が目立つ。大田経済財政担当相は、同年一〇月二三日、内閣府でオランダのウェイン経済相と会談し、日本の法人税について、企業の国際競争力の向上のためには「引き下げるべきだと思っており、経済財政諮問会議でも議論する」と述べている(1)。減価償却制度についても企業活力のためには変えるべきだという報道をたびたび目にする。

安倍首相は第一六五国会における所信表明演説で、「美しい国」の中身の一つとして、「未来へ向かって成長するエネルギーを持ち続ける国」をあげ、「安定した経済成長」のための「イノベーション」(「革新的な技術、製品、サービスなどを生み出す」)と「オープン」(「アジアなど世界の活力を我が国に取り入れる」)を強調した。この演説においても、「抜本的な税制改革」が言われている。その柱は法人税率の引き下げと消費税率の引き上げにある。第一六六国会における施政方針演説では、「減価償却に関する税制度を約四〇年ぶりに抜本的に見直し、投資の促進を図ります」という表明もなされた。

キャノンの御手洗冨士夫会長は、二〇〇六年五月二四日、「INNOVATE 日本」と題して日本経団連（以下、経団連）[2]の会長就任挨拶を行い、「希望の国」というフレーズを多用した。「INNOVATE 日本」はアメリカの「競争力協議会」のレポート“INNOVATE AMERICA”のコピーであり、「希望の国」は安倍首相が唱える「美しい国」に呼応したもので、中身も形も似ている。税制に関しては、共に日本企業を強くし、競争力を高め、経済成長を推進するには、企業の税負担は小さいほどいいという「信念」が込められている。その点では経団連前会長の奥田碩氏（トヨタ会長、当時）の「人間を幸福にする経済」[3]も同様である。

この章では、経団連が政府に実行を求めて毎年提出してきた「税制提言」を検討する。これまでに出された提言のすべてが実現されたわけではないが、そのかなりの部分が税法となって施行されてきた。経団連の提案は、法人税についてはその引き下げを要求し、財政再建には消費税の増税をもって充てることを基本としている。こうした提言が大多数の国民にとってどういう意味をもつかをみていけば、政財界を代表する三人のリーダーが掲げる「美」、「希望」、「幸福」が誰にとってのものであるかが明らかになるはずである。

租税については、税法となった時点でその中身が検討されることが多いが、ここで租税に関する経団連の「提言」を素材に検討するのは、経団連がもつ圧倒的な影響力を無視できないからである。政治学の分野では経団連は圧力団体あるいは利益団体の一つとして論じられることが多い。第二次大戦後ほぼ一貫して政権与党の座を占めてきた自民党に対して、ごく一時期を除き、つねに企業の政治献金を斡旋してきた経団連は、自民党のスポンサーともみられている。自民党が中心になって推進してきた構造改革政策は、日本社会のあらゆる部面に格差の構造をつくり出してきた。したがって、経団連の提言については、その内容や主張の変遷、背景となっている基本的な考え方が、国民の間でもっと広く議論されることが望ましいと考えるからである。

Ⅰ　経団連の税制提言の経緯と概要

1　経団連の政策提言と優先政策

経団連が多様な政策提言や見解表明をしていることは比較的知られている。政府の審議会や省庁の諮問機関には経団連の役員などが多数委員として参加して、積極的な発言を行ってきているが、そのもとになっているのがこれらの提言や見解である。(4) 経団連のＨＰを見ると政策提言／調査報告の項目があり、その内容は、「総合政策」「経済政策、財政政策」「税制」「規制改革、行政改革」「企業・経済法制」「土地・国土政策、物流」「情報通信・技術政策」「エネルギー・環境政策」「国際関係」「企業と社会の関係」「労働政策・労使関係・人事賃金」「企業の社会的責任」「企業倫理」「政治への取り組み」と一四ものテーマに分類されている。

二〇〇三年一月には「活力と魅力溢れる日本をめざして」というビジョンが発表された。これは「奥田ビジョン」ともいわれ経団連の長期的な構想を盛り込んだ多方面にわたる提言を含んでいる。このビジョンでは、五％の消費税率を二〇〇四年度から毎年度一％ずつ引き上げて、一〇年後には一六％とし、二〇二五年には一八％とするという提案が注目された。消費税にかぎらず、このビジョンは毎年出されている税制提言の底に流れる経団連の基本的な考え方を総括的に示した文書となっている。

右にあげたテーマ分類項目のなかに「政治への取り組み」があり、ここには「優先政策事項」という文書が掲載されている。この文書の冒頭には「政治が強いリーダーシップを発揮し、経済社会の活性化、簡素で効率的な政府を実現するための改革を強力に推進するとともに、国の基盤としての確固たる外交・安全保障政策を樹立せねばならない」とあり、「新憲法の制定に向けた環境整備と戦略的な外交・安全保障政策の推進」を含め、当面の優先政策一〇項目が列挙されている。経団連は政治献金を行うにさいして、自民党や民主党などの政策評価を行い、評価点の高い政党に献金することで、政治に口を出し政策を誘導しているが、この優先政策事項は政党の政策評価の尺度ともなっている。

当然、そこにも税に関する提言が盛り込まれている。というより税・財政に関する事項は、すべての優先政策のなかの最重要事項に位置づけられているといえる。上位三項目を示すと、①経済活力、国際競争力強化に向けた税・財政改革、②将来不安を払拭するための社会保障制度の一体的改革と少子化対策、③民間活力の発揮を促す規制改革・民間開放の実現と経済法制の整備、と並ぶ。なお、税制は他の分野と関連することも多く、税制提言だけでは経団連の税制要求の全体像を把握することはできない。

2　経団連のホームページに見る税制提言

経団連の税制提言はHP(5)に掲載されている。そのなかでは、一九九四年一〇月一八日付の「来年度税・財政運営に関する見解」が最も古く、二〇〇六年九月一九日に出た「平成一九年度税制改正に関する提言」が最も新しい。二〇〇七年三月現在、提言数は三八本にものぼっている。三八本の提言をみていくと、基本的には毎年九月または一〇月に政府の税制調査会(政府税調)や自民党税調での議論が活発化するタイミングを狙って提言する定期的なものと、企業税制が政治のうえで争点になったときに行う臨時的な提言とがある。たとえば、二〇〇四年一〇月一九日には「企業年金積立金にかかる特別法人税の撤廃を求める」を発表している。ちなみに、この提言（見解）は日本商工会議所、経済同友会、関西経済連合会との共同発表となっている。このように他の経済団体と共同で提言することもあるが、その数は多くない。

定期的に出されたもの以外で目を引く提言の一つに「財政民主主義の確立と納税に値する国家を目指して――財政構造改革に向けた提言」（一九九六年一二月一〇日）がある。この提言は大きくいって六つの項目にわかれており、その四つ目に「改革のための基盤づくりと必要な取り組み」という項目がある。そこでは「1、情報開示と監視の徹底」という小項目があり、「政策の不透明性を排除し、財政民主主義を実現するため、行財政に関する情報公開、国民による監視の徹底が不可欠である」と指摘されている。ここには国民からみても当然そうあるべきだという原則が述べられているように見える。しかし、実際には、「国民による国家の行財政の監視」というよりむしろ「財界による国家の行財政のコントロール」が意図されていると考えなければならない。

3　二〇〇七年度の税制提言

定期的になされる税制提言のなかから最新の二〇〇七年度の提言を取り上げる。二〇〇六年九月一九日に発表されたこの年の提言は、かつてなく経団連の自信に溢れたものとなっている。これは二〇〇五年度の法人税収が大幅に増えたこと、景気が回復軌道にのったことが反映している。冒頭には「企業業績の回復等を背景に、税収も順調に伸び、一般会計（二〇〇五年度）では、当初予算（四四兆円）、補正予算

（四七兆円）を上回り、四九兆円に達した。とりわけ、企業の攻めの経営努力を研究開発促進税制・IT投資促進税制等の支援措置が後押しすることにより、企業の業績は回復し、法人税収は一三・二兆円で、三年前と比べ四割近い増収となっている」と書かれている。この提言の具体的な項目は、①法人実効税率の引き下げ、②減価償却制度の見直し、③国際的な二重課税の排除、④合併等対価の柔軟化への対応、⑤地方法人課税の軽減と続き、例年のものと大きく変わってはいない。変わったのは少子化対策をとくに力をいれて取り上げていることである。制度として「子育て税額控除」も提案されている。少子化対策は二〇〇六年度までの提言にも掲げられてはいたが、たとえば二〇〇六年度提言では三行ですまされていたのに比べると、二〇〇七年度提言では一九行と大幅に増えている。もちろん、文字数が政策の中身を反映するとはかぎらないが、少子化対策がより重視されているということはできる。ただし、それは、少子化を男女が子どもを生み育てるうえでの労働環境の悪化に起因する問題としてとらえているわけではなく、安定的な経済成長のための労働力の確保の面からみて憂慮すべきだと考えているのである。その意味では少子化対策も「経済活力主義」の枠内での対策にすぎない。

4　提言はどれだけ実現したのか

経団連の政府・自民党に対する影響力からみて、提言の多くが制度化されたと考えられる。それを二〇〇〇年度から二〇〇六年度までの間に増税および減税が実施されたものを金額が大きいほうから順に六項目ずつを並べてみる。(6)

【減税項目】

①二〇〇一年度――住宅税制　新住宅ローン減税制度の創設　九四一〇億円
②二〇〇二年度――連結納税制度の創設　七九八〇億円
③二〇〇三年度――法人関連税制　試験研究費の総額を対象とする特別税額控除制度の創設　五八八〇億円
④二〇〇三年度――法人関連税制　ＩＴ投資促進税制の創設（中小企業分を除く）　三六九〇億円
⑤二〇〇〇年度――特定情報通信機器の即時償却制度　二九五〇億円
⑥二〇〇〇年度――住宅ローン税額控除制度　二八〇〇億円

【増税項目】

①二〇〇六年度――所得税　定率減税の廃止　一兆三〇六〇億円
②二〇〇五年度――所得税　定率減税の縮減　一兆二五二〇億円
③二〇〇六年度――ＩＴ投資促進税制の廃止　五五九〇億円
④二〇〇三年度――消費税　中小事業者に対する特例措置の見直し　五〇四〇億円
⑤二〇〇三年度――配偶者特別控除（上乗せ部分）の廃止　四七九〇億円
⑥二〇〇二年度――法人税制　退職給与引当金制度の廃止　三二四〇億円

ここにあげたものを一見すると、大企業に対する増税とみえるものもあるが、同時にそれに代わる制度が創設されてもいるのである。たとえば、二〇〇六年度、ＩＴ促進税制は廃止されたが、情報基盤強化税制が創設されている。これは情報基盤の強化を促すものの取得等をした場合に、特別償却や特別税額控除

図6-1　住宅投資の経済波及効果

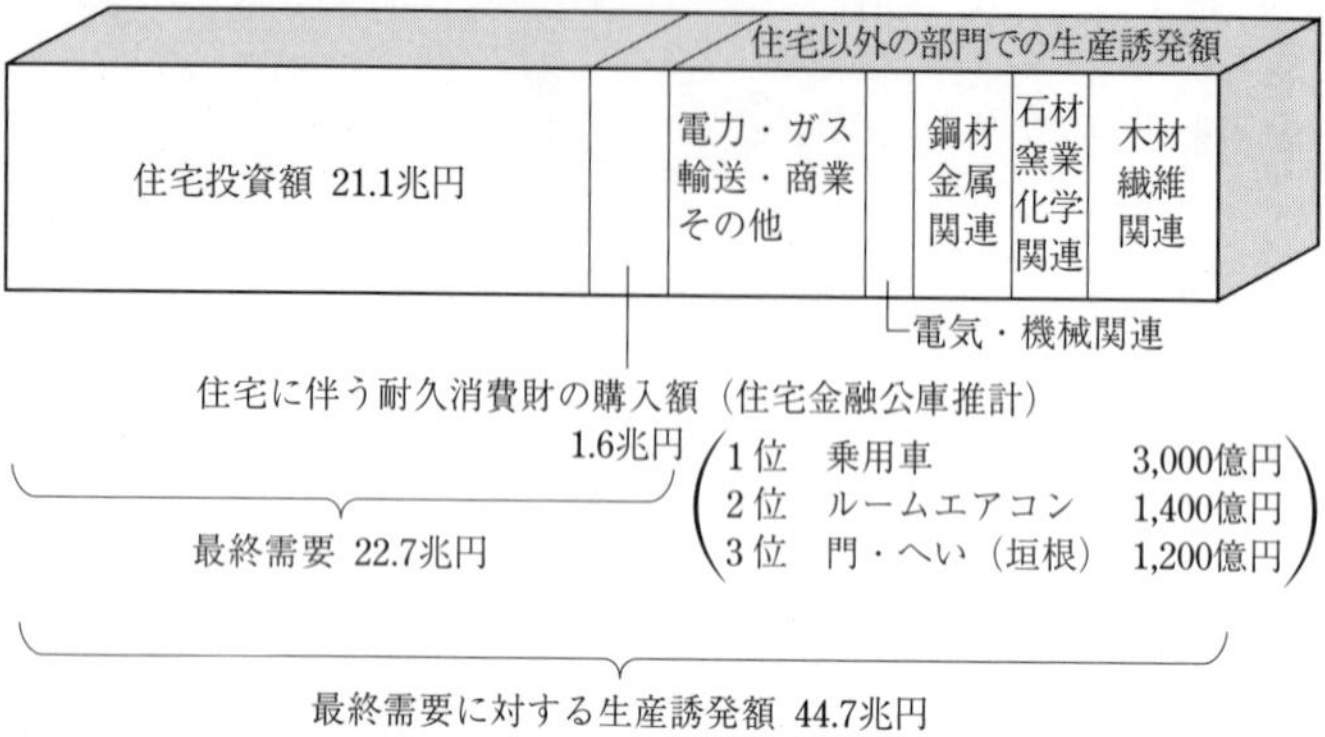

（出所）住宅生産団体連合会推計。

を選択適用できる制度である。また、二〇〇二年度の退職給与引当金制度の廃止は法人税の増税項目であるが、これは同年度に導入された連結納税制度創設のために生じる減収対策としてとられたものであって、大企業にとって実質的にはとくに増税となることはない。

減税項目では、住宅取得に関するものが目立っているが、これは経団連が毎年要求してきたものである。経団連がこれを要求する理由は、前にふれた奥田ビジョン「活力と魅力溢れる日本をめざして」に明瞭である。住宅投資額が二一・一兆円あると、最終生産誘発額は四四・七兆円になるという（図6－1参照）。生産が誘発されるものとしては、耐久消費財、電力、ガス、輸送、鋼材、石材、木材、その他があげられている。国民の住生活改善という視点も強調されてはいるが、狙いは当時低迷していた経済の救済にあったといえる。

Ⅱ　経団連の税制提言の意図と特徴

1　企業活力を最優先

ここでは、一九九〇年代半ば以降、現在までに出された経団連の税制提言の意図と特徴を概括的に検討する。

バブル崩壊後の不況が長期化する気配を見せていた一九九四年（平成六年）一〇月に出された提言「来年度税・財政運営に関する見解」においては、「産業の空洞化を食い止め、雇用不安を生じさせないためには、経済の活性化に向けて政府と企業が一体となって取り組むことが不可欠である。今こそ税制面での支援が必要である」として、法人税、法人事業税、法人住民税等の税率の引き下げや各種引当金制度の維持・拡充等を要求している。

景気回復がいわれるようになった二〇〇七年度の提言では、企業業績の回復にともなう企業収益の増大イコールわが国経済の活性化ととらえられている。経団連が「経済状況」というときは、「企業の収益状況」とほぼおなじ意味と考えていい。二〇〇七年度の提言では経団連のいう「経済活力」や「産業活力」を維持し発展させるための、また企業の国際競争力をつけるための「税制の国際的な整合性」の重視と、IT投資促進税制等の技術投資を促す税制を要求している。また同じ考え方から「法人税実効税率の引き下げ」や「減価償却制度の見直し」があがっている。

こうした考え方は経団連の従来からのもので、たとえば、二〇〇六年度には「諸外国の例を見るまでもなく、好調な経済を維持しない限り、財政の健全化も不可能である」と述べ、「企業部門の活力は大きく向上しており、これに伴う形で、雇用・所得環境も改善し、消費の持ち直しにつながりつつある」と指摘している。

2 実効税率の引き下げ(7)

経団連は、経済(企業)の活力を維持し、拡大していくためには企業にかかる税負担が少ないことが望ましいと考えている。これは、税負担が少なければ少ないほど内部留保が増大して、投資資金が確保できるという、ある意味では〝当然〟の論理に拠っている。しかし、問題はいまの状況でひたすら企業減税を唱えることは、はたして妥当なのか。それにはいろいろな視点からの検討と検証が必要なのだが、経団連はそうした抑制的な立場は決してとらない。

二〇〇七年度の提言では、以下のように言われている。「わが国では……二度にわたり、法人税の実効税率の引き下げが行われ、現在約四〇%の水準に留まったままである。しかし、元来、法人税率の低いアジア諸国はもとより、EU諸国においても税率引き下げが行われた結果、わが国の実効税率は諸外国と比して約一〇%の乖離(アジア諸国も含む)が生じ、国際的に高止まりの様相を呈している」。「法人税実効税率は、企業がグローバルな活動を進める上での基本的な競争条件の一つであるばかりでなく(中略)経済成長のエンジンである企業活動を如何に活性化させていくかという観点から、税制の抜本改革において法人税実効税率の引き下げを図るべきである」。

なお、経団連が法人実効税率の引き下げを主張するさい、法人税率そのものの引き下げよりも、地方税の引き下げを主張するのがここ数年の特徴である。

経団連には、地方の法人所得課税（事業税、住民税）が国際比較で「高止まり」していることが実効税率を高くしている原因になっているとの認識があるようである（表6−1参照）。提言は「わが国では地方における法人課税負担が重く、企業の国際競争力の向上や地域の活性化を図る上での阻害要因となっている」と主張している。

表 6-1　法人所得課税の実効税率国際比較（2006年1月現在）

（単位：%）

	法人税	事業税，住民税	合計
日本（東京）	27.89	12.80	40.69
アメリカ（ロサンゼルス）	31.91	8.84	40.75
イギリス（ロンドン）	30.00	0.00	30.00
ドイツ（デュッセルドルフ）	21.53	18.37	39.90
フランス（パリ）	33.33	0.00	33.33
カナダ（トロント）	22.12	14.00	36.12
イタリア（ミラノ）	33.00	4.25	37.25
スウェーデン（ストックホルム）	28.00	0.00	28.00
中国（上海）	33.00	0.00	33.00

（出所）　税制調査会（2006年6月2日）配布資料より作成。

企業の経済活動の面だけから考えると、税負担が少なければ少ないほど投資にまわる資金が増え、利益の増大に結びつくといえるが、国と地方の歳出をまかなう税収は、名目上は、各経済主体（個人、法人）がそれぞれの担税力（租税負担能力）に応じて、どの程度負担すべきかで決まるもので、経済活動に有利か否かだけで決めるべき性質のものではない。個人の生活でいえば、世帯単位でみると、現在、生活保護基準以下の収入しかない世帯は少なくないが、それらの世帯も、所得税や住民税がかからない場合でも、消費税は必ず負担している。他方で、メガバンクは、二〇〇六年現在、過去最高の利益を上げながら、法人税はまったく納めていない。これは不良債権処理にともなう過去の赤字を理由とする税制上の優遇措置によるものである。

いずれにせよ、経済主体にどれだけの負担（租税と社会保障負担）を課すかは政治の場で決めるのが、現代の租税国家のあり方である。

地方の法人所得課税率が高いという経団連の主張に対しては、地方団体からの反論も当然ある。ここでは税調委員である井戸兵庫県知事の反論を紹介しておく。

「私は、法人というのはどこでどう活動されているのだろうか、東京だけで活動されているのだろうか、金融機関の金融活動みたいなものと法人のいろいろな活動形態は違いますので、地方において法人も法人県民であったり、法人市民であったりするわけで、その法人県民とか法人市民が、法人関係の所得に対する負担をしないでいいのかという基本的な議論から始めないと、単に数字の比較だけで地方の法人課税はおかしいのではないかというような議論で一蹴されるのは、本当に心外だと思っております(8)」。

経団連が国際比較を根拠に税率の引き下げを主張していることに対しては、大蔵省で主税局長を務めた経歴をもつ尾崎護氏が次のように指摘している。

「企業の行動を決める上で、税の負担というのは確かに大きな要素だと思うのですけれども、例えば国際競争力なんていう問題を考えても、現実に行われているのは配当率をどんどん上げてしまって、要するに、企業の行動としては、たまった利益を流出してしまうようなことが今行われているわけですね。しかも、その配当所得に対する税率は非常に低いというような構造に今の税制はなってしまっているので、本当に法人税率について配慮を加えれば、それを留保してしかるべき投資をして、あるいは研究開発にあてて、競争力を高めるように企業が行動するのかどうかということが、今ひとつよくわからないですね(9)」。

3　研究開発促進税制

二〇〇七年度提言では、「研究開発促進税制の拡充」という見出しのもとに「わが国産業が将来にわたって国際競争に勝ち抜き、少子化社会においても安定的な経済発展を維持していくためには『科学技術創造立国』の確立が鍵となる」と強調され、「企業の研究開発投資を促進させ、技術革新によりわが国産業の競争力を高めるよう、控除率や限度額の見直し等を検討すべきである」と主張されている。ここで「見直し等を検討すべき」とされているのは、研究開発税制は、すでに二〇〇三年度に経団連などの要望にそって一定の改定が実現しているからである。

二〇〇三年度に制度化された内容は、①試験研究費の総額に係る特別税額控除制度の創設、②産学官連携の共同研究・委託研究に係る特別税額控除制度の創設、③中小企業技術基盤強化税制の拡充、の三つである。

①は「試験研究費の総額の一定割合（八%—一〇%。時限措置として二%上乗せして一〇%—一二%）を税額控除する」というものである。従来は増加分の一五%を税額控除していたものを、改定された制度では、損金となった試験研究費の総額を対象として一〇—一二%を控除できるようになっている。この特別控除制度は、開発研究費が大きい企業ほどその特典も大きく、これによって大企業は莫大な減税にあずかるはずである。表6-2をみるとそれが具体的にわかる。二〇〇四年分では全法人で三四六五億円控除している。しかも、資本金一〇〇億円以上の企業が控除額全体の七五・二%を占めている。ここで注目すべきは、この控除は税額から直接差し引きできる税額控除だという点である。試験研究費という損金項目

表 6-2　税法上の特典利用と企業規模　　（単位：100万円）

	①全法人	②資本金100億円以上の企業	②/①（%）	③機械工業	③/①（%）	③/②（%）
営業収入金額	1,449,486,897	337,233,324	23.3	152,488,824	10.5	45.2
申告所得金額	38,615,359	14,686,244	38.0	5,967,066	15.5	40.6
試験研究費の増額税額控除	60,473	52,812	87.3	32,564	53.8	61.7
試験研究費の総額控除	346,507	260,733	75.2	173,725	50.1	66.6
外国税額控除	576,480	363,405	63.0	221,858	38.5	61.0
情報通信機器等	171,680	108,084	63.0	27,994	16.3	25.9
減価償却の損金算入	40,325,435	15,118,600	37.5	4,491,542	11.1	29.7
租特法適用損金	219,839	66,536	30.3	49,745	22.6	74.8
法人税税額	10,205,846	3,487,323	34.2	1,315,972	12.9	37.7

（出所）「平成16年分会社標本調査」，国税庁ホームページ「統計情報」で入手したデータによる。
（注）1）申告所得金額は欠損金額を控除していない。
　　　2）機械工業には自動車製造，事務機製造，家電製品製造が含まれる。

に計上して利益計算で収入から差し引いた額で決まる税額から、もういちど差し引き額を基準として、控除することができるというもので、利益をあげている企業をさらに優遇する税制の典型である(11)。

経団連はこの制度を「法人課税の基幹的制度」とするよう要求している。たしかに研究開発は競争力を維持し強化するためには企業にとって非常に重要である。しかし、こうして控除され蓄積された資金がそっくりそのまま研究開発に再投資される保証はまったくない。金の流れとしては内部留保の形成に貢献するだけとなる可能性がある。また、研究開発への投資は資金の有無に関係なく行われるのが先端企業のつねであることも、この制度の「目的」が疑われる理由である。税制による追加的な優遇措置の有無を問わず成長しようという企業は、研究開発投資は欠かさないものである。

4　減価償却(12)制度の見直し

減価償却とは企業が設備や建物を取得した年分でその価

額すべてを損金とするのでなく、法律で定められた耐用年数にしたがって償却額が按分される計算方式のことである。

安倍内閣が誕生して以来、減価償却制度の見直しがしきりと主張されている。二〇〇六年一〇月二四日付の『日経新聞』には「政府は税制改革の焦点の一つである減価償却制度の見直しに備え、全国の企業を対象に設備投資と償却について実態調査に乗り出す」という記事が載った。経団連が見直しを要求しているのは、具体的には、償却可能限度額の撤廃と法定耐用年数の短縮である。この主張は一〇年近く変わっていない。

この主張に対して、財務省は税収確保の立場から批判的である。二〇〇六年六月二日の政府税調の審議の場で佐川税制第三課長は次のように述べている。「昨年、経済産業省なり経団連が実際に調査をしまして、機械・装置について、五三〇社を対象にして平均法定耐用年数が一〇・一年のところを、実際どのぐらい使っているのかというのを見ますと、一六・五年ということでございまして、こういう現実に収益と費用を対応するという関係の減価償却制度について、法定耐用年数と使用年数がこれだけ乖離があることについてどう考えるかといったことも、これから経済界等と議論させていただきたい」。

これを受けて二〇〇七年度の提言では、経団連は新しい論点を持ち出している。それは財務省からの批判をかわすために考えられたものとなっている。「設備の使用期間は使用条件や改良の有無などで大きく変化することから企業ごとに千差万別であり、使用期間をもって償却期間の基礎とすることには無理がある。むしろ、税務上の償却期間は、設備投資の活性化や制度の簡素化といった観点から検討すべきである。単に使用年数を基礎とした償却期間ではなく、国際的なイコールフッティングや経済の活性化の観点を踏まえて法定耐用年数の短縮や償却カーブの見直しを図るべきである」。

税制や会計制度には、収益と損金は対応するという原則があるが、経団連の主張は、それを放棄して経済の活性化や国際的なイコールフィッティング（競争条件の同一化）の観点から原則は見直すべきだとしているのである。こうした主張が認められるなら、それこそなんでもありの世界となってしまう。

現行制度でも設備を廃棄したときなどは除却損として損金に算入できる。だから限度額と取得価額の差額も、結果的には損金に計上できることになっている。念のためにいっておけば、新聞報道によっては、設備や機械の一部を損金に計上することができないかのように受け取られかねない書き方となっているが、これは間違いである。経団連の主張は少しでも早く損金として計上し、その分だけ投資分を早く回収したいということである。

5 証券税制

現在の証券税制はかつてなく緩い課税制度、つまり投資家優遇税制となっている。上場株式の配当等は二〇〇四年一月から一〇％（所得税七％、個人住民税三％）の源泉徴収だけ、譲渡益（株式の売却益）への課税も二〇〇三年一月から二〇〇七年一二月までは上記の税率で終わる仕組みが基本となっている。国税庁が作成した税制改正パンフレットには「預貯金並みの手軽さで株式投資ができる税制と」書かれている。これも経団連が「企業の資金調達と個人の金融資産運用を結びつける証券市場を活性化させることが喫緊の課題となっている。間接金融に偏重した課税の仕組みを改めて、直接金融へ重心を移すことにより、成長産業へのリスクキャピタルの供給を促進し、個人金融資産を証券市場に振り向ける必要がある。」（二

○○二年度税制提言）と主張してきたことが実現したものである。現在、この制度の期限切れ（二〇〇七年度中）が迫っていることから、経団連は特別措置の延長を求めている。しかし、分離課税で一〇%というのは所得への課税としては異例すぎるもので、財源確保、課税の公平からすれば大きな問題である。

6　給与課税と課税最低限

経団連はこれまで、サラリーマン（給与所得者）への課税強化が必要と考え、それを「課税最低限が高い」という主張で表現することが多かった。たとえば二〇〇三年度の提言では「所得税の課税最低限は、各種控除措置の存在により国際的に高い水準にあり、国民一人ひとりが広く税負担を分かち合う所得税制に再構築していく必要がある。当面の課題として、配偶者特別控除ならびに特定扶養控除等の縮小・廃止が挙げられる」と主張してきた。ところが、二〇〇六年度の提言では、「控除の見直しによって個人所得課税の課税最低限が引き下げられた一方、海外主要国においては子育て支援のための控除措置の充実などにより、逆に課税最低限が引き上げられる傾向にあり、いまやわが国は国際的に見ても課税最低限が低い国となっている」とさえ主張している。自らが主張してきたことがそのまま実行された結果生じた事態も、自らにはかかわりのないところで進行したことだと捉えているかのような書き様には驚きさえ覚える。ちなみに、二〇〇七年度の提言ではこれにはまったく言及されていない。

二〇〇三年度以降、配偶者特別控除（上乗せ分）が廃止され、いまや定率減税も二年かけて廃止されようとしている。さらに二〇〇五年六月二一日に政府税調が出した「個人課税に関する論点整理」では「給与所得控除については、従来より、給与所得者にかかる『勤務費用の概算控除』のほか、被用者特有の事情に配慮した『他の所得との負担調整のための特別控除』という二つの要素を含むものとして整理がなされてきた。このように被用者特有の事情を画一的にとらえて一律の控除を行うという現行の仕組みを見直し……経費が適切に反映されるような柔軟な仕組みを構築していくべきである」とされ、給与所得控除が大幅に削られようとしている。この動きに対しては、サラリーマン層から反発が出ているというマスコミ報道もある。経団連が二〇〇七年度提言において課税最低限の引き下げにふれなかったのは、サラリーマン層への「配慮」からであったのかもしれない。

後出の表6-1に見るように、個人所得税率の累進制は一九八〇年代以降大幅に引き下げられてきた。経団連は所得税の累進課税強化（復活）については一貫して批判的で、二〇〇四年度提言では、「累進課税に過度に依存するならば、高い能力をもった個人の勤労意欲が損なわれ、ひいては経済活力が削がれる惧れがある（中略）個人の勤労意欲を高め、その努力が実際に手にする報酬に結びつくような所得課税に改めていくことが必要である」と主張している。

一方、少子化の傾向が強まるなかで、「中低所得者の子育て世帯により配慮する観点から、子育て世帯に対する金銭的支援について、現行の扶養控除と児童手当とをあわせて、『子育て税額控除』に一本化すべきである」と提言していることは注目される。

7　住宅税制

経団連はその税制提言において個人の生活の質の向上を正面から考察したことはこれまで一度もない。しかし、住宅税制の意義にふれるときだけは例外で「個人の生活を豊かにする」ことにつながると提案している。二〇〇七年度の提言では「良質な住宅・住環境は、豊かな社会形成に向けた不可欠の要素であり、社会的資産の側面も併せ持つ。しかしながら、わが国の住環境は、防災、安全、環境、高齢化対応などの面で、未だ国民の求める水準を満たしているとは言えない」と述べ、二〇〇六年度の提言では「良質な住宅や住環境の整備は、個人の住生活を豊かにするだけではなく、何世代にもわたって引き継がれるべき社会的インフラでもあり、住みよい街づくりの整備とあわせ、本格的な高齢・人口減少社会の突入に先立って取り組まなければならない課題である」と述べている。しかし、経団連の真意は個人生活を豊かにするためというよりも「景気の大きな下支え役を果たし、今後とも民間需要の大きな柱となる、住宅建設のさらなる促進に向けた配慮が必要である」（「快適な居住環境の実現に向けて」二〇〇〇年九月一〇三日発表）というところにある。二〇〇七年度提言では「今後は、借り入れ、自己資金を問わず、また、新築・既存住宅購入、リフォームの区別無く、良質な住宅への投資を促進する恒久的な住宅投資減税の導入に向け、早期に検討を開始すべきである」といっている。

8　消費税率の引き上げ

一般に消費税率の引き上げがいわれる背景には、二〇〇六年度末で国と地方を合わせて七六七兆円（対GDP比で一五〇％）におよぶ長期債務残高に象徴される深刻な財政危機がある。最近では国の財政支出（歳出）の二五％が国の借金である国債の償還と利払いに当てられている。そうである以上は、大規模な増税は避けられず、消費税率の大幅な引き上げは必至であるといわれている。

しかし、経団連が消費税率の引き上げを言うのは財政危機への対応のためだけではない[13]。経団連の消費税率引き上げ要求の最大の特徴は、それが法人税率の引き下げ要求と一体となっていることである。

経団連の二〇〇七年度提言では、「おわりに」の部分で「経済成長を維持しつつ安定的な税収を確保していくためには、経済活力への影響が比較的軽微であり、また全ての層へ公平に負担を求める消費税の拡充を中心に据えることが必要となる」と述べている。安定的な税収が確保され、経済活力への影響が小さく、国民に公平な負担を求めることが消費税の長所であるという指摘である。しかしその書き方は年度によって微妙に変化する。

二〇〇六年度提言では、歳出削減にも限界があるとして、消費税率の引き上げを含む抜本的な改革が必要であると説いている。そして改革は、経済活力への影響が相対的に軽微で、幅広い世代が公平に負担することができる消費税の拡充を中心に据えるべきであると言う。提言は、具体的な税率にもふれて、現行五％を、二〇〇七年度を目途に「一〇％まで引き上げ、その後も、段階的に引き上げてゆく必要がある」としている。ところが二〇〇五年度提言では「社会保障を中心とする歳出増に対応するためには」と消費税の目的税化が必要であるかのように述べ、〇六年度と同じ数値目標を示していた。このように消費税については、理由をあげて何年度からどういう目的で、税率何％で、と具体的に示しているのが特徴だといえる。前にふれた、「奥田ビジョン」では独自の財政シミュレーションにもとづいて、消費税率を一八％にしても、国民負担率（税と社会保障費の負担割合のことで、二〇〇六年現在、対国民所得比で三七・七％）は五〇％以下に抑えることができるとしていた。

ここで考えてみたいのは、「広く薄く負担すること」がはたして「公平」なのかということである。一般的に、税を負担する者にとっては薄いほうが好ましいといえるが、経団連が消費税の長所としてつねに持ち出すのは、このいかにも俗受けする「薄い方がいい」論である。だが、広くとれば薄くすむのかという問題もあるし、誰に薄いのかという問題もある。

消費税の導入当初の三％は現行の五％より薄いといえるとしても、現在の五％という税率は低所得者にとっては薄いとはいえない。さらに経団連がシミュレーションした一八％ともなると、薄いと感じる人は、所得に四〇％の税率が適用される年収一八〇〇万円以上の富裕層だけであろう。

消費税の欠点の第一はその逆進性にある。政府税調が発表する文章にもかかならず「所得に対して逆進性を有している」という指摘がなされている。逆進性とは所得が増えるにしたがってその負担割合が低下していく性質のことである。財務省のHPには「収入階級別税負担（平成一〇〜一三年分）」（総務省の家計調査をもとに推計）が掲載されている。それによると消費税の負担割合は次のようになる。第一分位（実収入三〇八万円）二・八％、第三分位（四六一万円）二・五％、第五分位（五六〇万円）二・五％　第七分位（六八二万円）二・四％　第一〇分位（一一五七万円）二・〇％。こうして負担率という数値に直してみるとその割合にはそう大きな違いがないようにみえる。しかし、所得階層別にその生活実態をつぶさに検討しないことには、負担の経済的な意味は見えてこないのである。

日本共産党の佐々木憲昭議員は二〇〇六年二月二一日の衆院財務金融委員会で、財務省の提出資料にもとづいて、消費税の逆進性について質問している。そのなかで消費税の負担率は年収一四六万円の層では収入の二・九％であるのにたいし、二一三五万円の層では〇・八％であることを指摘するとともに、図6－2を示して、年収二〇〇万円未満の世帯と一五〇〇万円以上の世帯の負担率の開きは、消費税の税率が三％のときには二・一ポイントであったが、一六％になると七・四ポイントに跳ね上がることを明らかにし

図6–2　消費税の税率と逆進性

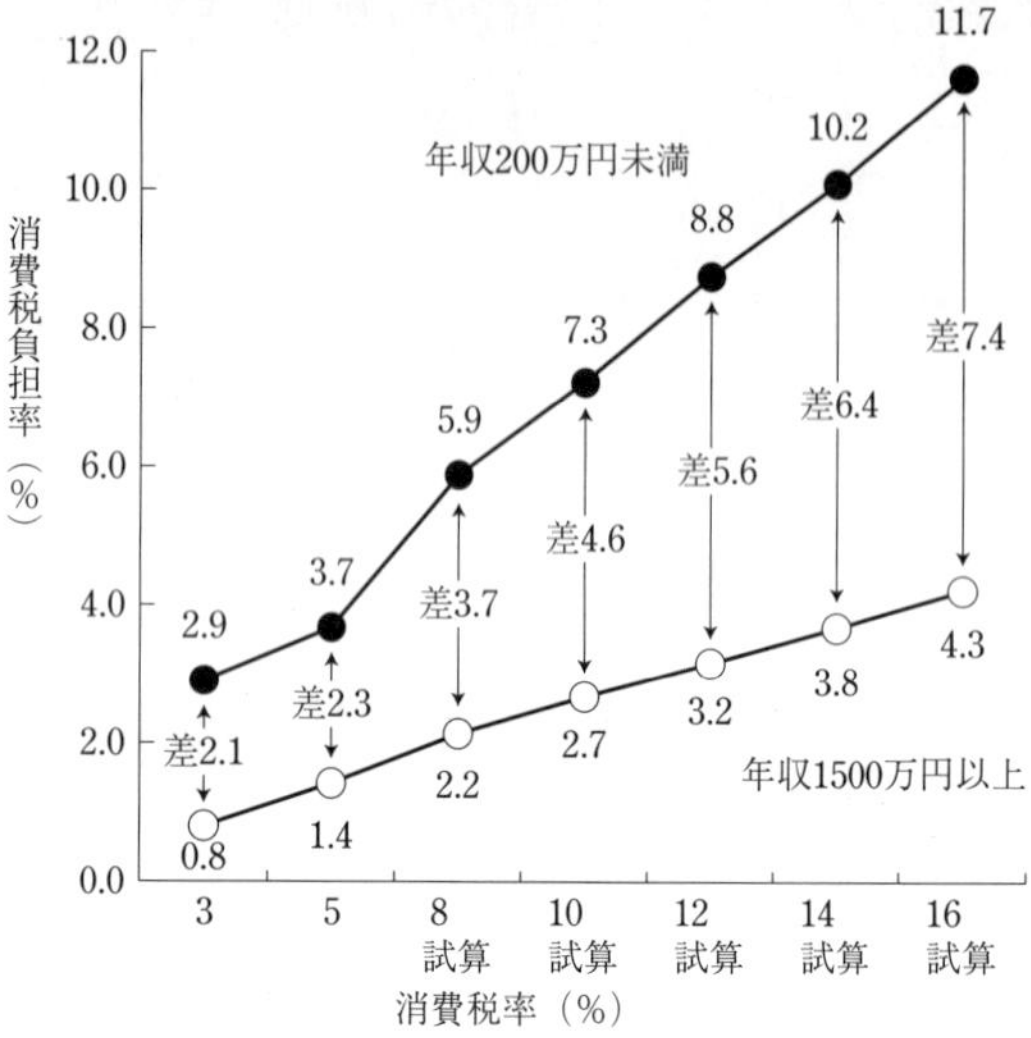

（出所）『しんぶん赤旗』2006年２月22日付，総務省「家計調査」。
（注）　消費税率３％は1996年の値，それ以外は2005年の値を使用。

た。[14]

生活費と表現される支出は、所得によってその構成も費目間の選択の自由度も異なる。貯蓄ができない人にとっては、支出（生活費）のほとんどが生活をしていくうえで最低限必要なものの購入に充てられ、高額所得者にとっては、支出は最低限度の生活のための必需品にとどまらず快適で豊かな（しばしば浪費的で贅沢な）生活を可能にする財やサービスにも向けられる。ぎりぎりの生活をしている者にとってはたとえば一〇％の消費税を負担するということは、食料などの必需品の消費量を減らさざるをえないということを意味する。ようやく食べていくための支出にも、より豊かな生活のための支出にも、等しい税率で課税することは、「公平」とは背馳する。経団連のいう「広く薄く」負担するということは、形式的な議論としては通りやすいが、こうして考えてみると、憲法の規定から導かれる、最低生活費非課税の原則や、応能負担の原則に著しく反することがわかる。

さきの図では一六％までの試算しか示されていないが、二〇〇三年一月に発表された「奥田ビジョン」では、すでに述べたように、二〇〇四年度から税率を毎年一％ずつ引き上げて、一〇年後の二〇一四年度には一六％とし、二〇二五年には一八％とするとなっている。一六％にしろ一八％にしろ、いずれも所得階層によっては決して「薄く」はない。貯蓄もできない世帯（者）にとっては途方もない負担増となることは疑いない。

たとえば、金融広報委員会が行った「家計の金融資産に関する世論調査」（二〇〇五年）では年間収入三〇〇万円未満の階層では四二・一％もの世帯で貯蓄がゼロという結果が出ている。貯蓄がゼロということは、収入のすべてが日常生活のための支出で費消されてしまうということである。経団連が当然視している消費税率の一〇％への引き上げが実現すると、この階層は生活費をさらに切りつめるか、場合によれば借金に頼らざるをえなくなる。そうならないケースとしては、社会保障の給付（年金や児童手当等）が増える、あるいは社会保険の掛金が減少する、直接税の大幅減税が実施される、といった場合である。複数税率が採用される場合は、食料品は非課税になるのではないかと推測されるが、食費は勤労世帯において は消費支出の二一・六％（総務省「家計調査」二〇〇五年による）にしかすぎない。したがって、たとえ食料品が非課税になったとしても消費税負担が大幅に減るということはない。

二〇〇四年四月以降、課税期間において免税点制度の適用上限が一〇〇〇万円（それまでは三〇〇〇万円）となったことで、中小零細企業での消費税の転嫁問題も表面化している。中小企業庁や通産省が転嫁問題について調査をしているが、規模が小さい企業ほど転嫁できている率が下がる傾向にある。(15)

消費税には、仕入税額控除に関連して、「給与」の外注化を促進してしまう性質もある。これは「リストラ税制」ともなりうる性格のものである。なぜなら、給与には消費税が課されていないから、消費税額の計算上差し引くことはできないが、人件費を外注費として支払うなら、それには消費税が含まれているので、売上げと一緒に回収した消費税の額から控除できるからである。企業が正規雇用を減らそうとする傾向は、もちろん主要には消費税と直接関係するものではないが、企業のそうした傾向を助長し、将来税率が上がればその傾向が一段と強まるのではなかろうか。

9 その他

経団連の税制提言は膨大なもので、本章の限られたスペースでは論じきれない。これまでふれていない事項で重要だと思われるのは、①道路特定財源については明確な態度を表明していないこと。②環境税については絶対反対の立場をとっていること。③企業組織を基礎づける会社法や会計制度の変化に即応した税制の整備を促してきたこと。④国際課税の分野では移転価格税制について、二重課税を排除するための定義の明確化や体制の強化、外国税額控除の見直しを求めていること、などである。これらの事項についても、これまでふれてきた項目とおなじく、企業の税負担を軽減する姿勢で一貫している。

Ⅲ　企業税制と格差問題

1 増えた内部留保

二〇〇五年一二月に内閣府の政策統括官室の経済財政分析担当は「日本経済 二〇〇五―二〇〇六」と

図6-3　制度部門別資金過不足

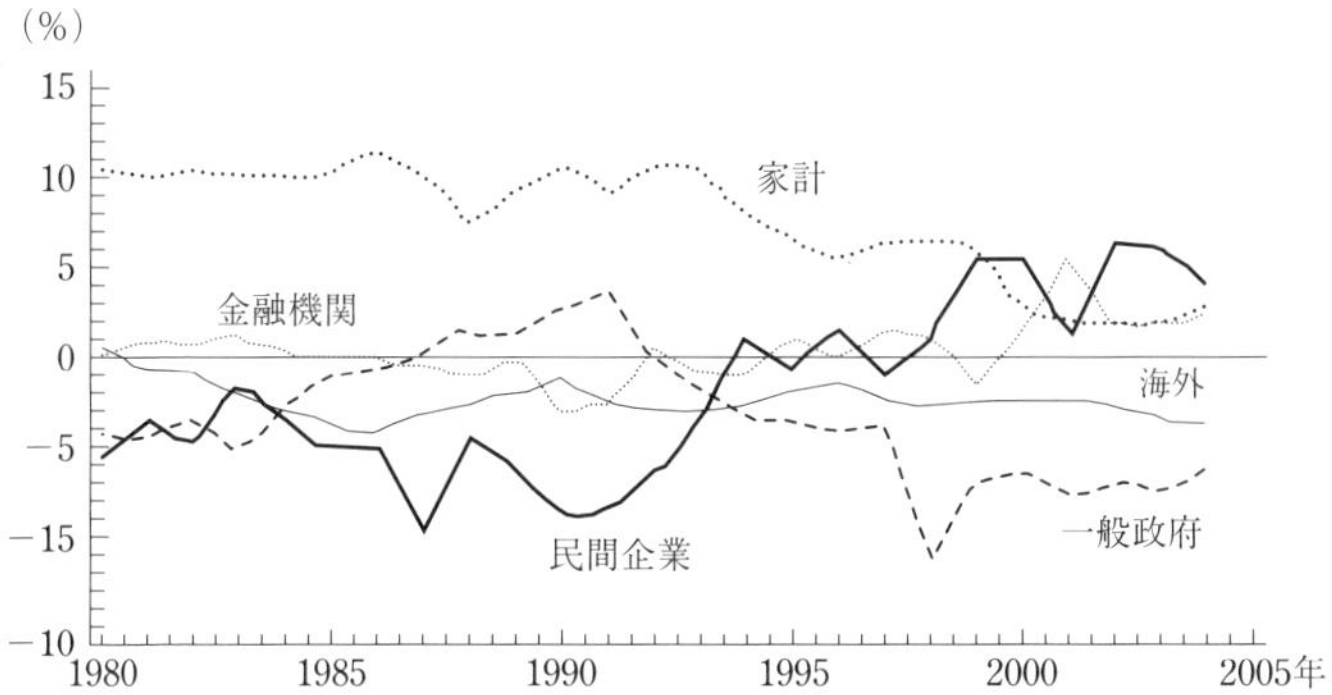

(出所)　佐藤真人「家計金融資産と資金循環」，日本銀行「金融取引表」。
(注)　資金過不足／GDP（%）

いう報告書の冒頭部分で、キャッシュフローの増大について次のように説明している。

「企業の収益は、景気回復による需要拡大に加え、過去のリストラによる固定費削減の効果もあって増加が続いている。他方、こうした収益改善を背景に、企業のキャッシュフローは大きな規模に膨らんでいるが、設備投資額はキャッシュフローの伸びほどには増加していないため、結果として企業部門はネットでみて貯蓄超過（資金余剰）の状態が続いている[16]」。

佐藤真人氏は「家計金融資産と資金循環[17]」のなかで図6-3を示しながら「企業部門は資金不足の程度を縮小していたが、さらに資金余剰部門へ転換、ついに二一世紀には家計部門を上回り最大の資金余剰部門になった。また政府部門の資金不足は九〇年代以降増え続けている。二一世紀には金融機関も資金余剰となったから、今日、日本国内では政府だけが資金不足部門である」と分析している。

また、田近栄治氏は二〇〇六年二月二八日の税制調査会総会に提出した資料のなかで、企業の内部留保率の推移を示している(18)（表6－3参照）。これは「税務統計から見た法人企業の実態」から算出されたものであるが、これによっても国内法人は一九九〇年代半ば以降、内部留保率を一貫して高めていることが確認できる。

日銀が発表する資金の流れからも、また税務統計が示す内部留保率の高さからも、ともに九〇年代後半から企業の蓄積が進んでいることを示している。これは法人税の増減税の判断と直接関係する事実である。なぜなら、これは法人が税や社会保障関係の負担、賃金として社会的に還元する余力があるかどうかを判断するための直接的な資料となるからである。

2 「成長」を追求してやまない経団連

大企業が資金的に潤ってきている現状では、経済団体を束ねる経団連としては、個人消費の拡大や所得格差の是正、中小企業の振興など、社会を安定させ、国民生活を豊かにするために、さまざまな角度からの税制提言を試みることができるはずである。しかし、経団連はなぜかひたすら国際競争力の強化と経済成長の持続を叫びつづけ、大企業にため込まれた利益の社会還元を指向して、その力を生かそうとはしない。その素振りさえみせない。それでいいのか。企業の成長の成果を社会に還元する立場をなぜ経済団体としてとりえないのか。たとえば、三年ごとに中間的な総括をし、利益の社会還元――税として納付するなどいろいろな方法が

（単位：%）

2001	2002	2003
45.0	46.1	46.6
45.6	41.0	46.3

2006年2月28日）。原

表6-3　法人企業の内部留保率の推移

年	1992	1993	1994	1995	1996	1997	1998	1999	2000
国内法人（全産業）	34.7	32.8	32.8	33.9	38.3	37.2	36.3	41.7	39.1
国内法人（製造業）	33.2	31.7	32.7	34.6	36.7	36.0	33.0	35.3	35.3

（出所）田近栄治「財政悪化の原因について――1990年以降の税収の推移」（税制調査会報告，資料は「税務統計から見た法人企業の実態」（国税庁）。
（注）1）利益計上法人のみ。
2）内部留保率＝社内留保／益金処分×100

考えうる――がどの程度可能か、それによって財政状況はどのように変化するか、などを検討することは、一国を代表する経済団体の社会的な責任といえないだろうか。

企業も社会の一員である、というのは最近の経団連の基本的な姿勢である。近年は政党の政策を採点し、その結果、自民党に対して企業から政治献金を集めている。教育基本法や憲法の「改正」にも踏み込んだ発言も行っている。しかし、広く国民の利益を考えるなら、大きな利益を上げている大企業がより多くの税を負担する方向での提言があってもよいはずである。それはこの国の社会の安定や国民の福利の向上と結びつき、ひいては企業を支え、経済の安定を可能にする基盤を醸成することにもなる。

政府税調は一九九六年の一一月に「法人課税小委員会報告」を発表している。これは法人税の課税ベースを拡大するための基礎的な議論を積み重ねて、その結果として出されたもので、法人課税について体系的な議論がそのもとになっている。報告の冒頭には、次のような一節がある。

「法人には、法人課税のほか、様々な税、さらには社会保障負担が課されている。法人課税の税体系における位置づけは、厳しい財政事情や、高齢化の急速な進展、国際化等経済社会の構造変化の下で、国民がどのような公共サービスの水準を求め、そのためにどのような税体系のあり方を選択するかを踏まえて、中長期的な視点から決定されていくものである」。

今日の財政状況は、企業収益の増大で税収が増えたとはいえ、長期債務残高の累積から見ると、一九九六年当時より好転したとは決していえない。国民がどの程度のサービスを求めているかについても、当時といまを比べて国民の要求水準が下がったとはいえるはずはないし、高齢化も国際化も状況は変わっていない。したがって、この報告の指摘は生きているだけでなく、むしろ、いまこそ報告に書かれた観点の重要性を再認識しなければならないといわねばならない。この一節を、経団連が税制などに関して提言をするときにとるべき立場を説いていると読むのは筆者だけであろうか。

3 経団連の税制提言と格差問題

格差問題について積極的に発言している橘木俊詔氏[19]は近著のなかで貧困者の増大がもたらす矛盾ということで次の五点を指摘している。傾聴すべき指摘である。①経済効率の面からいっても低すぎる賃金は勤労意欲を阻害する。②貧困者が失業している事態は人的資源を無駄にしているといえる。③犯罪が増えるのではないかという危惧がある。④貧困者や弱者が増えることは、逆に社会の負担を増やしてしまうという矛盾が生じる。⑤華麗な消費に走るお金持ちと日々の食事にも困る貧困者が並存している状態は人間的でない。

橘木氏の前掲書でも触れられているように、日本の個人所得税率の累進制はここ二〇年余りの間に大幅に低下してきた。財務省の税制HPから取った表6-4によれば、一九八四年以降、所得税の税率は刻み数が急激に減らされるとともに最高税率が大幅に引き下げられ、一九九九年には、刻み数は四段階、最高

表6-4　所得税の税率構造の推移

	1984年	1987年	1988年	1989年	1999年	2007年
税　率	% 10.5 12 14 17 21 25 30 35 40 45 50 55 60 65 70	% 10.5 12 16 20 25 30 35 40 45 50 55 60	% 10 20 30 40 50 60	%　（万円） 10（　～300） 20（　～600） 30（～1,000） 40（～2,000） 50（2,000～）	%　（万円） 10（　～330） 20（　～900） 30（～1,800） 37（1,800～）	%　（万円） 5（　～195） 10（　～330） 20（　～695） 23（　～900） 33（～1,800） 40（1,800～）
所得税の最高税率（%）	70	60	60	50	37	40
住民税の最高税率（%）	18	18	16	15	13	10
住民税と合わせた最高税率（%）	88	78	76	65	50	50
所得税率の刻み数（住民税率の刻み数）	15（14）	12（14）	6（7）	5（3）	4（3）	6（1）

（出所）財務省「個人所得課税の税率構造などに関する資料」2007年4月。

税率は三七％になった。二〇〇七年にはわずかな手直しがされたが、住民税と合わせた税率では累進制を強めたことにはなっていない。なお、この表では割愛したが、一九七四年までは所得税の税率は一九刻みで最高税率は七五％であった。また、これも表では割愛したが、一九九五年には所得区分の改定が行われた。税率の刻み数は一九八九年と変わらないが、課税所得は三三〇万円未満が一〇％、九〇〇万円未満が二〇％、一八〇〇万円未満が三〇％、三〇〇〇万円未満が四〇％、三〇〇〇万円以上が五〇％に変更さ

図 6-4　OECD 諸国における税と社会支出による貧困率の低下

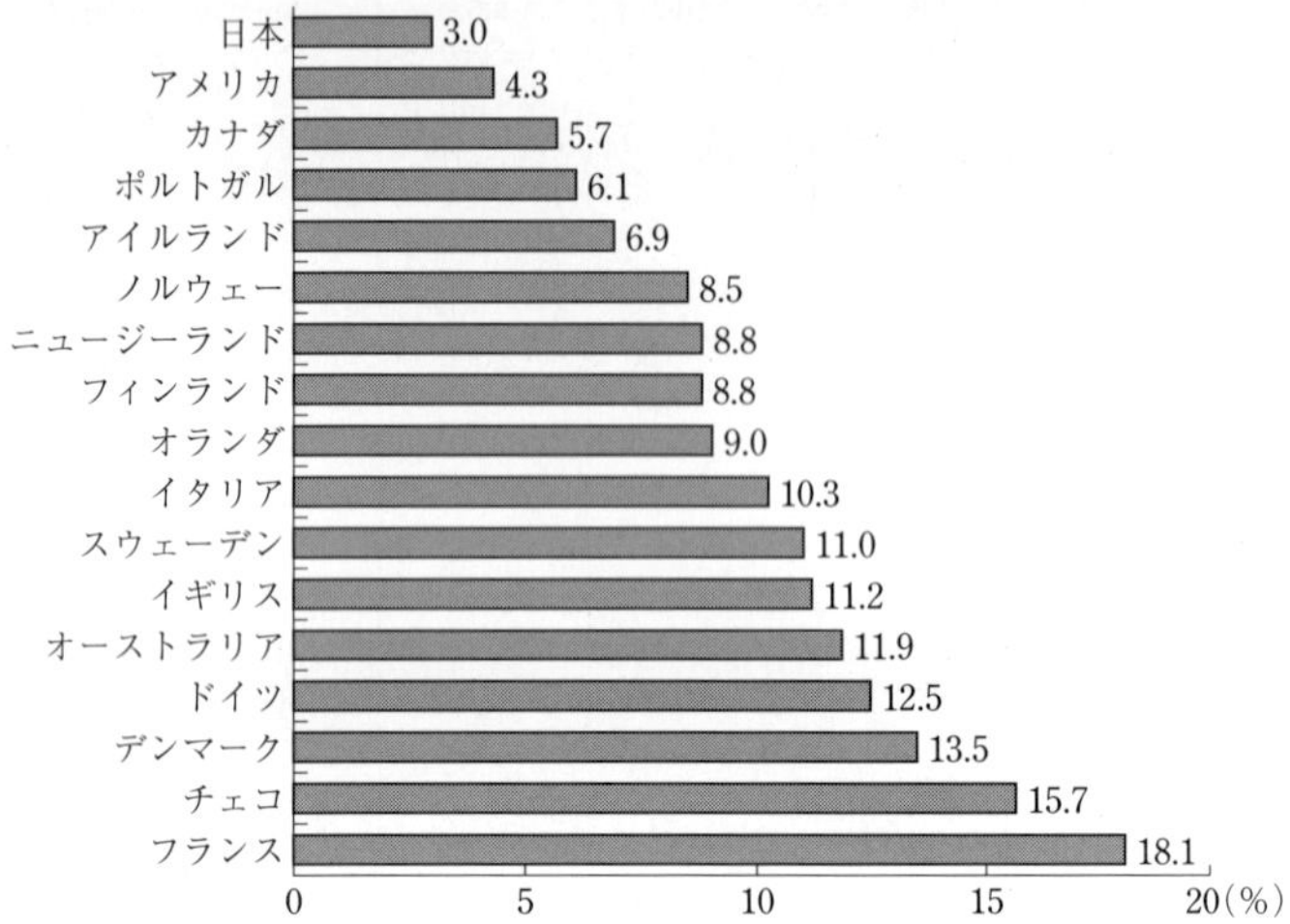

（出所）　OECD「対日経済審査報告」2006 年，同『日本経済白書 2007』。

れた。この場合、最高税率の適用所得は二〇〇〇万円以上から三〇〇〇万円以上に引き上げられたことになる。

OECD『日本経済白書 2007』によれば、二〇〇〇年現在、先進一七か国中、勤労者層の貧困率（一八歳から六五歳の国民のうち年収が「中央値」の半分に満たない人びとの割合）がアメリカに次いで高いのは日本である。同書はその主要な理由を「労働市場で二極化が進行するなかで、賃金格差が拡大し、その結果、市場所得が変化したことによる」としながら、図6-4に示されているように、日本は税と社会支出による貧困の改善率が先進国中最も低いことに注目している。たとえば日本とフランスを比較すると、日本の市場所得の貧困率は一六・五％であるが、税と社会支出によって三ポイント低下したにすぎず、改善後の貧困率は一三・五％になっている。他方、フランスの市場所得の貧困率は二四・一％であるが、税と社会支出によって一八・一％ポイントも低下し、改善後の貧困率は六％になっている。ＯＥＣＤが診断するところでは、日本における貧困率の改善の度合いが著しく低いのは、他のＯＥＣＤ諸国に比し、貧困世帯への公的社会支出（所得補塡的な給付）が少ないうえに、貧困世帯に対して高い税負担を課しているからである[20]。

わが国で急速に進んでいる生活保護の受給者をはじめ貧困世帯（者）の増加、所得格差・生活格差の拡大は、社会を不安定にしている最大の要因である。本章の主題である税制や、あるいは社会保障などの国民所得の再分配機能の再構築がいま求められているのではなかろうか。経団連が毎年公にしている税制提言がそのまま実現しているわけではないが、政・官・財トライアングルの一角を占める有力な圧力団体であり利益団体である経団連の社会的・政治的影響力から、その主張はかなりの程度税制に反映し制度化されているとみて、間違いはない。それだけに、経団連の企業活力重視に偏重し、消費税率の大幅な引き上げや、企業の社会保障負担の引き下げの要求に象徴される、国民の福利向上は二の次、税をはじめとして国民に負担増を強い、税制は企業、とくに大企業の利益第一に考えるべきだといわんばかりの提言を繰り返し行う姿勢に対しては、国の主権者であり納税者である国民は、より厳しい目を向けるべきであろう。また、経団連をはじめとする財界の主張に追随しがちなマスコミの姿勢に対しても厳しい目を向け、その変化を促すべきであろう。

4　経団連の税制提言への提言

さいごに、以上みてきた経団連の税制提言に対しては、逆に次のように提言しておきたい。

ある。①今日の財政危機の主たる原因となった公共事業偏重財政にかかわって、企業の責任も明確にすべきである。

②経済の基礎には企業の活動があるとしても、企業とともに社会という容器の主たる構成員である一人一人の国民の幸福追求の基盤となる生活や労働の実情についても関心をもつべきである。それは、ひいては企業にとってもプラスの環境をつくることになることを理解すべきである。

③税制改革については、国民経済や国民生活にどのような影響を及ぼすかを数量的推計も踏まえて提言すべきである。前述した、法人課税小委員会の報告が指摘しているように、税制は多面的な要素で構築されるべきであり、単に企業の内部留保を増やすことだけを目標としてはならない。また、一定期間を区切って、自らが提起した政策や税制の効果測定やその評価・点検を行うべきである。

④税制に関するより客観的な議論のためには、企業自らが情報を開示し、争点となることの多い社会保障負担をも含めた負担の実態を明らかにすべきである。海外の子会社や関連会社の情報を開示することで、国際競争力と税制の関連についても中身のある具体的な議論が可能となるはずである。

内閣府経済社会総合研究所は二〇〇六年四月二五日に「日本企業　持続的成長のための戦略──二〇〇六年企業行動に関するアンケート調査報告書」を公表した。この報告からは、これまでみてきた経団連の主張のいわば前提となっている企業行動の「原理」とは相反する結果に出会うことになる。税制と関係がある興味深い項目を紹介しておこう。

【競争力の源泉】

◎現状の企業の競争力の源泉について、重要度の高い項目（複数回答）を全産業でみると、「品質・技術力」（六九・九％）、「顧客の個別ニーズへのきめ細やかな対応」（四六・七％）、「低コスト」（三四・四％）、「営業力」（三三・九％）の順で高くなっている。

【資金調達】

◎資金調達方法としては、民間金融機関からの借入、内部資金が多く、利益及び調達資金の使途は、設備投資、株主への配当が多い。

◎現状における重要度の高い資金調達方法（複数回答）について全産業でみると、「民間金融機関からの借入」（七五・五％）が最も高く、次に「内部資金」（五八・〇％）が高くなっている。今後三年間についても同様に、「民間金融機関からの借入」（七六・四％）、「内部資金」（五九・一％）の順に高くなっている。産業別、資本金階級別にみても同様の傾向となっている。

【資金の使途】

◎現状における重要度の高い営業活動から得た利益及び調達した資金の使途（複数回答）について全産業でみると、「設備投資」（七七・一％）、「株主への配当」（六二・五％）、「有利子負債の圧縮」（四三・七％）、「研究開発」（三七・五％）の順に高くなっている。今後三年間では、「設備投資」（七七・九％）、「株主への配当」（六七・七％）、「研究開発」（四一・八％）、「有利子負債の圧縮」（三九・二％）となっており、「有利子負債の圧縮」の重要度が低下し、「株主への配当」、「研究開発」の重要度が上昇している。

【海外生産】

◎海外に生産拠点を置く理由としては、現地の製品需要に対応することを理由とするものが最も多く、この傾向は素材型製造業で強くなっている。地域別にみると、北米・EU、中国を重視する企業で、現地の製品需要に対応することを理由とするものが最も多いが、北米・EU、中国以外を重視する企業では、良質で安価な労働力の確保を理由とするものが最も多い。

ここには、経団連が法人税率の引き下げを主張するさいの前提とは異なる事実が指摘されている。たとえば、企業の内部留保が増大してもその資金が設備投資や開発研究投資にだけに向かうわけではないこと、海外に進出していく本当の理由は租税対策というよりもむしろ他の理由によること、資金調達は依然として外部資金に頼る企業が多いこと、競争力の源泉は多面的であり、内部留保のあるなしにかかわらず「品質・技術力」や「顧客の個別ニーズへのきめ細やかな対応」、「コスト」、「営業力」にあること、などなど。経団連は、大企業に企業活動の実態を進んで明らかにするよう促すべきである。そうしてこそ税制をめぐる議論を広く国民と共有することができるだけでなく、経団連という社会的存在の価値を高め、社会にとって欠かせない存在であることをアピールできるのではなかろうか。

注

（1）『朝日新聞』および『日本経済新聞』の二〇〇六年一〇月二四日付の記事。『朝日』の記事によれば、大田氏は会談で、安倍政権が改革を進めるにさいしては「人口減少が本格化する前に、日本企業の生産性を上げていく必要がある」。そのためには、①大胆な規制改革、②政府による企業への負担軽減、③技術革新、の三点に力点を置くべきであるとしている。

（2）正式名称は「日本経済団体連合会」。二〇〇二年五月に経団連と日経連が統合して発足した総合経済団体。会員数は一六五八社・団体等にのぼる。わが国の代表的な企業一三四六社、製造業やサービス業等の主要な業種別全国団体一三〇、地方別経済団体四七などから構成されている（いずれも二〇〇六年五月二四日現在）、経団連のHPより。

（3）奥田碩『人間を幸福にする経済――豊かさの革命』（PHP新書、二〇〇三年）。

（4）日本経団連の奥田碩前会長（トヨタ自動車前会長）と同様に御手洗冨士夫会長（キヤノン会長）も、経済財政諮問会議、産業構造審議会、交通政策審議会などの委員あるいは会長として日本政府の経済産業政策の策定に大きな影響力を行使している。

（5）URLは http://www.keidanren.or.jp/indexj.html

（6）このリストはそれぞれの年分の税制改正の要綱（財務省のHPに掲載）に別表として整理されているものを素材として整序したものである（財務省のHPは http://www.mof.go.jp/jouhou/syuzei/syuzei.htm）。

（7）法人事業税の損金算入を調整した上で、「法人税」「法人住民税」「法人事業税」の税率を合計したものである。

（8）二〇〇六年六月二日、税制調査会第四六回総会・第五五回基礎問題小委員会合同会議での井戸氏の発言。

（9）同右合同会議での尾崎氏の発言。

（10）「損金」とは法人税法上の用語で、資本などの取引によるものを除いた法人の資産の減少をきたす原価・費用・損失をいう。

（11）二〇〇六年度以降は上記の制度は改正されたが、制度としては残っている。

（12）減価償却とは建物や設備・機械などで取得した年度に一度に全額を費用とせずに、政令等で耐用年数を定めておき、その年数で分割して費用として計上する計算方法。たとえば、普通乗用車だと耐用年数は六年と決められている。ただし、減価償却費には多くの特例がある。

（13）経済同友会は「消費税を公的年金と地方財政を支える基幹税にする」として、消費税問題を地方への税源移議とからめてではあるが、二〇一〇年には一三％に引き上げるプランを発表している。一方、日本商工会議所の「平成十九年度税制改正に関する要望」（二〇〇六年九月二〇日）では、基礎的財政収支の黒字化には、「増税に頼ることなく、経済成長の達成による税収の自然増と徹底的な歳出削減で対応すべき」と主張している。それぞれの団体は、その成り立ちも性格も異なるので、おなじく経済団体とはいえ消費税に対するスタンスは違っている。

(14)『しんぶん赤旗』二〇〇六年二月二二日付。

(15)「平成九年度新消費税関連価格情報ネットワーク調査」（一九九八年七月、通商産業省産業政策物価対策課）、「中小企業における消費税実態調査」（経産省、二〇〇二年八、九月実施）。

(16) 内閣府政策統括官室（経済財政分析担当）名で五人の共同執筆となっている。

(17) 佐藤真人「家計金融資産と資金循環」（『経済』二〇〇六年一一月号）七六ページ。

(18) 田近栄治「財政悪化の原因について——一九九〇年以降の税収の推移」二〇〇六年二月二八日、税制調査会総会提出資料。

(19) 橘木俊詔『格差社会——何が問題なのか』（岩波新書、二〇〇六年）一三三—一三四ページ。

(20) ＯＥＣＤ『日本経済白書　２００７』（大来洋一監訳、中央経済社、二〇〇七年）第四章。

第七章　繊維産業のグローバル化とユニクロ経営

小野　満

はじめに

日本国内の年間一人当たりの消費支出金額のうち物販関係のみを取り上げると、二〇〇四年現在、衣料品は六〇万八一〇〇円のうち八万六七一五円を占めており、食料品の二四万二〇七〇円に次いで大きい。(1)これは百貨店の売上高では八兆八五三六億円中の四兆四六〇〇億円（五〇・四％）を占め、スーパーの売上高では一二兆六一三七億円中の二兆二二三〇億円（一七・六％）を占める。(2)

それにもかかわらず日本の繊維産業は構造的な不況にあえいでいる。なぜか。それは衣類・二次製品の消費額五兆七三四〇億円のうち二兆五七七〇億円が輸入額であるからである。輸入浸透率（最終消費に占める輸入の比率）は実に四四・九％である。しかも毎年増加している。これに対して輸出額はわずか二八六〇億円であり、ほぼ横ばいである。(3)そのなかでもアパレル（衣料品のこと、以下この表現を用いる）の輸入は二〇〇四年で二兆二四五九億円であり、その八二・三％が中国（香港を含む）からのものである。(4)これに対して輸出は、六五七億円であり、輸入額の二・九％にすぎない。(5)

繊維産業は労働集約産業であるから先進国ではこの状態はやむをえないという意見もあるが、同じ先進国でもイタリアでは繊維製品の輸出が輸入の約二倍である。それは別格としてもドイツ、フランスでは輸出は輸入の四〇%を超えており、アメリカでさえ約八%になっている。(6) 先進国のなかでは日本の輸入依存度が極めて高いのである。繊維産業におけるグローバル化は輸入一辺倒のグローバル化である。日本の繊維産業はなぜこうなったのか。これを打開して産業として生き延びるにはどうすればいいのか。それを考察するのが本章の課題である。

第Ⅰ節では、第二次世界大戦後順調に伸びてきた国内繊維産業の生産と需要が停滞に陥った一九七〇年頃からの繊維産業の歴史を振り返る。それは同時に繊維産業の海外進出、繊維製品逆輸入の歴史でもある。第Ⅱ節では、不振を極める繊維産業のなかで、最近特に好業績を上げている衣料専門小売店ユニクロを経営するファーストリテイリング株式会社を取り上げて、その成功の原因を探る。そのさい日本の繊維産業の生産・流通システムを概説しその問題点を指摘する。第Ⅲ節では、そのユニクロでもいろいろな問題に直面して模索を重ねているが、何が新たな問題なのかその背景を検討する。最後の第Ⅳ節で全体としての日本の繊維産業がこのグローバル化の時代に生き延びるヒントを探り結論としたい。

Ⅰ　繊維産業グローバル化の流れ

1　一九七〇年代から八〇年代前半まで

繊維品の輸出入は、繊維原料、糸、織物、二次製品に分かれる。繊維原料とは、古代から繊維として用いられていた綿花、羊毛、蚕糸、麻などであり、その後に木材からセルロースを再生する再生繊維、石油から高分子化合物として合成する合成繊維が加わる。繊維原料としては戦前の生糸を除いてほとんど輸入品であり、それを次に述べる糸や織物に加工して輸出していた。再生繊維や合成繊維の原料である木材や石油はそれ自身としてはほとんど輸入品であるが、繊維原料つまり綿状繊維としては国内生産品であり、輸入品としては取り扱われない。糸はそれぞれの繊維を糸状に撚糸または紡糸したものである。織物はそれぞれの糸を織り上げたものであり、同じ糸からの製品でも編物は次の二次製品に含まれる。また繊維ではフィルム状の不織布と称するものもあるが、これも二次製品に含まれる。二次製品とは、消費者に最も馴染みのあるアパレルを含むものであるがそれだけではない。毛布、敷布などの寝具、カーテン、カーペットなどのインテリア、ひも、網、袋などの工業資材や家庭用品などが含まれる。最近では自動車の内装が量的に大きな部分を占めているが、これについてはほとんど国内で生産されている。この糸、織物、二次製品を含めて繊維製品と呼んでいる。

いまわが国繊維品貿易の推移を財務省の『外国貿易概況』でみると表7-1の通りである。

わが国の繊維品全体（繊維原料、糸、織物、二次製品を含む）が貿易赤字に転落するのは、最初は第一次石油ショックの一九七三年であり、次の赤字は第二次石油ショックの一九七九年であった。しかし当時も製品ベースでは依然として輸出が輸入を上回っていた[7]。

一九七〇年代に入って、繊維産業は、一九七一年のニクソン・ショックによる円の大幅切り上げと、「糸」を売って「縄」を買った、つまり繊維産業を犠牲にして「沖縄返還」を実現したという、対米輸出規制のダブルパンチを受けて輸出は苦況に陥った。それでも輸出の増加は続いたが、その苦況を脱出できないまま、一九七三年には変動相場制への移行、石油ショックの直撃を受け、アパレルの海外生産・開発

表7-1　わが国繊維品貿易額の推移　（単位：百万ドル）

年	繊維品輸出			繊維品輸入			繊維品貿易収支	
	繊維原料	繊維製品	合計	繊維原料	繊維製品	合計	全繊維	製品ベース
1955	8	741	749	586	14	600	149	727
1960	29	1,194	1,223	762	19	781	442	1,175
1965	155	1,427	1,582	847	57	904	678	1,370
1970	201	2,207	2,408	963	314	1,277	1,131	1,893
1973	459	2,820	3,279	2,187	1,715	3,902	−623	1,105
1975	466	3,253	3,719	1,524	1,310	2,834	885	1,943
1979	561	4,347	4,908	2,449	3,832	6,281	−1,373	515
1980	702	5,594	6,296	2,393	3,180	5,573	723	2,414
1985	635	5,628	6,263	2,155	3,886	6,041	222	1,742
1986	695	6,178	6,873	1,863	5,027	6,890	−17	1,151
1987	708	6,209	6,917	2,702	7,624	10,326	−3,409	−1,415
1990	838	6,357	7,195	2,643	12,804	15,447	−8,252	−6,447
1995	1,298	7,645	8,943	1,795	24,537	26,332	−17,389	−16,892
2000	1,036	7,452	8,488	961	24,524	25,484	−16,997	−17,072
2004	1,008	7,608	8,616	774	27,098	27,872	−19,256	−19,490

（出所）　財務省『外国貿易概況』各年版。

輸入（国内の商社・メーカーが輸入契約をし、その契約を前提にして海外で生産する）が増加した。その相手先は主として韓国、台湾、香港、タイであった。

当時においても、繊維産業は労働集約型の産業であるために、労賃の低い発展途上国の追い上げによる国際競争力の喪失という事態が指摘されていた。しかし単なる賃金格差だけで追い上げが可能になったわけではない。それならば以前から賃金格差はあったのだから追い上げは可能であったはずである。それがこの時期に追い上げられたのは、円高とともに一定の技術格差の縮小がその前提としてあったからである。

一九五〇年から六〇年にかけてナイロン・ポリエステル（テトロンなど）・アクリル（カシミロンなど）の三大合繊をはじめ新しい繊維原料が次々に現れ、またこれらの繊維原料から織物や二次製品をつくるための多くの技術が開発された。各合繊の生産はそれぞれ数社に独占され、高い独占価格が維持され膨大な独占利潤獲得の基礎とされていた。ところが一九六〇年から一九七〇年にかけて基本特許の期限切れなどにより、またその後新しい合繊が現れなかったため、それぞれの合繊の生産に後発各社がなだれ込み独占が弱まり競争が激しくなっていった。

一方、韓国・台湾・香港その他東南アジアの諸国では、日本をはじめ諸先進国からの繊維機械や加工原料の輸入にともなってその加工技術も導入され、日を追ってその技術格差は縮小していった。繊維機械や加工原料の製造技術についてはまだ諸先進国に頼らなければならないものもあったが、少なくともそれを使って織物や二次製品をつくる技術には大きな格差はなくなっていた。これが賃金格差と相まって発展途上国の追い上げを可能にし、わが国の繊維産業を当時いわれていた「構造不況業種」に落ち込ませたのである。

このような「構造不況」に対して繊維産業の主要企業はどのように対応したか。繊維業界ではよく「川上」「川下」ということがいわれる。繊維製品の原料をつくる合繊糸メーカー・紡績糸メーカーなどが「川上」であり、実際に繊維二次製品をつくる縫製メーカーなどが「川下」である。その中間の織物をつくったり染色をしたりするメーカーは「川中」と呼ばれる。そして、大企業は「川上」に集中していた。

ついでにいうと、この「川上」「川下」という表現の仕方も生産優位の当時の考え方を反映している。国内の「川上」でつくられた原料は同じ国内の「川中」「川下」で加工されるべきであり、それが卸売り・小売りで販売され国内の消費者に消費されて当然であるという考えである。そこには消費者の意向をくむという発想は弱い。当時までの繊維産業の生産・流通機構図をみると、矢印は必ず「川上」から「川下」へそして卸商・小売商へと流れている。ところがたとえば一九九五年の『新繊維ビジョン』の資料二―二八によると、小売商（百貨店・量販店・専門店）が最上段に表示され矢印はそこから「川下」「川上」に流れている。(8)これが『新繊維ビジョン』でいわれた「プロダクト・アウト」から「マーケット・イン」への流れである。これについてはのちに詳しく述べる。

それはともかく、当時の大企業の対応の第一は「川上」における減量経営であった。当時は「リストラ」という言葉はなかったが、第一次オイルショック後の繊維産業における人員整理の規模は他産業に比べてもきわめて大規模であった。一九七九年（昭和五四年）の工業統計表によると、繊維工業の従業者数は一九七〇年の一二六万四二二八人から一九七九年には八四万八八四四人へ三三％減少している。

大企業による対応の第二は、さきに述べた発展途上国への技術輸出である。それは資本輸出や機械・原料などの商品輸出やあるいは委託加工という形をとったが、いずれにしてもこのことが第三国市場としてアメリカ市場での競合や日本への逆輸入を通じてわが国の繊維産業、それも主として「川中」「川下」の中小企業の苦しみを深刻にしていった。

大企業による対応の第三は「川中」「川下」における中小企業支配の強化であった。「川上」「川中」の繊維産業が停滞または衰退しているにもかかわらず「川下」の衣料品をつくるアパレル産業は出荷額・付加価値額とも急速に伸びていた。その出荷額は、一九七三年の一兆七〇七八億円から一九七八年の二兆七九七三円へ六四％増え、同じく付加価値額は七二四三億円から一兆二七三九億円へ七六％増えていた。(9)むしろ伸び率では製造業の平均よりも高かったのである。もちろんその基礎となる金額が低いので、増加した絶対額も一人当たりの金額も決して芳しいものではない。しかし繊維産業全体に占めるアパレル産業のウェイトは、アメリカや西ドイツに比べてもまだ低かったので、大企業としてはどうしても「川下」指向にならざるをえなかった。

当時の新聞紙上の見出しで「白は譲った」と書かれていたのが印象に残っているが、「白」のように大量に生産される定番品（品番が決まっていて毎年同じものが同じように生産される）は海外生産で、それ以外の高付加価値製品は国内生産でというのが当時の流れであった。このころ綿の濃色を染めるのに適した染色堅牢度の良い（色落ちのしない）反応性染料が開発された。これによって白と濃色の生地を組み合わせてデザインした製品も可能になった。このようなところに国内繊維産業としては何とか生きる道を見出したのであった。

2　一九八六年以降

次に大きな変化が現れたのは、一九八五年秋のプラザ合意による急激な円高の局面であった。全繊維貿易において、石油ショック後しばらくは黒字を続けていたがプラザ合意の翌年一九八六年には再び赤字に転落した。翌八七年には、繊維品全体の輸入が輸出を超えたばかりではなく、アパレルの輸入が急速に増加し製品ベースの輸入だけで繊維品全体の輸出を上回るようになった。以後再び繊維貿易が黒字になることはなくなったのである[10]。

そして輸入浸透率が五〇％を超える製品も珍しくなくなった。日本化学繊維協会の「衣料用繊維消費量調査」によると、一九九五年において輸入浸透率が七〇％を超えているのが、セーター、カーディガン（七八・七％）、ショール、マフラー（七八・〇％）、パジャマ（七六・六％）、ニット・アウターシャツ（七六・〇％）、男子布帛シャツ（七四・六％）、布帛ジャンバー、ブルゾン（七四・二％）である。そこにはもはや一九七〇年代のような発展途上国の製品に対する消費者の抵抗感はない。

その輸入先として今度は東南アジアではなく中国が主役であったが、これらの製品は大資本を中心に発展途上国の低賃金を利用しコストダウンをはかるために、海外に進出した工場で生産され逆輸入されたものである。筆者はこの背後にＩＴ（情報技術）の発達による技術移転の急速化があったものと考えている。もちろん最初は三〇％を超える二等品の発生に苦しんだこともあったというが、それも生産管理に対する彼我の感覚の相違によるものであった。一点のキズ・汚れも許さない日本人の気質と気持ちよく着ることさえできればよいという現地の人の気質との相違が大きかった。日本向けに特別に選ばれた縫製ラインでのマンツーマンの教育によりそれが克服されると、技術面の熟練はＩＴを含む機械によって移転されているので、品質は急速に向上した。以前のように機械を輸出するとともに熟練を苦労して移転する必要はなかった。綿の「白」だけではなく合成繊維やカラー製品も含めていわゆる定番品はほとんど海外で生産されるようになった。しかもそれは急速に拡大した。これが同じ海外への技術移転でも七〇年代と八〇年代後半以降との大きな相違である。

この技術移転が、国内生産を減少させ産業を空洞化することによって、国内の雇用にどのような影響を与えたか。たとえば工業統計表によると繊維工業における雇用者数は、一九八五年にすでに一九七〇年の二分の一以下になっていたにもかかわらず、一九九五年にはさらに二分の一以下に減少している。

このような事態に対応するためにセーフガード（ＷＴＯにもとづく輸入制限措置）の発動を求める声がある。もちろん筆者も緊急の措置としてはそれに賛成するのにやぶさかではないが、問題はセーフガードが恒久的措置でない以上、それから先をどうするかということである。それを考えずにセーフガードをいうだけでは問題は解決せず、発展途上国の支持も得られないであろう。言い換えれば、経済が国際化し競争関係がグローバル化した場合に、日本の産業と発展途上国の産業との関係はどうあるべきか、それは同時に日本の労働者と発展途上国の労働者との関係はどうあるべきかということである。市場が国際化して製品の価格が平準化するということは、それにともなって彼我の賃金が平準化するだけではなく、その前に市場自体が奪われて職場そのものがなくなってしまうということである。これがわれわれが当面している課題である。

今日のグローバル化の時代においては、日本をはじめとする先進国の既存の産業と発展途上国の同一産業との競争関係には三つの形態があると思われる。第一は価格の競争である。両者がまったく同じ商品をつくる場合にはその価格は平準化し、したがって賃金もいずれは平準化せざるをえない。だが価格は容易に平準化するとしても、賃金の平準化はそう簡単ではないだろう。資本は国内の賃金を引き下げることが困難な場合、同じ商品を同一時間内により多くつくるといういわゆる生産性向上競争に努める。一九七〇年代以降の国内繊維産業においても高性能の機械を導入するなど生産性の向上がはかられた。しかし、生産性を競うにしても、縫製業のように労働集約的な業種では、現在の先進国と途上国の賃金格差はきわめて大きい。生産性に大差がなければ、資本は同じ商品を賃金の高い労働者を使って生産することはしない。同じ商品をつくるならば賃金を引き下げるよりは生産を海外に移転するほうがはるかに容易である。資本は別の手段を考える。

競争は次の第二の形態に移るだろう。それは供給のスピードの競争、少量多品種で変化の激しい商品

（以下、小ロット多品種短サイクル商品と呼ぶ）をできるだけ早く供給するというういわばコンビニ的な競争である。国内産業が海外製品に対抗して生きていく道はこれしかないという人もいる。近年の労働の規制緩和や非正規・派遣労働の拡大はこの動きに呼応したものであるが、同じ品質の商品をただ速く供給するだけで彼我の賃金格差を克服できるような競争力が得られるであろうか。情報処理や通信手段の飛躍的な発達、輸送手段の格段の進歩もあり、経験は否定的な回答を寄せている。

残るは第三の競争、商品の品質を競う競争ということになる。商品の品質を競うということは必ずしも高級な製品をつくることではない。たとえば刺繍製品などは人手がかかるからむしろ発展途上国のほうが適している。また繊維産業の場合、機能面で大きな技術格差があるわけではない。それよりもファッション面やデザイン面での格差が大きいのであるが、この点は後に詳しく検討する。

Ⅱ　ユニクロ経営成功の秘密

1　一貫生産システムとリスクを取る経営

このような繊維業界のなかで、最近異常ともいえる高収益をあげその動向が注目されている会社がある。それは衣料専門店ユニクロを展開しているファーストリテイリング株式会社である（以下、ユニクロと略称する）。

二〇〇一年四月一八日の日刊紙はいっせいにユニクロの快進撃を報じた。たとえば、『朝日新聞』は、「衣料チェーン『ユニクロ』の快進撃が止まらない。製造販売元のファーストリテイリングが一七日発表した今年二月中間決算（単体）は売上高が前年同期比二・三倍の二一七六億円、経常利益は同二・三倍の六二三億円となった。これにより、一年間通期では経常利益が一・七倍の一〇四〇億円とはじめて一千億円を突破する見通し。小売業界では首位のコンビニチェーン、セブン－イレブン・ジャパンに次ぐ規模となる。通期（八月期）の売上高は前年同期比一・七倍の四千億円になる見通し」という。

これは、ほぼ同時期に発表された大手スーパーの二月期決算で単独経常利益がジャスコを除いて軒並み減益であり、大手コンビニチェーンのそれが微増であったのに比べてきわめて対照的であった。しかもファーストリテイリングは、わずか三年前の九八年八月期の決算では売上高八三一億円、経常利益六三億円の規模であった。それがいまや経常利益では大手電機メーカー並みの規模になったのである。

このときの通期、つまり二〇〇一年八月期の売上高は四一八六億円、経常利益は一〇三二億円でほぼ見通し通りであった。しかし、その後のユニクロの経営成績は必ずしも順調ではなかった。いまそれ以前の状況も含めて一覧にすると表7－2の通りである。

表 7-2　ファーストリテイリングの業績　（単位：億円）

決算期	売上高	経常利益
1993年８月	250	21
1994年８月	333	27
1995年８月	487	45
1996年８月	600	46
1997年８月	750	55
1998年８月	831	63
1999年８月	1,111	142
2000年８月	2,290	605
2001年８月	4,186	1,032
2002年８月	3,442	511
2003年８月	3,098	416
2004年８月	3,400	642
2005年８月	3,840	586
2006年８月	4,488	731

（出所）　ファーストスティリング（株）ホームページによる。
（注）　2002年８月期以後は連結決算，それまでは単独決算。

それにしても、現在の利益水準が繊維業界では抜群のものであることは間違いない。ユニクロ経営成功の秘密はどこにあるのか。まず、それから検討してみよう。

どうしてユニクロ製品はあんなに安いのか。

製品の大部分を中国で生産し、中国の低賃金を利用することができたからだという意見が多い。それは間違いのない事実である。しかし中国に進出しているのはユニクロだけではない。ユニクロが先頭を切って進出したわけでもない。それなのにいまのところ日本ではユニクロだけが成功しているのはなぜか。筆者は、ユニクロが従来の繊維業界にない新しい生産・流通システムをつくりあげたからだと考える。

中国における協力工場（ユニクロではパートナー工場と呼ぶ）に対する技術指導の中心を担っているのが、「匠《たくみ》チーム」である。染色、紡績、編立て、縫製、工場管理などの日本人のベテラン技術者集団である「匠チーム」が、上海事務所と広州事務所とに常駐している。彼らはほぼ毎日のように現地のパートナー工場で工程ごとの具体的な技術指導を徹底的に行い、品質のチェックを行っている(11)。これは単なる品質管理だけではなく、商品ごとの不良品率や発生数、歩留まり率や生産性におよび、パートナー工場の業務改善を進めている。労働者を単に安く働かせるだけではなく、より効率的に働かせることが他社との違いを生み出したのである。これは日本国内において、いま多くの企業が非正規社員や派遣労働者を安く働かせているだけでなく、時間的配置においてより効率的に働かせているのと同じである。

ユニクロの国内店舗の最近の動きで注目されるのは、二〇〇七年三月に発表されたパートタイム労働者の正社員化の路線である。報道によればユニクロは、週四〇時間以上の勤務と、転居をともなわない異動が条件の「地域限定正社員制度」を導入し、販売担当の約六〇〇〇人のパートと契約社員のうち最大五〇〇〇人を四月以降、希望に応じて二年程度をめどに正社員に切り替える。これによって賃金は年収ベースで一〇％上がり、人件費は十数億円増える見込みであるという(12)。

正社員化によって、パートではほとんど支給されなかった賞与や諸手当が支給され、社会保険も適用されるとすれば、労働条件の改善に資するところがある。しかし、労働時間が長く、残業が恒常化し、成果主義賃金になれば、勤続が困難になったり、仕事がきつくなったりする労働者も少なくないだろう。それ以前に、労働時間が長くなり年収が一〇％程度増えたとしても、時給としては賃金が上がったことにはならないかもしれない。ユニクロのアルバイトの時給は各地の店舗の求人情報をみれば、夜勤では一二〇〇円台もあるが、平日の昼間は、最低賃金の額に応じて、東京一〇〇〇円から沖縄七〇〇円の間に分布している。パートの時給もこれと大きくは違わないものと考えられる。

だとすれば、ユニクロの販売労働は日本の他の小売流通産業や外食産業と同様に、低賃金のパート・アルバイトによって担われているといってよい。すでに基幹労働力化しているパートを「地域限定正社員制度」に転換しても、引き続き低賃金労働力に依存することには変わりはない。地域限定正社員に支払われる賃金（月給）はパート・アルバイトの賃金（時給）と同様に地域格差が設けられるため、一般の正社員との差は依然として残ることになる。

すでに述べたユニクロの中国を中心とする海外の協力（契約）工場は二〇〇七年現在、七〇前後を数える。これらの工場における賃金については明らかにされていないが、中国の賃金は沿岸部と内陸部、あるいは都市と農村では大きく異なるものの、最近では一般におよそ日本の一〇分の一から二〇分の一と言われている。外資系企業は一〜二割高いとも言われるが、それを考慮してもユニクロが中国の契約工場で生産を行う最大の理由が低賃金労働力の利用にあることは疑いない。

しかし、こうした低賃金労働力の利用可能性は他のアパレル企業にも開かれていることを考えると、ユニクロの高収益の原因は、海外工場の低賃金だけでなく、少品種で大量の製品を低コストで生産するところにある。繊維業界においては、いままでも糸とか生地とかの段階では少品種大量生産が普通のこととして行われていたが、衣服の段階では必ずしもそうではなかった。衣服というものは特殊な用途のものを除いて同じものを身につけるのは嫌われ、したがって品種が多くなるのは仕方がないと考えられ、小規模の工場で分散して生産されていた。この生産システムを変えるには販売システムから変えていかなければならなかった。ファーストリテイリングの柳井社長は「衣服も部品の組み合わせだ」という考え方だそうだが、これは衣服のコーディネートのことをいうだけではなく、糸、生地、柄、色、サイズの種類ごとに加工してそれを組み合わせることによって、バラエティに富んだ大量の製品をつくりだすことをいうのである。それが可能になったのは、ユニクロが販売から生産まで一貫した製造小売業であったからである。

繰り返していうが、生産拠点の海外移転というグローバル戦略と中国繊維産業の技術水準の向上がなければユニクロ成功はなかったことは間違いない。ユニクロは商品の九〇％以上を中国で生産しているが、ここではそれだけではないその中身を強調したいのである。繊維製品のコストは必ずしも賃金コストだけで決まるものではない。流通コスト、特に売れ残りのリスクをどう圧縮するかが大きいのである。その点でのコストダウンにも成功したのがユニクロのビジネスモデルである。以下それを考察しよう。

2　繊維産業の生産システム——多段階分断構造

いままでの繊維産業はどうだったのか。繊維産業における生産システムと流通システムとは分かちがたく結びついている。どの繊維をとってみても一つの生産システムのなかで最終製品までつくられるのではなく、生産過程が多くの段階に分断されそれぞれの間に流通過程が組み込まれている。これは繊維産業における生産・流通システムの基本的な特徴である。その全体像を知るためには通商産業省が出版した『新しい繊維産業のあり方』に掲載されていた図7−1が参考になるであろう。[13] ここに掲載されている数字は一九七四年の「工業統計表」および「商業統計表」によるものである。この特徴は小ロット多品種短サイクルという繊維製品の特徴に由来している。このことを前提として以下繊維産業における生産システムと流通システムの特徴についてみてみよう。[14]

長い歴史のなかで形成されてきたわが国の繊維産業は諸外国に比べていくつかの点で特徴のある産業構造になっていた。さきに述べたように、繊維産業は化合繊製造業、紡績業などの川上段階、織物業、ニット（メリヤス）製造業、染色整理業などの川中段階、アパレル（衣服・その他の繊維製品）製造業を主体とする川下段階に区分されている。これは繊維の技術体系から生ずる一般的性格なのであって、わが国独自のものではない。

わが国の繊維産業における生産システムの構造的特徴としては、繊維製品の種類に応じて生産が細分化されているだけではなく、川上から川中・川下にいたる各段階がそれぞれ個別の企業によって担当されているという多段階分断構造があげられる。もちろんその間に下請関係は存在したが、段階と段階の間は主として市場によって結びついていた。二つ以上の生産段階を兼営する企業が存在しないわけではなかったが繊維産業全体からいえばそれはむしろ例外的な存在であった。

次の特徴としては、その多段階に分断された各段階が川上は少数の大企業から成り立っているが、川中・川下では膨大な企業が存在し、その規模は極めて小さい。人はこれを「富士の裾野」とか「ピラミッド」とかになぞらえて表現するが、決してそんなになだらかなものではなく、すでに川中段階で膨大な中

図 7-1　繊維各段階別事業所数と従業員数

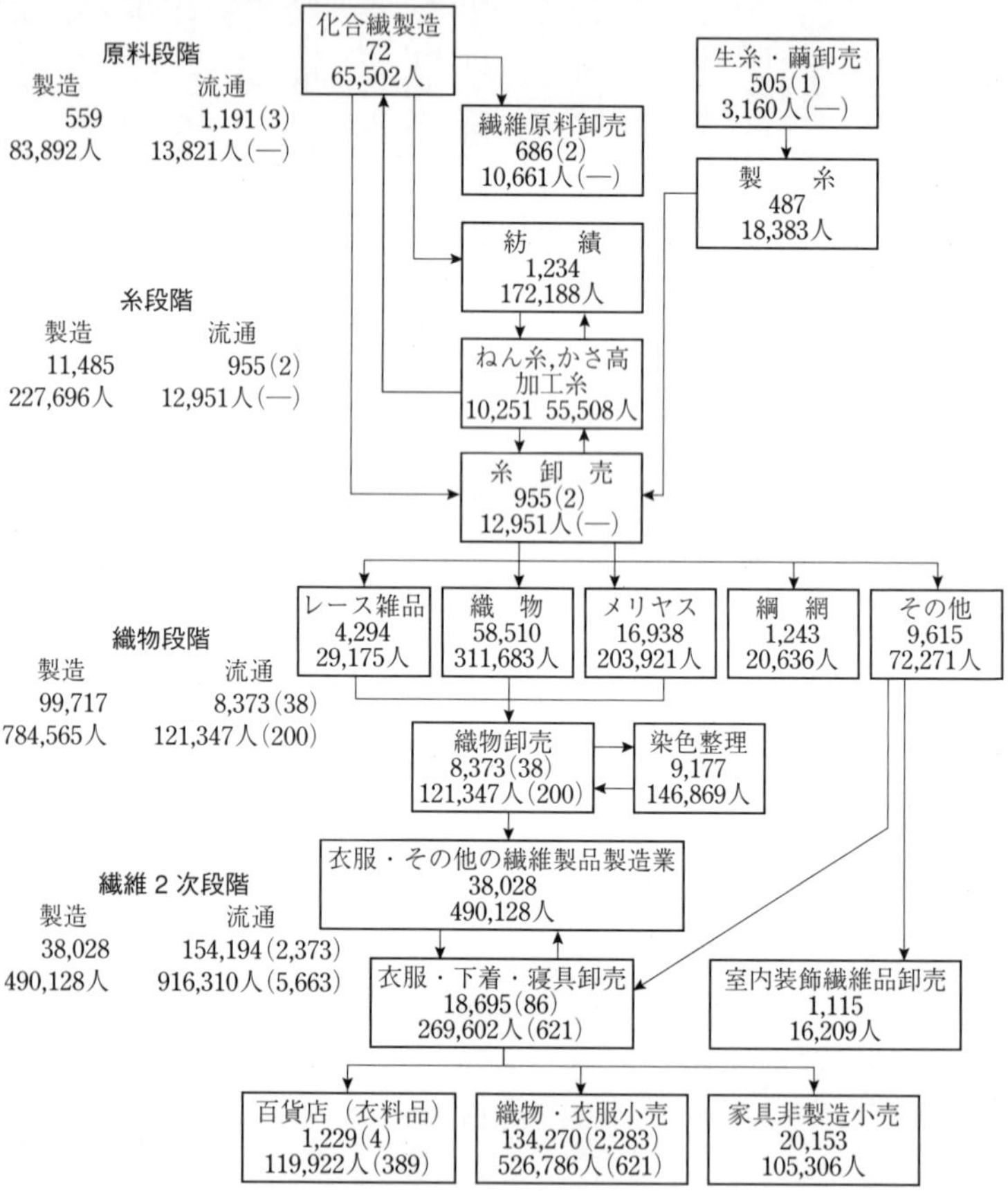

製　造	流　通*	計
事務所　149,789	商店数　164,713 (2,416)	314,502
1,586,281人	1,064,429人 (5,863)	2,650,710人

*流通
卸売　9,214
417,712人
小売　135,499
646,708人

（出所）　1974 年工業統計，1974 年商業統計（速報）による。
（注）　（　）内は沖縄分。

小零細企業が存在し、ただ川上にのみ大企業が「六本木ヒルズ」のごとく屹立しているのであった。小ロット多品種短サイクルゆえ川中・川下段階ではスケールメリットが働きにくく、「メリヤス屋（ニットの縫製メーカー）とできもの（腫瘍）は大きくなると潰れる」と言われていた。だから川中・川下の膨大な中小零細企業はそれぞれ地方産地を形成していて、全体として生産システムの一翼を担っている場合が多かった。かつて地方産地といわれたもののうち半数以上は繊維産地であった。

第三の特徴としてこのような川中・川下における膨大な中小零細企業は生産機能こそ保有していたが、自立的生産企業として本来備えるべき、商品企画機能、原料仕入れ機能、製品販売機能などの諸機能の全部または一部を保有しない場合が多い。これらの諸機能は繊維産業の生産・流通システムのなかにあっては川上の原糸メーカーや紡績あるいは途中の商業資本の手中にゆだねられ、これらの中小零細企業は単純な生産機能のみを遂行するのが一般的であった。以上述べた多段階分断構造、屹立型の階層構成、中小零細企業における経営機能の不完全性がわが国繊維産業の生産システムの特徴であったと考えられる。この生産システムの特徴がまた流通システムを規定していたのである。

3　繊維産業の流通システム——リスク分散構造

わが国の繊維産業はその流通経路が長く複雑であることが特徴であるといわれている。それは本来小ロット多品種短サイクルである繊維産業一般の特徴であるけれども、わが国においてはそれはとくに著しい。流通経路は太く短いほうが商品を低コストで提供でき消費者の利益にもかなうといわれているが、それは大量生産品の場合であって繊維製品のように小ロット多品種で消費者のニーズも多様化している場合には、できるだけまとめて生産しかつ消費者のニーズへの適合性を高めるためにはその流通経路は複雑にならざるをえない面があった。いまネット・ショッピングの発展はこの面で革命的な変化をもたらしている。

流通経路が長く複雑なことは必ずしも実需と結びつかない仮需を発生させ、相場の動きに左右される投機利潤優先の経営が行われる余地を高める。それはまた各企業のリスクを大きくする。流通経路の複雑性はまたリスク分担の不明確性を生み出している。この業界では契約が詳細に文書化されることが少なくその内容が不明確であり、総数量は決まっても色・サイズなど明細が決まらないとか商品が最終的に売れるまで返品の可能性があるというのが実情である。このことはリスクを分散させるとともに、最終の販売責任を誰が持つかということを曖昧にし、リーダー不在の業界を生み出す原因になっていた。

繊維産業における流通業者は単なる物流機構を超えた存在になっている。とくに生産の中間加工工程で卸機能を果たす商社や問屋は小ロット多品種短サイクルの需要を、一歩先んじてキャッチできるため、その需要に合わせて中小の生産者を組織し従属させることができた。わが国ではテキスタイルメーカー（生地製造業者）もアパレルメーカー（衣料品製造業者）もその大手企業の多くは、メーカーといっても自家工場を持つ企業は少なく中小メーカーを下請企業として使って編織や縫製をしている。工場を持たないので「メーカー」ではなく「問屋」であるともいわれるが、どんな色・スタイルの商品をいくらつくるかを企画するなど、「メーカー」機能を果たしているので「問屋」ともいいきれない。下請企業といえば、製造業で大企業がその工程の一部を小企業へ下請けに出すという形が一般的であるが、繊維産業では商社や問屋が生地や衣料品の製造業者を下請企業として使うことが多かった。小売業ではそこまでする企業はなかったが、それを成し遂げたのがユニクロであった。

流通面でもそれぞれの段階は形式的には独立した企業であったので、その間はリスクの押しつけ合いの構造になっていた。衣料品の代表的な小売業である百貨店では、仕入れが買い取りによって行われることは少なく、大部分は委託仕入れまたは売上げ仕入れで行われている。委託仕入れと売上げ仕入れというのはわかりにくい区分だが、委託仕入れというのは、事前に決められたある一定期間、納入メーカーから商品を預かって販売を委託される仕入れのことであって、期間中の在庫責任はあるものの、見切りによる値下げロスのリスクはメーカー持ちである。また、売残り商品についても納入メーカーが引き取らなければならない。これに販売スタッフの面倒まで見るのが派遣店員付き委託仕入れであり、卸商またはメーカーから社員が派遣される。売上げ仕入れというのは委託仕入れと似た仕入れだが、在庫管理責任も納入メーカーが持っている。派遣店員を置き、試用品の投入、在庫管理責任、追加品の投入に至るまで、在庫コントロールはすべて納入メーカーに主導権がある。通常はショップ形式をとることが多く、これを「ハコ売場」と呼んでいる。これに対して買取り、委託商品を小売り側の販売計画で並べる売り場を「平場」という。「ハコ売場」では、百貨店はただ場所を貸している不動産貸付業に等しいといわれているがその通りであろう。[15]

このような流通システムでは、生産が計画的に行われることは難しくまた消費者の意向が個々の生産者に届きにくい構造になっていた。製造から販売までを一貫することによってこれを克服したのがユニクロであり、製造小売業というビジネスモデルである。このような生産・流通システム変革の必要性はかねてから指摘されていたことであり、一九九三年一二月に繊維工業審議会・産業構造審議会から答申された「新繊維ビジョン（今後の繊維産業及びその施策の在り方）」において「プロダクト・アウトからマーケッ

図 7–2

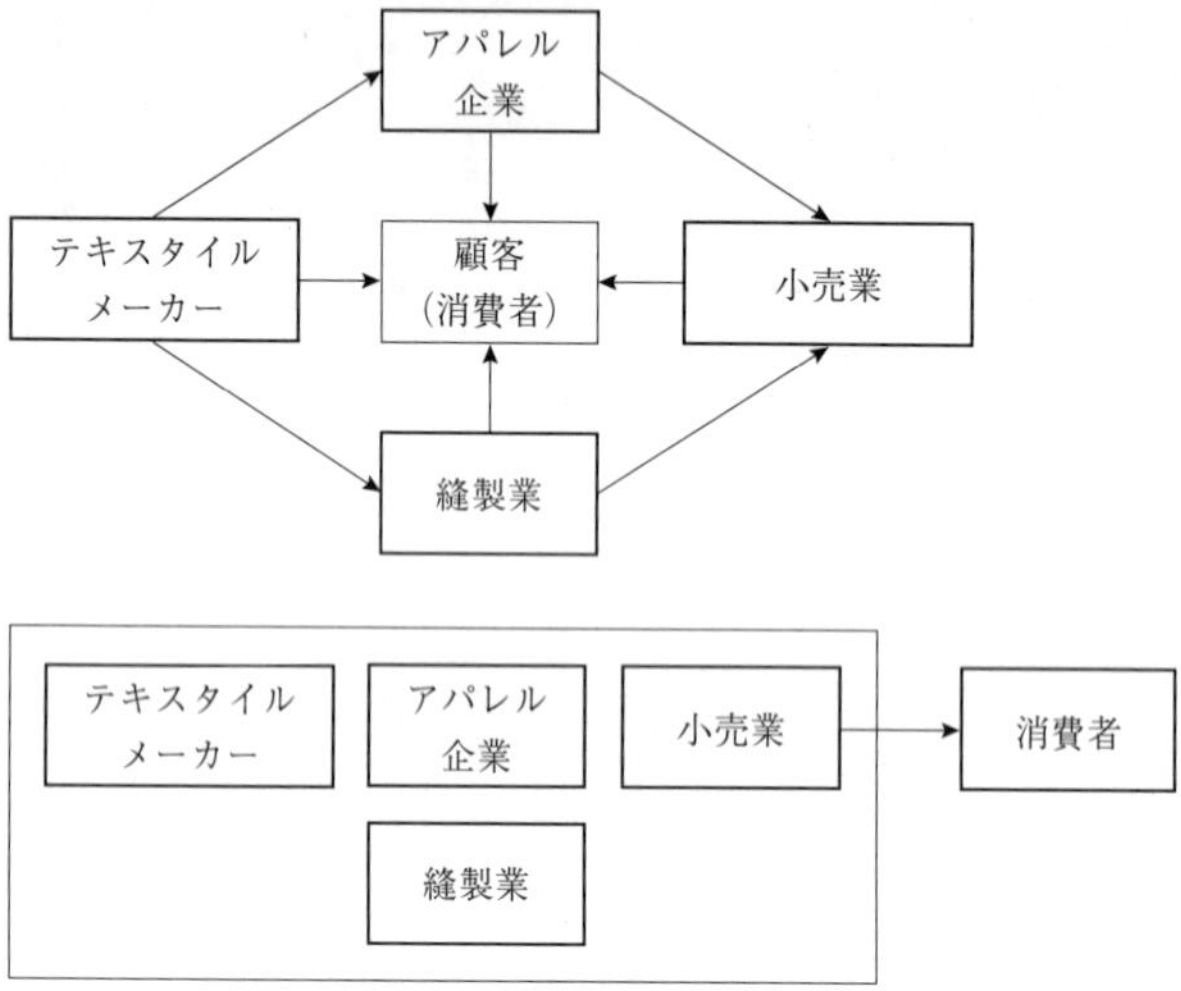

ト・インへの構造改革」として大々的に打ち出されていたものである。

「プロダクト・アウト（つくったものを市場に押し出す）からマーケット・イン（売れるものをつくる）へと産業構造を変革するためには、次のような特徴を有する流通参加型のネットワーク型組織形成への支援が望まれる。

a、流通を含む、企画機能を持つもの同士のネットワーク型組織

b、開発や情報ネットワーク化を軸とした連携

c、連携のメルクマールは取引よりも情報の共有」。[16]

当時考えられていたのはあくまでもネットワークであって図7-2でいえば上側のイメージである。ほんとうは下側のイメージでなければならない。それには市場における取引による連携ではなく、同一資本による連携でなければならない。もし別の資本

の連携であれば、お互いの工場を見せ合えるような情報の共有がなければならない。それがcで指摘されている意味であろう。ところが実際はユニクロ以前にはそこまで進めなかった。筆者はここにユニクロ成功の最大の秘密があると考える。

4 「ユニクロ」というブランド

それにしてもなぜユニクロはあんなに売れたのか。先の『朝日新聞』によると、「若者だけでなく幅広い世代に支持されて成長の原動力となった防寒衣料『フリース』は二月までの半年間で、二五〇〇万枚を売った」という（『朝日新聞』二〇〇一年四月一八日）。アパレルで一シーズン一〇万枚売れたらヒット、三〇万枚も売れたら大ヒットというなかで、ユニクロの「フリース」の半年間二五〇〇万枚というのは驚異的な数である。

同じものを身につけることが嫌われる衣料品でなぜこのような大量販売が可能になったのか。同じものが何千万枚も売れるということはそれを着て街を歩けば同じものを着ている人にいくらでも出会うということである。事実当時はその通りであった。それでも嫌にならないのはそれ自身が一つの流行になっていたからである。そもそも、ユニクロが大きく伸びたのは一九九八年一一月「原宿」に出店してからであった。それまでは主として郊外店中心の店舗展開であったのが一挙に若者ファッションの中心地へ進出したのであった。これによってユニクロはそれ自身若年層から始まって一つのブランドになったのである。

街を歩けば多様で個性的なファッションがわれわれの目を楽しませてくれる。小売店の店頭にはきわめて多様な商品がところ狭しと並んでいる。ファッションに対する人々の態度にはふたつの傾向が現れる。

一つはできるだけ他の人とは違う個性的な服装をして目立ちたい、ほめられたいと考える。もう一つは世の中の流行の範囲のなかで行動して恥をかきたくない、けなされたくないと考える。「原宿」から発信した宣伝力、その実態は何なのか。単なる安物ではない。ファッション性が高いわけでもない。それなりのものがそれなりに安い。みんなが「ユニクロ」を着ていても恥ずかしくない。「フリース」は当時一万円前後で一定の評価を得ていた。それを大量に生産して一九八〇円で提供した。爆発的に売れた。いま「カシミヤ」が売れている。「カシミヤ」のセーターの評価は高い。それが大量生産で安く提供される。少々質が落ちても「カシミヤ」の名前で売れる。ところがたとえば高級綿のシャツがある。その評価は必ずしも定着していない。それでは安く提供してもその値打ちがわからない。つまり一定の評価のあるものを大量生産して安く提供することによって売上げを上げているわけである。それは一面不況の時代に適合したファッションといえるかもしれない。

問題はその評価が高い成長力や収益力に支えられてきたが、安定的なものではないというところにある。その点がファッション性の高いいわゆる高級「ブランド」と違うところである。製造小売業で、消費者の意向をくみ上げたものを大量生産して安く提供するという新しいビジネスモデルが、そのまま「ユニクロ」というブランドになっているのである。これはたとえば検索の「グーグル」とかネット市場の「楽天」とかと同じである。さきに述べたところで言うならば、世の中の流行の範囲で行動したい、みんなが「ユニクロ」を着ていても恥ずかしくないという意味でのブランドである。

Ⅲ　ユニクロの模索

最近のユニクロは混迷しているように見える。経営成績の絶対的水準としては決して低くはないが、二〇〇二年八月期以後はそれ以前のように成長していない。二〇〇二年には創業者柳井正社長が会長に退き、玉塚元一氏が社長に就任した。この間、野菜の販売を始めるなど模索が続いたが低迷を脱しきれず、二〇〇五年には玉塚社長が退任し再び柳井氏が社長に復帰した。柳井社長はもともと六〇歳引退主義だったので、経営成績悪化の責任をとって若い玉塚氏に途を譲ったというのはわかる気もするが、わずか三年で再び彼を解任して自ら社長に復帰したのはどうしてなのだろうか。

二〇〇二年九月に、それまで破竹の勢いで伸びていた「フリース」の伸びが止まりユニクロの売上高が落ち込むと、その失速を予測する声は多かった[17]。しかし、二〇〇三年八月期はともかくその後はなんとか売上げ・利益ともに維持していたのだから、売上げ目標未達成という理由だけでは納得できない。何がユニクロを、そして柳井社長を焦らしているのだろうか。

ユニクロは二〇〇三年に食品事業をスタートさせながらわずか一年で撤退した。最近では、二〇〇五年三月に靴小売業ワンゾーン（旧靴のマルトミ）を一〇〇％子会社化した。このとき、柳井会長（当時）は次のように語っている。「将来はユニクロと同様に（自社で商品を作って売る）製造小売業をめざさないと、他のチェーンとの差別化もできない」（『朝日新聞』二〇〇五年三月四日）と。柳井氏はユニクロで成功した製造小売業というビジネスモデルを他の業種にも適応しようとしているのである。どのようなビジネスモデルで売るのかということも大切だが、どのような商品を売るかということはより大切である。どちらか片方だけでは成功しない。売れるような価値ある商品をどのようにしてつくり出せるか。ここにユニクロの課題がある。ユニクロの場合、価値はある特定の質によって生み出されるのではなく、その圧倒的な量によって生み出される。社長に復帰した柳井社長兼会長は述べている。「第二の創業のつもりで会社を変えなくちゃいけない。会長が社長を兼ねるのは異常だがやむを得ない」「二〇一〇年に売上高一兆円、経常利益一五〇〇億円という目標から逆算すると時間がない。それが緊急事態だ」[18]。売上高において急成長をめざす方針である。問題は小ロット多品種短サイクルの繊維産業において、売上高の急成長が高利益をもたらすことができるかである。

その手段としてはいくつかの方法が考えられ、すでに一部実施されているのであるが、それは以下のようなものである。

第一は国内ユニクロ店の展開において、従来の均一的な店舗展開ではなくたとえば二〇〇五年一〇月九日に開業した「ユニクロプラス心斎橋筋店」のような高級路線を含む多様な展開である。これはあくまでも多様な展開であって必ずしも高級路線ではない。ダイエーの店内へはむしろ従来の「ユニクロ」よりも低価格の店を展開している。

第二は国外ユニクロ店の展開である。ユニクロはすでに二〇〇一年九月イギリスに出店し、一時は二一店舗まで拡大したが赤字体質から脱出できず、いったん五店舗まで縮小し二〇〇三年八月期には六八億円の特別損失を計上した。しかし、二〇〇二年の中国につづいて二〇〇五年九月二日には韓国に進出した。同年九月一七日にはニュージャージー州にアメリカ一号店が開店した。その後、二〇〇六年一一月一〇日にはニューヨークに三三〇〇平方メートルの国内外を通じて最大の店舗を出店した。

第三には二〇〇五年五月一二日に発表したフランスの女性向けカジュアル衣料ブランド「コントワー・デ・コトニエ」をはじめとする国外ブランドの買収である。

これらはいずれも比較的たやすく売上高を伸ばすことはできるであろうが、はたして利益がともなうであろうか。高級品から一般品までを一つのブランドにくくることができるだろうか。すでに「ユニクロ」では、インナー（肌着）に着るのはともかくアウター（外着）に着るのは避けられる傾向が出てきている。

二〇〇六年九月六日、ユニクロは、売り場面積が平均一六五〇平方メートルの大型店の出店を加速させ、二〇〇九年八月期までに国内で一〇七店に増やすと発表した。現在は七店しかないが、二〇〇七年八月期は二〇店、二〇〇八年と二〇〇九年の八月期は各四〇店を出す計画。一店当たりの年間売上高は一五億円程度を見込んでいる。柳井正会長兼社長は記者会見で、「二〇一〇年に売上高一兆円をめざす拠点として大型店が必要。店が広いと色やサイズを選びやすいことも評価されている」と話した（『朝日新聞』二〇〇六年九月六日）。以前の「フリース」のように単一の商品で売上げ目標を達成するのはもはや無理だから、一つの大きな店に多種類の商品を並べて、それをユニクロという店のブランド――ストアブランドで売っていく意向のようだ。

ユニクロが衣料品の分野で「ユニクロ」というブランドを創り上げることができたのは創業以来の蓄積があったからである。他の業種に進出するためには多くの人材と資金が必要であるゆえ、食品事業から撤退したのは賢明な判断であったかもしれない。靴は食品に比べるとまだ衣服に近いが、それでもその負担は大きいのではなかろうか。利益を伸ばすにはそれぞれの分野でそれ相応の人材が特に幹部の人材が必要だが、ヘッドハンティングした人が数年で去る状況でそれが可能だろうか。筆者の危惧が杞憂に終われば幸いである。

Ⅳ　日本の繊維産業の前途

1　クリエーション能力

いずれにしてもユニクロが切り開いた製造小売業という新しいビジネスモデルは他の企業でも採用されるだろう。しかし標準品の大量生産というモデルはすべての繊維企業で採用できるわけではない。それは数少ない大企業に限定されるものである。そして日本の繊維産業全体としては、その製造部門は海外に移転することによって国内では空洞化し、従来国内で繊維製品の製造に携わってきた多くの中小企業はその「仕事」そのものを失うことになった。一方販売部門では、その労働者は流行の変動に対応して不安定かつ長時間の労働を強いられる。たとえば、ユニクロに次ぐアパレル小売業の大手「しまむら」では、ＩＴによる在庫管理が徹底していて売残りが出ると即時在庫のない他店に転送することによって不良在庫の圧縮がはかられる。ちなみに、しまむらはこのシステムによって全品買取り仕入れであり、仕入れ価格の引き下げがはかられている。これはいずれもさきに述べた価格の競争およびスピードの競争に当たるものである。

繊維産業の大部分は中小零細企業である。このような大手ではない企業は繊維産業のなかで生き残れるのだろうか。ユニクロ一社だけが生き残ったでは困るのである。消費者としても、豊かな衣生活を営むにはユニクロの服だけしか選べないでは困るわけである。

ユニクロの柳井社長は「われわれはあらゆる人に合う服を作ろうとしている」(19)という。しかし衣服はコーラやマクドナルドと同じだろうか。あらゆる人に合う服をつくるということでいいのだろうか。衣服では商品のファッション性は避けられない。デザイン力、あるいはそのデザイン力を生産企業と結びつけるクリエーション能力が重要である。

じつはこのことはすでに述べた一九九三年の繊維工業審議会・産業構造審議会の答申『新繊維ビジョン』でいわれていたことである。この答申において用いられる「クリエーション」とは、「繊維産業発展のための一要素である素材から製品に至る創造性あふれるデザインを生み出す能力」と定義されている。それは単に紙に書かれたデザインではなく、実際にそれを製品化する能力を指すのである。そして、クリエーション能力を育む産業構造として、欧米と比較して次のように述べられている。

①欧米の小売業者は、自らリスクを張ってビジネスを展開しているので、クリエーションの目を見抜くバイヤーが存在する。こうしたバイヤーが、デザイナーに対してリスクを負担し売り場を提供することにより、一種のインキュベーション機能を果たしている。わが国においては、小売りサイドにそもそもクリエーション等を見抜く人材が少ない。

②欧米では、デザイナーに対し、自主独立の中小アパレルメーカーが生産基盤を提供し、自主独立の中小テキスタイルメーカーが小ロットのテキスタイルを提供している。わが国では、中小アパレルメーカーや中小テキスタイルメーカーの多くは下請企業であり、デザイナーのパートナーとはなりにくい。一方で、大手のアパレルメーカーやテキスタイルメーカーは、新進のデザイナーに対して、生産設備を提供し、小

ロットのテキスタイルを提供することは少ない。

③欧米では、デザイナーとバイヤーを結ぶ独立したエージェントや、代金回収を代行するファクタリング会社の存在が、デザイナーをビジネスに結びつける上で重要な役割を果たしている。わが国では、デザイナーとバイヤーを結ぶエージェントや、商談の場がなく代金回収のファクタリング会社も存在していない(20)。

イタリアの繊維産業は、分業構造、中小企業性、産地性といった側面で、わが国の繊維産業ときわめて類似した構造を持ち、かつ、高賃金や輸入の増大など、わが国の繊維産業と共通した課題を抱えている。にもかかわらず、労働集約度の高いアパレル産業で貿易黒字を計上しているということは、価格に見合う品質およびデザインのよさが世界市場で評価されていることを意味し、また、その黒字額の大きさは、単に一部の芸術作品のみが世界に通用しているのではなく、アパレル分野が産業として確固たる強みを構造的に有していることを意味している。

さきの『新繊維ビジョン』(21)が対象としたのとほぼ同じ頃にイタリアの繊維産業を調査された富沢木実氏の調査報告がある。以下これを参照にしながら、わが国とイタリアとの繊維産業の相違を考えてみよう。氏はイタリアと比較して日本の繊維産業を鋭く批判される。

日本では、品質がよいということをはき違えてきたところがある。品質がよいとは、キズがないとか、縫い目が飛んでいないとかいった数値で表される評価のことと思われてきた。もちろん、キズがないのに越したことはないが、衣服を購入する場合、布の風合いや着心地など五感に訴える内容が最も大切である。ところが日本の衣服づくりでは、これらは評価基準からぽっかり抜けてしまっていた。こうして「飾ったときには世界で一番美しい」といわれる日本の衣服ができ上がる。これに対してイタリアの製品は着心地重視であり着心地のための試着モデルまで置いている。

イタリアの衣服づくりでは、モデリスタという職人が重要な役割を果たしている。モデリスタは、デザイナーのセンスを活かしながら着心地がよく、かつつくりやすい衣服を設計する。デザインを活かしつつ、どの生地を使って、どの工場で、どう熟練工を配して縫うかなどの設計は、モデリスタが行うのである。日本ではこれが欠けており、仕様書の不備は縫製工場が補っている。

五感を妨げてきたものとして、近代的なものの見方、つまり、ものを全体的に認識するのではなく、どんどん細分化して認識する考え方、それによって生活文化のよりどころとなる物差しが折れてしまい、よいものを判断する基準を内にではなく外に求めるようになったことが指摘されている。標準品は、誰にでもそこそこ合うが、誰にもぴったり合わない。一般的な機能は果たすが、人間の感性には訴えない。

日本のデザイナーは国際的に劣ってはいない。高名なデザイナーは世界で活躍している。このような人は生産企業を動かしてデザイナー・ブランドを立ち上げることができる。問題はそこまでいかないデザイナーやデザイナーの卵である。これらのデザイナーと生産企業との結びつきである。この点に日本の繊維産業の弱点があるのである。

われわれは、従来、技術といえば一つの巨大な機械体系とせいぜいそれを動かすソフトだけを考えていた。アパレル産業においては中国をはじめとする発展途上国でも、物的生産手段はすでにわが国と同じものを持っている。それどころか、わが国の機械設備が導入された時期が古く旧式が多いのに対して、主として先進国からではあるが最新の機械設備を導入している。一見して彼我の技術格差はなくなったように

思われる。(22)

ところがデザインを活かす技術についていうならばそれだけでは不十分なのである。たとえば、いろいろな素材の多様な色を組み合わせようとすると、対摩擦、対洗濯などの染色堅牢度に関する知識が必要である。これは種々の染料についての知識だけでなく、それらを組み合わせて有効に利用するノウハウを含むものである。また身体にフィットした衣服をつくろうとすれば、縫製技術とともに生地の収縮率を小さくするための編立て・仕上げ等に関する知識が必要である。これまた多種類の編立機や仕上機についての知識だけでなく生地の設計に関するノウハウがなければならない。

このようにデザインを活かす技術は単に優秀な物的手段だけではなく、いろいろな技術を組み合わせる技術、ソフト面のウェイトがきわめて高い。したがって特定の技術の導入だけで問題が解決されるのではなく、一般的な高度な技術水準が必要とされるのである。それも繊維産業なら繊維産業だけの技術水準だけではなく全産業的な技術水準が要求されるのである。さきの『新繊維ビジョン』が求めていたクリエーション能力とはこのことを指すのであろう。

2 ロングテール理論

繊維産業に関する一番新しい政策の方向としては、二〇〇三年七月に経済産業省の産業構造審議会繊維産業分科会から「日本の繊維産業が進むべき方向と取るべき政策——内在する弱点の克服と強い基幹産業への復権をめざして——」と題して報告されている。この報告によっても基本的な方向は変わらないが、SCM(Supply Chain Management)化・IT化の方向へより積極的な提案がなされている。

現状について、「日本の繊維市場では、中国等からの輸入品が大きな位置を占めているが、平成一二年（二〇〇〇年）頃まで金額および量とも大きく増加したものの、数量ベースの輸入浸透率に比べ、金額ベースの輸入浸透率は大幅に低い。現に、衣類を見ても、金額では、まだ約五〇％は国内生産品が占めている。また、総じてここ一―二年輸入額は増加していないが、これは、国内市場が、低価格のボリュームゾーンとより価格が高くロットが小さいベターゾーン以上の商品ゾーンに分かれ、前者は輸入品、後者は国産品（基本的に縫製まで）によって構成される傾向が強いためと考えられる」と述べられている。その後の実績からこの見通しはやや甘いように思われる。

「輸入品と国産品の価格差は、労賃等の差によるところより、むしろ、最終商品ベースで四割以上にも上るといわれる国内の生産及び流通のロスと不効率によるところが大きい」。これは本章で考察してきたところである。「しかし、日本の繊維産業の有する技術力、デザイン力等は世界有数であり、生産や流通のロスを大幅に削減しつつ、技術、デザイン等を活用したコストパフォーマンスの良い商品を開発・生産・販売する構造となれば、日本の繊維産業は、国内外で十分な国際競争力を発揮し得る」。最後にそのためのSCM化・IT化が論じられている。

サプライ・チェーン・マネージメントとは、商品やサービスの流れにかかる情報をメーカーと小売り側が共有化し、より効率的に、より顧客に最適な経営体制を実現しようという考え方である(23)。しかしそれには資本の壁が大きくのしかかる。資本の壁を越えては情報は流れない。

IT時代を迎えて、一方では　たしかに多品種少量販売がより有利になる条件が生まれている。それはロングテール理論と呼ばれていて、「インターネットを利用したネット販売などにおいては、膨大なアイテム（商品）を低コストで取り扱うことができるために、ヒット商品の大量販売に依存することなく、ニッチ商品の多品種少量販売によって大きな売り上げ、利益を得ることができるという経済理論[24]である。

一般に商品の販売では「八〇対二〇の法則」が成立することが知られる。つまり二〇％のアイテム（商品の種類）に八〇％の売上げが集中する。このためアイテムを売上げの大小によって分けるABC分析などを行って売上げ下位のアイテムを「整理」することが必要だといわれていた。これは売り場面積やバックヤード在庫などの物理的制約があって限られたアイテムしか扱うことができず、かつ在庫（店頭在庫を含む）には固定費がかかるために、それをまかなうだけの在庫回転率のあるアイテムでなければコスト的に見合わなかったからである。しかし、オンラインビジネスでは無限ともいえる売り場スペース（Webサイトなど）を用意することができ、地代の安価な場所に在庫スペースを設置することができるため、従来の物理的制約を多く乗り越えることができる。ロングテールとは、このような従来ならば「死に筋」と呼ばれたニッチ商品群のことをいう。これは縦軸に販売数量、横軸にアイテムを販売数量の多い順に並べたグラフを描いたさいに、販売数量の少ない部分が長く伸びるさまをロングテール（長い尻尾）に見立てた呼び名である。

このようなネット・ショッピングの発展に応じて各企業はそれぞれ自己のクリエーション能力に応じた市場を見出すことができる可能性が増大しつつある。私は長年繊維業界で働いてきた者としてここに日本の繊維産業の前途を照らす希望があると考える。しかし、この希望がかなうためにはいくつかの条件がある。

一つは消費者の需要と結びつくことである。消費者の需要はその欲求の多様化に応じてますます細分化される。幸い中小企業の多くは消費者に近いところにいる。とくに小さな需要は中小企業の周りに潜んでいる。それは市場の陰に潜んでいるのであってちょっと見ただけでは見出せない。市場の陰に潜んでいる小さな需要を見出してこれを形ある商品にするには一小企業の力だけでは難しい。どうしてもネットワークが必要である。従来ネットワークとか異業種交流というと同じ段階の企業、つまり製造業、卸売業、小売業それぞれのネットワークなり交流が多かったよう思われる。大切なのは消費者を中心としてその需要をどう満たすかということをめざして、製造業・卸売業・小売業を通した縦のネットワークである。決してこれらの間でリスクの押し付け合いをすることがあってはならない。従来の繊維業界の悪弊はまさにこのリスクの押し付け合いにあった。その弱点を克服したのもユニクロの功績である。繊維業界の側でも消費者の意向にそって協同して商品を生産しリスクを引き受けるという点は学ばなければならない。

したがって、もう一つの条件は連携する中小企業のなかに情報の共有がなければならないということである。お互いに腹の探り合いをしていてうまくいくはずがない。製造業であればお互いの工場を見せ合うことができなければならない。これは中小企業でこそ可能なはずである。もちろんこれらの条件だけですべてがうまくいくわけではないが、これが基本的な条件であると考える。

「大手企業または大手と一〇〇の下請け企業からなるグループが一〇〇種類の製品をつくるよりも、一〇〇の自主独立の中小企業が各々独自の製品を創造する方が、差別化された商品やサービスを生み出す上で効率的である[25]」という時代が近づいているかもしれない。こうしてこそ真に消費者のニーズに応える繊維産業に生まれ変われるのではないか。

注

（1）岩崎剛幸『アパレル業界の動向とカラクリがよくわかる本』（秀和システム、二〇〇五年）一七ページ。数字は二〇〇四年、船井総合研究所調べ。
（2）日本化学繊維協会『繊維ハンドブック二〇〇六』（日本化学繊維協会資料頒布会、二〇〇五年）六六ページ。原資料は経済産業省「商業販売統計」。
（3）同右、六二ページ。
（4）同右、一一一ページ。
（5）同右、七九ページ。
（6）同右、二〇三ページ。
（7）安満弁吉「『多様化』時代と中小企業――アパレル産業を中心に」（森岡孝二編『勤労者の日本経済論』法律文化社、一九八六年所収）参照。
（8）通商産業省生活産業局『新繊維ビジョン』（ぎょうせい、一九九五年）一九二ページ。
（9）センイジャアナル社『ニットアパレル白書』（一九八二年）二四七ページ。
（10）小野満「繊維産業にみるアジアと日本の競争と共生」（鈴木茂ほか編『中小企業とアジア』昭和堂、一九九九年所収）参照。
（11）杉田俊明「ユニクロ――SPAと中国調達」（吉原英樹ほか編『ケースブック国際経営』有斐閣、二〇〇三年所収）。
（12）『朝日新聞』二〇〇七年三月五日付、『読売新聞』二〇〇七年三月六日付。
（13）通商産業省生活産業局・繊維産業構造改善事業協会『新しい繊維産業のあり方』（一九七七年）五二ページ。
（14）安満弁吉、前掲書、参照。

(15) 岩崎剛幸、前掲書、一六一ページ。
(16) 通商産業省生活産業局、前掲書、二九―三〇ページ。
(17) 小島健輔「ユニクロの大失速に何を学ぶか」(『ファッション販売』二〇〇二年四月号)。
(18) 『日経ビジネス』二〇〇五年七月二五日号、六ページ。
(19) 近江七実『ユニクロ買う気にさせる心理学』(アップル出版社、二〇〇一年)三四ページ。
(20) 通商産業省生活産業局、前掲書、一二ページ。
(21) 富沢木実『新職人の時代』(NTT出版、一九九四年)。
(22) 小野満「中小企業における生産システムの変容――需要の多様化・個性化に対応して」(森岡孝二編『現代日本の企業と社会――人権ルールの確立をめざして』法律文化社、一九九四年所収)参照。
(23) 岩崎剛幸、前掲書、一八七ページ。
(24) ITメディア(株)『@情報マネージメント用語辞典』による。
(25) 通商産業省生活産業局、前掲書、二一七ページ。

第八章　バイオテクノロジーと多国籍種苗企業

森井久美子

はじめに

引いたばかりの蕪。その肌は真珠とみまごうばかりに輝き、葉の緑は深く、触ればぱりっと折れる風情で最後の細胞まで生を主張している。「日本も食うもんがないようなって生きられんようになるいうてみんなが語いよる。だれも百姓するもんはおらんようなって、田も売れんようになるけんなあ」。岡山県勝田郡勝田町、いまでは美作市となった宗掛の農業経営者は妻の指示で私に家庭菜園の収穫を持参してくださった足で語られる。私の故郷は鹿児島県宮之城町、いまは薩摩町と変わった。祖父は薩摩藩士の末裔で廃藩置県によって平民となり山林をこつこつ開拓して農業を営んでいたが、第二次世界大戦後は祖父の開拓の苦労も空しくその田畑は減反政策・農業構造改善事業で原野に戻っていった。祖母は生糸が日本の輸出振興産業であった時代に、桑畑を管理し住居の最も良い場所すべてに蚕棚をしつらえ蚕を育て繭を作り、わずかながら自らも生糸を紡いでいたが、その生糸もとっくに日本の産業ではなくなった。二〇〇六年の夏には官製土木事業の鶴田ダムが集中豪雨による決壊を恐れて予告もなく放水されたので川内川が氾濫し祖父の町は水没したが、補償はされない。

戦後の農業の縮小は急激であったが、日本政府が二〇〇一年に e-Japan 戦略を打ち出してからの変化はさらに早い。一九九〇年に発表された日米構造協議の最終報告では、内需拡大のために一九九一年度から二〇〇〇年度までの一〇年間に「四三〇兆円」の公共土木事業を行うことが約束された。ブルドーザーやユンボが棚田や田畑を押しつぶして圃場整備がされ、ろくに使われない農免農道と広域農道が貫いていった。それもいまの変化と比べると生易しい。今日では農業は植物工場といわれる水耕栽培、垂直栽培、地下栽培にいたるまで、工業と化す途上にある。種子が収穫からとりわけられ保存されたのは昔の話、次世代発芽を抑制された種子（ターミネーター）[1]を国際種苗企業から例年購入しなければならない。その種子の品種改良も遺伝子組み換えが主流となってきた。大都市が工業生産の集積地として発展・変化してきたのに比べ、農業は「遅れた産業」と言われながらも「ふるさと」であり続けた。しかし、戦後の工業発展に貢献するために都市へと移動し労働者となった旧農民の世代は二世、三世となり、彼らにとって帰るべき「ふるさと」は存在しないも同然になっている。

情報通信技術の産物は産業だけではない。コンピュータの処理能力の高速化[2]は今日ではバイオテクノロジーの基盤であり、その対象も植物から動物・人間へと拡大している。臓器移植、再生医療、体外受精、クローンなど人間をも含む動物の改変が次世代経済活性化の牽引車としての出番を待たれている。

情報通信技術の発展により科学技術が道具としての機能から頭脳の代替を可能にする水準に到達したとはいえ、人類は自然に学びながら口伝からはじまった知識の集積のほんの入り口にたどりついたにすぎない。そしていま、自然を征服しようとしてきた人間の営為は、脳の機能をパソコンで代替することによって、脳の訓練の機会を失うとともに、高度化した脳の遺伝子による集積伝達を衰退させる危機に直面している。

本章では私たちの生存を保障する食糧の主要作物であるとうもろこしに焦点を合わせ、情報通信技術とナノテクノロジー(3)についで驀進するバイオテクノロジーの現状を俯瞰し、人間と自然にとっての危険を検討してみたい。そして、人間による自然の支配を放棄し、地球生態系すべてとの調和を回復させる方向で経済・社会の枠組みを、いまいちど組み立て直す手がかりを探りたい。それこそ持続可能な未来への処方箋にちがいないと確信するからである。

Ⅰ節でとうもろこしの歴史、用途、栽培の増加と水問題、Ⅱ節で遺伝子組み換え作物、その認可、栽培、特許権と知的所有権、Ⅲ節で政府による新技術の推進、科学・技術者の役割、バイオテクノロジーに向かう背景、農業の工業化について述べる。Ⅳ節で政府の農業戦略・農業の株式会社化と農業労働者化、食糧の量と質の危機、科学・化学による地球改造がもたらす天変地異に説き及び、その防止は市場原理にもとづく資本主義制度に代わる制度の構築以外にないことを述べる。

Ⅰ　とうもろこしの歩み、現状

1　とうもろこしの歩みと用途

とうもろこしの原産地はアンデス山脈の低地だといわれている。中南米では数千年ものあいだ主要な食糧として、また薬として用いられてきた。とうもろこしは、ジャガイモ、トマトなどと同様に大航海時代にヨーロッパに伝わった。日本には一六世紀にポルトガル人によって伝えられた。現在にいたる品種は、明治初期にアメリカから輸入され、北海道で栽培されるようになった。

とうもろこしの主要生産国はアメリカ、中国、ブラジル、アルゼンチンであるが、アメリカが世界の生産量の四割以上を占め、世界最大の輸出国になっている。日本のとうもろこしはほぼ全量をアメリカからの輸入に依存しており、その輸入量は世界一である。とうもろこしの用途は約七〇%が飼料用で、その他の約三〇%が食品用などである。飼料用のとうもろこしのうちその八〇%強が配合飼料の原料として養豚、乳牛、肉牛、養鶏用などに使用されている。また、食品用のとうもろこしの七〇%がコーンスターチ用に加工されたあとブドウ糖、水飴、異性化糖などの糖化用として使用され、残りの三〇%はグリッツなどに加工され蒸留酒、ビールなどの発酵原料として使用されている。このように日本で消費されているとうもろこしの大部分は食品としてではなく家畜用飼料の主原料として消費されてきた。

中国などの市場化・工業化とともに世界の肉食圏が増大している。一人の生存に必要な食肉は一人の生存に必要な穀物量の六倍を肉食用の家畜飼料として消費する。肉食を推進しとうもろこしの生産を増やすことは世界の飢餓人口を増大させていくことでもある。人間を健康に養い病まで治していたとうもろこしは、いまでは商品先物取引の主力商品であり遺伝子組み換え植物の最先端でもある。

2　とうもろこしと水

とうもろこしは熱帯が適地であるうえに小麦の三倍の高さに生育するため、その生育に必要な水量は小麦の生育に必要な水量の三倍を必要とする。人間の体も七〇%以上が水分であるが、農作物は九〇%以上の水分からなりたっている。日本の穀物の自給率は約二〇%まで低下しており、最近はコメまで輸入している。野菜の輸入量も激増しているが、それは水の輸入を意味している。

とうもろこしなどの栽培のための水の大量消費は水不足をもたらし、作物に含有された水の大量移動は気象異変をもたらす原因の一つでもある。ＮＨＫでも放送されたように（二〇〇五年八月二一日）、アメリカの中部農作地帯では、北アメリカ大陸の真ん中にある五〇〇〇年を経て堆水された巨大なオガララ地下帯水層は第二次世界大戦後のわずか数十年で費消してしまった地域もあり、あと一〇〇年で枯渇するのではないかと予想されている。第二次世界大戦後は先進工業国のアグリビジネスによる単一効率栽培が発展途上国でひろく推進された。インドでもとうもろこしの単一栽培を手がけてきた地域ではすでに地下水が枯渇しはじめ、栽培のための井戸水が上がらなくなっている。そのため井戸を五〇メートル以上掘り下げねばならず、掘削設備更新のための資金力に欠ける農業経営者が破綻し、自殺者は一〇万人を突破したと報じられている。[4][5]

とうもろこしの栽培がこのように地球規模に拡大したのは、アメリカでハイブリッドコーンの作出に成功したヘンリー・Ａ・ウォーレスが、その種子を練り上げた販売戦略により自給自足でまかなっていた農民に売りつけていったことによる。余剰農産物とそれらの生産過程で投入された資材費の負担増があいまって破綻の危機に瀕した農業界が、バイオテクノロジーに活路を見出していく経済状況が生まれていたのである。ハイブリッドコーンは保存できない。[6][7]

これまでのとうもろこしの最大の用途は家畜飼料であった。今日では資源不足、地球温暖化問題を反映し、環境にやさしいとしてバイオエタノールなど代替エネルギーや植物性樹脂など代替工業資材として、植物性資源の獲得競争が世界的に展開されるようになった。日本政府はすでに一九八〇年五月に「石油代[8]

替エネルギーの開発及び導入の促進に関する法律」を制定している。昨今は石油の高騰を受けてエタノールの原料となるとうもろこし、サトウキビなどの確保を目指し、民間も政府も東奔西走の毎日となっている。植物のエタノール利用・代替工業資材化は食料不足と価格高騰を招き、自然林が破壊されとうもろこし、サトウキビなどの作付面積が増加・移動するにつれ水、気象問題は深刻化していく。

Ⅱ　遺伝子組み換え作物

1　遺伝子組み換えととうもろこし

とうもろこしはまた多量の生産を求められる利潤生み商業作物であるがゆえにどの作物にもまして遺伝子組み換え（Genetically Modified Organisms　GM作物）の対象とされてきた。

遺伝子は生物の遺伝的な形質を規定する因子であり遺伝情報の単位とされる。遺伝情報の実体はDNAの塩基配列である。例外としてRNAウイルスではRNAが遺伝情報を担っている。遺伝子研究は一八六五年に発表されたメンデルの法則にはじまり一九五三年のワトソンとクリックのDNAに関する『二重らせん構造』まで約九〇年の間にゆるやかに進んできた。二重らせんの発見以降もそれほど急速に進んだわけではない。遺伝子を扱いやすくするためのクローニングや遺伝子の配列を読むシークエンシング、そして遺伝子をたんぱく質に翻訳する過剰発現の三段階が具体化し(9)、加えて高速・小型コンピュータとインターネット、市場原理主義とグローバリゼーションが結合することによって画期的な前進を遂げるようになった。

バイオテクノロジーによる開発商品である種子や薬が利潤の源泉とみなされるようになり、遺伝子操作植物の開発や人遺伝子の解読などが国際競争の舞台に上ってきた。それは第二次世界大戦後、経済を劇的に発展させた大工場による大量生産様式の普及成熟、その後のＩＴ景気のまたたくまの一巡による経済停滞の救世主ともみなされた。開発の先行、商品化をめぐり種苗、製薬、医療、化学分野の多国籍企業が先を争い参入している。

コンピュータ技術の発展を基盤とした世界経済の激変を背景に、大学さえも構造改革から逃れることは容易ではなく、研究者の多くが高い俸給や研究費によって民間研究所に囲われ開発競争に巻き込まれている。そして遺伝子組み換え作物、新薬、各種添加飲料、クローン動物など新たなバイオ商品が連日市場に登場するようになってきた。重厚長大どころか軽薄短小産業さえ疲弊している今日の世界経済にとって、農作物は地球人口への食糧供給に加えてバイオエタノール生産という巨大市場ゆえにその主戦場である。多国籍種苗企業による発芽抑制種子についで害虫抵抗性、ウイルス抵抗性、除草剤耐性を組み込んだ作物はすでに実用化されており、さらに栄養素や医薬品が組み込まれた作物の開発も急である。

遺伝子組み換え作物は人体、生態系に悪影響があるにちがいないと多くの人々が不安を表明している。したがって政府が経済成長率の救世主として世界の開発競争で優位に立とうと後押しする今日の急速な技術開発のもとでさえ、市場に追随しがちとはいえ、規制法もあり勝手に栽培できるわけではない。

日本では二〇〇七年四月一二日現在、厚生労働省によって安全審査を通過している遺伝子組み換え食品は七七品種であり、内訳はとうもろこし二六品種、なたね一五品種、じゃがいも八品種、大豆四品種、てんさい三品種、わた一八品種、アルファルファ三品種である。指定添加物は三六四品目である。

しかし、現実はそれほどのどかなわけではない。報道によれば、二〇〇五年五月、遺伝子組み換え作物の屋外栽培を規制する全国初の条例が北海道で成立した。研究機関の試験栽培は道へ届け出なければならず、農家の栽培には知事の許可を義務づけた。また、同年一二月には、新潟県上越市のコメ生産者らが、「農業・生物系特定産業技術研究機構」（茨城県つくば市）に対し、同機構が上越市で予定している遺伝子組み換えイネの屋外栽培実験の中止などを求める訴えを新潟地裁高田支部に起こした。(10) 国内では商業栽培はなく実験的な栽培が行われているだけだが、大豆ととうもろこしのほとんどを輸入に頼っているため、国内で消費される大豆の半分強はGM大豆と推定されている。(11) 他方、『植物力——人類を救うバイオテクノロジー』（新潮社、二〇〇六年）の著者、新名惇彦氏は、遺伝子組み換え植物の栽培を無批判に推奨し、「遺伝子組換えトマトが一九九五年に登場して一〇年、二〇〇四年には世界の大豆の五六パーセント、とうもろこしの一四パーセントがGM作物になったが、これまで人が病気になるとか死ぬなどの事故は一度も起きていない」(12) と今後の一層の技術開発を支持する。心臓病、脳溢血を超えて死因の一位を占め急上昇中の癌死亡は体内異物・免疫とかかわる複合汚染であるが、遺伝子組み換え作物の発癌性の疑いは否定されていない。しかし市場原理・自由主義経済制度のもとで経済成長を切望する規制緩和行政のもとでは、国民の合意を求めることなく経済合理性が疾走していくのである。

2　遺伝子組み換え作物の認可

アメリカの種苗企業のモンサント社は遺伝子組み換え作物の市販化を真っ先に実現した企業であり、消費者の反対も意に介さず市場参入を果たしてきた。食品に遺伝子組み換え食品であると表示することに反対を貫き、環境にマイナス効果を与えるとの主張を否定し、農家に対し特許使用料の支払いを義務付け遺伝子組み換え作物種子の保存を禁じている。[13]

アメリカでは一九八六年には科学技術政策局の仲介で、国立衛生研究所（ＮＩＨ）は遺伝子組み換え作物ができる工程の監査を、食品医薬品局（ＦＤＡ）は食品そのものの監督、アメリカ環境保護局（ＥＰＡ）は遺伝子組み換え作物全体の取り締まりと、体制もほぼ整えていた。規制審査手続きはバイオテクノロジーを取り締まるほかのどの政府機関よりも時間がかかって遵守項目の多い基準が課せられている。四万平方メートル以上の栽培実験用地に仮認可を与え、人間と動物と環境への安全性に関するデータが通常一八か月の最終審査を経たうえ、製品検査が実施される。[14]とはいえアメリカといえども新たな遺伝子組み換え作物の山のような申請や種苗企業、環境保護団体の熱心なロビー活動に限りある職員で対応せねばならず、せめぎ合いの結果、遺伝子組み換え作物も市場に出やすいのが現実である。

日本の規制・審査事情はどうか。アメリカよりも技術的水準が高く人員も多いとはいえない。新製品の開発が経済を牽引するとして構造改革を進めている政府が、民間に先駆けて新技術に精通し広域的・長期的な弊害を予測し、認可を求める猛烈なロビー活動を退けて、適切な規制法を施行し規制することは容易でない。むしろ規制強化よりも規制緩和が優先され変化が加速されている時代には、規制法も税制も泥縄にならざるをえない。それはアスベスト被害事件も片付いていないうちに発生した耐震強度偽装、有毒リサイクル商品、有毒産業廃棄物、アガリクスの発癌性、ライブドア事件、村上ファンド事件など、枚挙に暇のない企業の不祥事の続発が赤裸々に示していることである。

3　遺伝子組み換え作物の栽培

遺伝子組み換え作物の栽培に対しては、種子の飛散や昆虫による媒介を完全に遮断し既存種と交配しないようにする方法があれこれ探られているが、完璧にはいかない。遺伝子組み換え作物を恐れる人々の間に有機栽培が広がっているが、有機栽培側からの完全な交配防止対策要請に対して、ある程度の交配まてなら有機とみなすという妥協を余儀なくされている。効率栽培をめざす殺虫剤多用は常態であるが、害虫抵抗性遺伝子は害虫の抵抗力を誘発する潜在的リスクにさらされるという研究もある。実際、農薬業界と農家が化学農薬の散布量を抑制しなかったために、害虫が化学薬品に抵抗力を獲得するという現象が広くみられた(15)。生物は大小にかかわりなくそれなりにしたたかなのである。つまり作物栽培においては虫や風を止めるのにも、殺虫剤の効用にも限界があるように、遺伝子組み換え作物の囲い込みは難しく、かつ交配や免疫がどのように発生し相互作用するかは解明しつくされていないのである。

世界最大の種苗企業であるパイオニア・ハイブリッド社の社内ベンチャーであるパイオニア・エコサイエンスが日本進出を狙って幾多の遺伝子を駆使し、新種の開発を行っている。たとえば市場の七〇％以上を独占しているタキイ種苗のトマト・桃太郎に対抗して、サカタのタネが果実並みに糖度の高い命名・王様トマトや、糖度が一八％もあるとうもろこしの開発に成功して、日本ですでに試験販売されている。生物多様性に満ちた戦前までのトマトは二十品種存在した。今日、私たちの生命を預ける作物は、このように暮らしから遠く離れたところで、新商品に結びつくように計られた嗜好への誘導のもとに、遺伝子組み換え、試験栽培されて私たちの食卓にあがるということである。一方で生態系破壊を防ぐため外来種防止策が講じられ、他方で外来・遺伝子組み換え作物の摂取へ導かれているのは矛盾である。遺伝子操作作物、サプリメント、薬品の多用、さらには再生医療、臓器移植が更なる開発の只中にある。人間の暮らしは化学物質や遺伝子操作作物による原因不明の疾病に一層悩まされる可能性が高い。それらが自然環境だけでなく健康と生命にどのように影響するかは複合・広域・長期におよび、摂取による結果がでるまで不明で、かつ結果が出ても何が原因か特定することはますます困難になっていく。

アグリビジネスは遺伝子組み換え種子の販売で開発費用を早期に回収し先取利益を上げようとする。そのために、国際アグリバイオ事業団（ＩＳＡＡＡ）などの団体は、遺伝子組み換え作物をはじめバイオテクノロジーによって発展途上国への食糧供給が可能になり、世界の飢餓問題を解決できると宣伝する。「緑の革命」[16]は発展途上国の農業を自立型の農業から先進国特有の大量資材投入型単一農業に変換させたが、作物からは地元の何千年にわたる淘汰で培ってきた抵抗力が失われ、結果的に収穫高を減少させてしまった。アグリビジネスはこの教訓も汲みとらず遺伝子組み換え作物によって発展途上国の飢餓を解決できるとの美名のもとに、再び発展途上国を種苗企業の有力市場にしようとしている。

4　特許権と知的所有権

遺伝子組み換え種子は種苗企業によって特許申請され保護されている。特許権の出自はヨーロッパ君主時代の「Patent」に由来しラテン語で「公に通用する」という意味を表していた。しかし、アメリカはビジネス振興のために特許の概念を、他者を排除し個人や企業に独占権を与えるものへ変化させてきた。[17]知的所有権とは想像の産物までをも囲い込み、特許によって一定期間特定個人や企業の利益の独占を保障するものである。古くはラジウムの分離に成功したキューリー夫人がラジウムの製法で特許を取る道があると知らされたとき、「情報を独占しておくのは科学の精神に反する」と断った。(18) 私利より公を優先させたのである。今日では特許権・知的所有権は、ともに便益を広く社会に普及し分かち合う当初の「Patent」思想の対極にあるものとなり、入会権・入浜権の私有化と同じく公共性の侵犯を公然化するものとなった。科学と経済が一体化したことで、農業については保存種子から購入種子への切り替えが促進された。遺伝子組み換え作物は省力化、コスト削減、環境に対する負荷の削減の効果があるなどと短期的な効用が謳われ、農業は輸出に基盤を置いた市場先導型農業に変貌することを強いられてきた。農業経営者は購入種子の特許権・知的所有権に多額の支払いを強制され、自然交配の発生——それこそ神の恵みなのであるが——を常態とする農業経営において、自然発芽した遺伝子操作作物の生育を種苗企業により非買遺伝子組み換え作物の違法栽培の罪で告訴される事態にたちいたっている。(19) とうもろこしについで植物油を搾油する菜種菜、さとうきび、わたなどその他作物についても事情は同じである。食用に供しない花卉《かき》類は美麗を求めて改造は著しいが、これらが気流や台風や黄砂とともに飛散し食用作物と交配しないという保証もない。

特許権・知的所有権を駆使したビジネスチャンスを狙って多発する企業のM&Aの結果、今日世界の人々が食糧を依存するアグリビジネスはわずか数社である。この数社の多国籍企業に世界の食糧や医療が一極集中していく有様は、資本主義国が嘲笑した社会主義国の統制経済を越えるものである。これらの企業が決して世界中の人々の健康や公益を願っているのではなく、利潤を極限まで追求し世界市場を制覇しようとしていること、私たちはその「商品の消費者」であるかぎりにおいて存在価値があるにすぎないことに疑問を差し挟むことができる人はどれほどいるだろう。なぜならこれこそが人々の意識のなかに空気のように浸透した市場原理主義の表れにほかならないからである。

また、分子・原子からクォークまで分解し合成をもってよしとする科学と異なり、ＢＳＥの例を引くまでもなく、牛が牛を、人間が人間を食べてはいけないと捉えるのは生命倫理の至上命令である。しかし、この問題をめぐってミクロに走る科学の部分性と、バランスを要求する自然の総合性との間の乖離はますます拡大している。私たちはメンデル以来進歩とみなされた自然操作の危険を直視することを迫られている。

つまり資本のためにこそ存在している特許権・知的所有権を制限しかつ短期に公に開放する、できれば廃止する必要がある。法人・個人に超過利潤を与えない制度にすれば狂気の開発も速度を落とす。

Ⅲ　政府の戦略産業・農業の株式会社化

1　遺伝子組み換え作物開発における科学・技術者の役割

遺伝子組み換え作物の高速開発・普及については科学者の役割を無視することはできない。このような高速開発を生みだしているのは一九八〇年代に分子生物学が発展しバイオテクノロジー発展の道を開いたからである。ヒトゲノムさえ予定期間を短縮して解読するにいたった経済の自由化・国際化を背景とした新技術開発競争の激化によるものであり、技術的基盤となったのはコンピュータの高速化とネット化である。

社会主義国崩壊後の世界ではアメリカの主導により新自由主義と市場原理主義にたつグローバリゼーシ

ョンが進められた。科学者の民間企業への移籍が促進され、科学者は社会的貢献より雇用された私企業に貢献することが多くなった。開発の目的は利潤産み新商品に極限されている。研究、新発見、技術開発は科学・技術者に陶酔をもたらす大人のおもちゃの性質をもっている。たとえば「男が出産できたら」という課題は馬鹿げたことではなく、男が女にただ一つ頭の上がらない「産む」ことが可能になり万能の王になることは、科学・技術者のカトリック以来の歴史的な見果てぬ夢であり開発目標なのである。[20]

願い続けた社会主義国家の粉砕に成功しわが世の春を謳歌してきた資本主義であるが、激化する国際競争に大企業でさえ生き残りの難しい昨今では、科学・技術者には社会全般への影響や長期的効用を考えた研究よりも、企業利益に即効貢献する商品開発が強制され、研究と報酬への陶酔の拘束が優先される。

他国に例を見ないほど強烈に新技術と新商品の研究開発を支援する経済回復戦略政策が推し進められている日本においては、大学は再編され産業競争力の発信基地となり、科学・技術者には特許による超過利潤を目指して生き残りをかけた開発競争が要請されている。それらは科学・技術者の足をすくいしばしば開発の負の側面に目をつぶらせる。[21] メディアも戦時下の様相で子どもまで狩り出して科学技術の振興、新商品の宣伝を煽っているために、科学・技術者自身に抑止力が働くことは難しく、不正の温床にすらなっている。韓国のES細胞捏造、大阪大学の二教授論文データ不正、早稲田大学の国の研究費不正受給など、研究をめぐる不正は後を絶たない。化学商品やバイオ商品には、三菱自動車や松下電気温風器やパロマ湯沸器のような販売後に犠牲者を出して発覚する不良商品は発生しないのか。複合し原因が見えにくいだけに、侵蝕は広く深く潜在した後に発病すると見て間違いないだろう。

スイス連邦工科大学のインゴ・ポトリクスとドイツ・フライブルク大学のペーター・バイアーは、栄養価の高いジャポニカ米種に欠けているβ-カロチンを生成するラッパズイセンの遺伝子を組み込むことに成功した。二人は研究者が陥りがちな企業への貢献の強制と闘い、その成果をビタミンA欠乏症で二〇〇万人もの五歳以下の幼児が罹病・死亡している慢性的食糧危機下の発展途上国の貧しい農家に無料で利用してもらいたいと希望した。しかし、二人がこの開発に利用した特許登録済みの素材と研究法は世界三〇国以上にまたがる三一社もの企業が保有する七〇件の特許権によって保護されていた。二人がこのあまりに複雑に入り組んだ特許権と知的所有権を崩すことは絶望的で、無料で利用できる協定は日の目を見なかった。[22]

特許権・知的所有権をめぐるこの事実は、人体や自然に必ずしも有用であるとは限らない上に、せっかく開発された有用品も特許や知的所有権により開発者や企業に独占されていて人々に有効活用される道は閉ざされていること、民衆のために有効活用するには特許・知的所有権を廃止せねばならないことをあきらかにしている。

2　バイオに向かう経済背景

思考する存在である人間は考える葦であるといわれてきた。人間は生活改善の工夫をし道具を生み出すことをやめることはない。しかし、作業機と動力機の発明を契機に産業革命がもたらされ資本主義システムが確立してからの科学技術の速い歩みは、いわゆる「進歩」とともにいろいろな矛盾ももたらしてきた。マルクスが『資本論』で描いた労働苦や失業や貧困もこれらの発明と産業革命の影の部分といえる。交通運輸手段の発達は世界のいたるところに人間の移動とともにペストや結核など伝染病をもたらし、現地住民を殲滅的な死に追いやった。第一次世界大戦も第二次世界大戦も資本主義システムの生み出した恐慌が主要な引金となった他国の侵略・略奪戦争であった。第二次世界大戦後の資本主義システムは、産業復興と経済成長をもたらし先進諸国の焼け野原に再び富を築いた。人々の欲望も一層刺激され三種の神器や自動車ブームへと戦後経済を牽引してきた。

それらの新開発商品もすべて一巡した景気後退のなかで、景気刺激のためにアメリカのNASAから軍事用の最新技術が民間に転用され、新たな新商品として情報通信技術とその関連商品が登場した。まず自国アメリカでシリコンバレーブームからニューエコノミーへ、遅れて技術転用が日本へももたらされe-Japan戦略となってきた。

日本政府は大規模な赤字財政のもとで社会福祉など国民向け予算は容赦なく削減する一方で、科学技術振興には規制緩和、研究開発の補助金・助成金、税制優遇などの措置を講じ、有線固定電話の携帯電話化、テレビのデジタル放送化、高速道路使用料金徴収のETC化など、国民に負担を強制して情報通信技術を主な手段として経済回復をはかる政策を強行してきた。政府はこれら経済政策による国民の負担の増大や社会生活への影響についての説明責任は果たさず、当然合意形成をはかることもなく、目新しさに溺れさせて強行してきた。「官から民へ」を旗印に、国民に低廉でよい商品を入手できるかのような幻想を意図して与えながら、科学技術振興を国家戦略として推し進めてきた。そして情報通信技術についでナノテクノロジー、バイオテクノロジーを登場させようと舞台が回っているのである。

情報通信技術は、労働と生活全面にわたる格差・異常犯罪・監視社会の出現など負の側面をさておいて、ヤフー、楽天、ライブドアなどを生みだし政府の言う「経済効果」を産みだした。しかし、携帯電話、パソコンなど機器の普及は早くも一巡し、陳腐化も「生鮮食品」と言われるほどに早い。ワールド・ビジネス・サテライトをはじめマスメディアでは、反権力・反骨のジャーナリスト魂などかけらもなく、商品となる技術開発の宣伝が日夜行われている。工場でも家庭でも新品同様に使用可能な製品が廃棄され、それらが商品として発展途上国へ輸出されていく。先進工業国である日本が廃棄物を発展途上国に売却し、途上国を自国のごみ処理場にして当然とすることに私は疑問をもつ。

このような経済状態のなかで、バイオテクノロジーによる農業の工業化と医療、臓器移植、再生医療、体外受精、クローン、サイボーグ[23]、医薬品の研究開発が必須の経済活性化策として推進されている。遺伝子操作作物もこの枠組みのなかに位置している。生態系を汚染し人間を発病させて環境ビジネスを隆盛させ医療を施すという、こんなに確かな利潤確保の道はないのである。

3　戦略産業・農業の株式会社化

日本の農業経営者は、三ちゃん農業（じいちゃん、ばあちゃん、母ちゃん）や兼業農家の困難を乗り越え、化学肥料・殺虫剤の多用、農業機械の負担、温室栽培、アグリビジネスからの購入種子に耐えながら、まがりなりにも土にゆだねた農業を営んできた。だが、安倍内閣は農業を明確に戦略産業と位置づけ農業の株式会社化を掲げたので、農業の工場化は加速することとなった。すでに「儲かる農業」政策のもとでのコンピュータ管理の水耕栽培、垂直縦型栽培、地下栽培が模索されている。大きな資本を必要とするこれら機械化農業経営は、望むと望まないとにかかわらず農業経営者による経営から企業による資本投下・大規模経営へと変化せざるをえない状況に追い込まれている。他方、「儲かる農業」推進の見本として、高齢過疎化した徳島県上勝町の料理のつまの携帯電話入札による製造販売という、「斬新な着想と競争による利潤の増加」が繰り返し放映され推奨される。八〇歳前後の高齢者が金融ディーラーよろしく携帯電話のタッチの速さを競い合い年収一千万円だと喧伝するさまは異様で、農村共同体の壊滅を示唆している。農林水産省の「基本データ集」によると、農業集落数はピーク時の一九五五年の一五万六〇〇〇集落から二〇〇五年の一三万九〇〇〇集落に減っている。この間に一万七〇〇〇もの集落が崩壊したのである。

アメリカ・オーガニック社の水耕栽培は農薬は不要で栄養、肥料、水を与える量は土での栽培の三分の一から五分の一ですむ。同じ社の農場を縦に積み上げる形態は複数のハイテク温室でロボット工学を取り入れたシステムを使っている。遠方からの輸送コストを負担しないため価格は十分低廉になり無農薬の付加価値で成功するとしている。製薬会社と交渉し遺伝子組み換え作物を栽培する「植物工場」を作り、育てた作物から医療に役立つ成分を取り出す。人工照明や暖房を利用しても採算が合うほどにエネルギー価格が下がれば、自動化された農場を高層ビルのように積み上げるという構想である。オーガニック社は農業のまったく新しい手法を打ち立てていく。

同じくアメリカのパーデュー大学の研究者たちと企業家のタグ・オーセンボーが地下に農地を作ったのは、収穫量の増大を考えたからではなく、医薬品成分を含む食用作物栽培の安全な環境をバイオテクノロジー企業に提供する目的だった。

ここでとうもろこし、たばこ、大豆、トマト、じゃがいもなどを栽培した結果収穫量が増えることがわかったのである。(24) オーセンボー氏は二〇〇四年に米コントロールド・ファーミング・ベンチャーズ社を設立し、ファーミングに固有のリスク、他の作物への影響を減らすために採石場跡と地下倉庫で作物の栽培を始めた。照明装置の効率があがれば遺伝子組み換えとうもろこしであれ通常のとうもろこしであれ採石場跡地の栽培システムがアメリカ農業に革命を起こすかもしれないという[25]。二〇〇七年夏には、ニューヨーク市の一〇〇％自給をめざす屋上農園と、コロンビア大学Ｄ・デポミエ教授による高層丸ビル農場が報道された[26]。

水耕栽培、垂直縦型栽培、地下栽培は日本でもすでに実験栽培中でレタスなどが出荷されている。東京の地下栽培の場合、ホテルのロビーのような癒しを演出した地下床でいろいろな作物が緑も美しく成長している。利用されているエネルギーは三色ダイオード（ＬＥＤ）で各色ごとに伸張、肥大などの効果があり、これをコンピュータ管理して生育させるので殺虫剤も化学肥料も不要である。赤色ＬＥＤはすでに家庭用植物育成灯として低価格で市販されている。土のいらない農業・ハイドロゲル技術も開発され、全国各地で試験栽培中である。

これらビジネス農業の普及は人類の誕生以来引き継がれてきた従来型農業を激減させ管理された田園や里山も消失させ、無愛想な工場群の林立する農村へと一変させる恐れがある。農業も他産業と同様に全面的に多国籍企業の管理下におかれ当然食生活のあり方も激変させる。

このような「工場」で「製造」された作物は見かけは変わらない。しかし、有機的に考えると太陽と土で育てた農作物とは異質のものである。比喩的に述べると０と１のドットの微細・多量化により明瞭で美しいデジタル映像になったとしても０と１以外は存在しないという事実は変わらない、「科学は仮定から成り立っている」へ帰着するのである。

従来型作物それぞれの組成をすべて分析し、その作物と他の摂取物とのあらゆる組み合わせを想定し、短期だけでなく長期の人体への影響と、人だけでなく昆虫、鳥獣、作物、野や森など生態全体との相互作用を解明しその影響を分析することは、コンピュータの速度が速くなってもできない。一つの仮定を解明したとして解明を試みた要素とその現象は、生態系全体の調和の回復をめざすたゆみない変化のなかにあり、すでに消え失せている。

レイチェル・カーソンの『沈黙の春』、有吉佐和子の『複合汚染』、キャロリン・マーチャントの『自然の死』(27)から数十年経過して、彼女らに学ぶことなく汚染は自然の動植物から人間の体内へ、そして地球規模の温暖化、気象異変へと一層複雑になる地球的連鎖のなかにある。潜伏期間も短いものから長期にわたるものと原因の特定は困難で、ようやく特定してもその時にはそれが汚染なのか常態なのかわからない状況にあるだろう。

このままでは農業という生業があり、太陽や月が水や空気を巡らせ、その恵みのもと芽を出し成長し実る作物があったことや、その周辺には緑の林や森があり、人々が鳥のさえずりや緑陰に心からの喜びを感じるという営みがあったことは、「大型・クリーンで明るいハイビジョン画面」で鑑賞するものとなっていくだろう。棚田は世界遺産登録の雲南省まででかけて鑑賞するものとなるかもしれないが、その雲南省が重度のエイズに汚染されていることも象徴的である。だが、「新しい人間」にはかつて自然のなかで芽吹いた作物を食べ「貧しく」とも健康であった時代を理解することは難しい。

Ⅳ　市場原理主義に歯止めをかけよう

1　農業に広がる賃金労働化と格差社会

本書の出版の目的は格差社会問題を批判的に検証することである。

三〇〇万人余の戦争犠牲者を出して天皇制を頂点とする大地主制度を廃して国民が獲得したのは自由と民主主義であった。農村では広く農地改革による自営農業が始まった。しかし、高度成長期を通じて農村から都市への労働力の大規模な移動が続き、農業人口が急激に減少していった。農業から引き離され都市に移動した若い労働者は、それでも九〇％以上が正規労働者だった。労働者は高度成長によって実質賃金の上昇と生活水準の向上にあずかったが、それも長くは続かなかった。一九八〇年代の後半にはコンピュータ導入とＦＡ化・ＯＡ化を背景に、裁量労働制、労働者派遣法、労働基準法改悪など労働条件の改悪が続いた。ＩＴ革命を背景に一九九五年に日本経営者連盟が『新時代の「日本的経営」』を提案し、政府と一体となって徹底した労働力の流動化をはかった結果、赤裸々になってきたのが「格差社会」、すなわち不安定で生活を維持できない低賃金の非正規労働者の激増とその社会全体への負の波及効果である。

一般に「格差社会」は雇用の場での身分格差として語られるが、今日の格差は労働現場から衣食住のすべて、社会生活のすみずみに浸透している格差である。そして多国籍企業の世界支配は製造業にとどまらず、種子、肥料、殺虫剤の供給網から作物の加工、販売ルートなどのアグリビジネスにまで広がってきた。[28]

これに呼応した安倍内閣による農業の株式会社化とＦＴＡ／ＥＰＡ推進宣言は農業労働の雇用労働化を加

速し、農業と農村に「格差社会」を埋め込んでいく。

第一に、わずかに残る自営農の農業労働者への転換である。スーパーとコンビニの普及にともない中小自営小売業がほぼ壊滅したように、農業においても自営農業は息の根を止められていく。戦後六〇年の流れは農業から労働者を排出し工場の大量生産・大量消費体制を支える政策だった。今日では食糧も多国籍企業によって世界的・複合的に支配されているが、さらに推し進められている農業のバイオテクノロジー化、工業化は、大地主制度の小作人から解放されて自営農となって農村に踏みとどまった営農者を農業株式会社の従業員に変え、農民にわずかでも残された裁量権を雇用主のものとしていく。農業は変造単一品種極甘トマトをロボットが収穫するようになっても、ベルトコンベア化・IT化に象徴される無人工場に比べると労働集約的で人手がかかり人件費は工場より割高であるから、いまでも研修の名のもとに大量の低賃金外国人労働者が働いている。農業従事者にかかる人件費削減圧力は営農者の所得を減少させ、土地の価値を失うことによって資産価値も失っていく。現在、世界屈指の農産物輸出国であるオーストラリアと日本とのFTA（自由貿易協定）の締結交渉が進行中である。沖縄の『八重山毎日新聞』は「もし農産物の自由化がオーストラリアの目論みどおりに達成されることになれば、自民党農林水産物貿易調査会の試算によると、国内農業や地域経済に与える打撃は三兆円、そのうえ食糧自給率は一〇%低下する」と警告している。(29)

2　食糧の量と質の危機

第二に、科学化・化学化に加え農業生産から加工、流通、販売までになう多国籍企業がバイオテクノロジー・遺伝子操作を駆使した食糧の量と質の危機である。

先進諸国が自給率を回復させほぼ国内自給を達成しているなかで、日本の自給率は穀類二〇％強、野菜約五〇％と異様に低い。輸入作物の確保はただ平和と「食糧安全保障」に左右されるだけではない。自然破壊で多発する気候異変と水の喪失は作物の収穫を不安定にする。いずれの国であれ、市場原理であれ、余剰農産物を失えば輸出に振り向けるとは考えがたい。量の危機に襲われるのは喫緊の問題である。

すでに遺伝子操作などバイオ作物と監視の弱い合成甘味料、搾油、飼料用などを経由した加工食品が私たちの食生活に入り込んでいるが、さらに拡大していく。加工食品の分野では練り物、ハンバーグなどで最も顕著なように、素材の原子化、クオーク化とその合成で製造される食品が常態となっており、すでに日常の食卓にある。魚卵のいくらもどきの例のように分解素材、添加物などで合成製造される加工食品の構成物はかつての食物とは似ても似つかない。中国で、散髪屋で切断されて床に散乱した毛髪を回収して農村の庭に山積みしアミノ酸を抽出して醤油を製造していた例が摘発された。たしかに醤油も毛髪もアミノ酸を含有している。今日の食品加工業の現状は、このあっと驚き「中国は！」と侮蔑する例と本質において変わらない。そして食物だけでなく身体そのものも、煽られる人々の美貌と健康と不老長寿の願いにより、再生医療、臓器移植、サイボーグの合成品となっていく。部品を経由して商品化していく身体についてジャック・アタリは『カニバリズムの秩序』[30]で三〇年前からその危機を告発していた。

この食糧の量と質の危機に対しても「格差社会」は厳然と機能する。量を確保するにも金銭が必要であるが、質においても「有機」食品を選択するには所得が必要である。国際工業農業が生産するモノカルチャー作物から多国籍巨大スーパーマーケットにいたるまでグローバルにコントロールされている私たちのすべての食糧は、百貨店と一〇〇円ショップの利用者のように、「有機」を選択できる富裕層と、嗜好をマクドナルドに象徴される画一的な食糧に誘導される低所得層に、明確に分類した戦略のもとに供給されている。[31]

ナノテクノロジーについても急速に実用化される途上にある。産業技術総合研究所は「ナノ材料」が健康に及ぼす影響を調べるため世界最大級の資金規模となる安全性評価（リスク評価）のプロジェクトを始めた。五年間で二〇億円をかける見通しである。毒性試験だけでなく計測技術の開発や、人が体内に取り込む量の推定もする。ナノ材料の国際基準作りで日本の発言力を確保する狙いも込めている。[32] 研究するまでもなくその超微細はあらゆる場所に侵入可能なことにおいて、人体・自然のバランスを内から破壊する。これらの研究にもまた、「国民の安全な生活のため」税金が投入され、新しい雇用も創出される。ここでも規制緩和で利潤を得るのは「勝ち組」であり、研究開発、商品化費用、後始末は国民負担の構図が貫徹される。

NGO化学物質市民研究会の安間武氏は、吸入されたナノ粒子は①ラットの鼻腔、肺、脳に蓄積する（米ロチェスター大）、②ナノ粒子はオオクチバスの幼魚の脳とえらの酸化ストレスを起こす（米デューク大）、③日焼け止めなどに使用されている二酸化チタンのナノ粒子はラットの細胞にダメージを与える（米ノースカロライナ大）と知らせ、被害が出てからの対策では遅すぎる、「予防原則」が必要だと訴えている。[33]

3　天変地異と重病の地球

第三に、人間が支配する自然の「トラウマ・重病」の危険である。第二次世界大戦後先進国といわれたわずか一四か国が世界の資源をほしいままに利用してきた。一四か国という国家数は世界の約二〇〇か国から見ると少数であるが、人口で見るとさらに少なく世界人口の一〇％にも満たず、世界の国の人口順位で六〇位までに入るのはわずかにアメリカと日本のみである。自由主義・グローバル化で先進国の市場に転化させられ工業化・近代化が進む新興工業国の人口は中国一五億人（一子政策による未登録人口を含む）、インド一一億人の二か国だけで世界の人口の三三％を占める。それら資源利用の少なかった国々が、民主化という名の市場化によって工業化・資源多用国家へ変貌してきた。先進国に追随する場合、新興工業国の資源、食糧の需要がどのような規模になるか容易に理解できることである。たとえば自動車を例にとると、日本の人口一億二千万人に対し八七〇〇万台の自動車（乗用車および商用車）の普及率を中国での普及に換算すると八億七〇〇〇万台になる。マスコミは中国がエタノール資源確保のためにブラジルに飛んだ、小泉首相（当時）が鉱石確保のためにモンゴルに飛んだと「国益」を煽っている。科学技術の発展でこれまで対象外であった宇宙と深海の開発も急ピッチである。地球にとって応じかねる大地からのおおがかりな搾取が急速に進行しており、それは天変地異に直結し地球を致命的に破壊している。

小林文明氏は東京都で高層ビル群から積乱雲が発生し落雷していることを観測した。近年多発する長期猛暑、河川氾濫、土砂崩れ、都市型浸水、龍巻は、人間は自然の王であり支配しうると改造してきた結果である。少しでも発生を防止するためにはコンクリートを大規模に破壊して土と緑に戻すしかない。ヨーロッパは護岸した河川を蛇行と湿地帯に戻す大規模復旧工事を開始した。

多国籍企業がバイオテクノロジーやナノテクノロジーを駆使して地球規模で利潤追求に邁進する今日の資本主義制度とはいかなる妖怪であるのか。「市場」の呪縛に囚われ容赦なく社会主義を捨て去り資本主義を咎めることに臆病な経済学とは何であるのか。

岩井克人氏は「先進資本主義国では産業資本主義の時代が終りつつある。資本主義の根本原理は単純だ。収入から費用を差し引いたものが利益となる。工場を持つだけでは利益が出なくなると収入と費用の間の『違い』を意識的に作り出さねばならなくなる。他社よりも早く新技術を導入して費用を下げるか、他社とは異なった製品を開発して収入を上げなければ、生き残れない。『ポスト資本主義の時代』と呼ぶ時代の誕生だ」。「したがって『違い』を意識的につくるために人間の頭脳が重要になり少しでも良い利ざやを求めてお金が世界中を動く。法人企業は人間として振舞える法人代表者との間に『信認関係』が必要だ」と、会社法で言う「忠実義務」、つまり「倫理性」について述べる。「アダム・スミスは『国富論』で自己利益の追求が公共の利益になる資本主義を描いたが、資本主義の中核に経営者の倫理的行動が要請されるという『逆説』が見出された。この逆説を理解しなければ、ある日資本主義自体の息の根が止まる可能性が出てくる」[34]。私は、彼の経済主義に同意するわけではないが、資本主義制度はもはや民衆の労働・生活も地球も支えることのできない制度と成り果てたと考えているので、岩井氏の「資本主義の息の根が止まる」に共感する。

さらには関下稔氏の『多国籍企業の海外子会社と企業間提携——スーパーキャピタリズムの経済的両輪』[35]に表されている見解に共感する。

ロバート・ブレナーは『ブームとバブル』[36]を書いて、先進資本主義国の長期にわたる危機と停滞の原因は過剰生産にあり回復は困難であると立証したが、この主張が少数派であることに私は驚く。経済学がともすると経世済民から離れて経済成長や企業の「経営」に捉われがちであり、人間の生存に不可欠な食糧の生産を担う農業を傍系に見てきたことが「格差社会」の解決にその原因である雇用の流動化のいっそうの推進を強調する結果にもつながっている。

今日では経済学だけで世界を見ることはできないし世界を救うこともできない。マスコミや一部の研究者は「便利になれた人間は便利から抜け出すことはできない」と民衆を呪縛する。しかし、多くの民衆は、過去からの学びと現実の矛盾から、今日の生活苦と混沌から抜け出すには、自然の王たる人間ではなく自然の仲間たる人間として、自然と生活との調和を回復しなければならないと気づき始めている。私たちは食糧の安全を実現し有用な労働に従事し「格差社会」を消滅させるような新たな枠組みの社会経済制度をつくらねばならないし、それは多くのところで始まっている。

要は、現在の指標による経済成長率重視を放棄する。膨大な直接・間接の税金を不要不急の生産に投下することを止め、経済規模を縮小し、財政を社会生活基盤重点に配分する。雇用の縮小を労働時間短縮と食糧自給にあてる。教育から科学技術振興重視を排除し、緑のなかで自立をはぐくむ就学期を過ごせる制度に転換する。すべての人々が自分の所属する地域で計画、協議、実践に参加する真の有権者制度を確立する。これらはやるかやらないかだけで簡単な論理である。南米諸国では次々にこのような新しい政治・社会制度に挑戦しているし、日本でもいくつもの追い詰められた地方があらたな挑戦を開始している。

とうもろこしも飼料用、エタノール用を大胆に減らし原生種を復活させ、食用、薬用に供さねばならない。人体は小さな病や傷は自力回復をはかるが、満身創痍や致命傷を得ると死亡する。動物だけでなく植物も地球も同じ法則を持った生命体なのである。

一〇〇年前にギルバート・ウォーカーは太平洋の東西に位置する高気圧と低気圧が約五年で逆転する現

象をつきとめ「南方振動」と名づけたが世界は無視した。五〇年前にヤコブ・ビヤークネスがエルニーニョと南方振動がともに地球のシステムを構成していることに気づいた。

最後にキャロリン・マーチャントの『自然の死』からレオナルド・ダ・ヴィンチを引用したい。「水は川から海へ、また海から川へと、つねに同じ回路をなして流れる。水は海のもっとも深いところから山の高い頂におしあげられ、そこで水脈が終っていることを知るや、一転して下方の海へもどり、支脈をとってふたたび登り、またかけおりる。このようにしてときには内に、ときには外にあって、高所と低位を行き来している。水は心臓の海から発して頭の頂にかけ登り、たえずめぐり続ける動物の血液のように行動する」[37]。ジェームズ・ラブロックも生物圏も生きていると『ガイヤの復讐』[38]を表した。二〇〇六年、人里に熊が大量に出没し五〇〇〇余頭が捕殺された。生きとし生けるもの、植物が花開き種を抱くように動物が子を抱き生を謳歌できるように。

注

(1) ターミネーターはのちにモンサント社に買収された種子会社のデルタ・アンド・パイン・ランド社がアメリカの農業省と共同で開発した技術で、作物が第二世代では自ら種子を殺すメカニズムを持つ。RAFI(Rural Advancement Foundation International)によって「ターミネーターテクノロジー」と名づけられた。
http://www.gaia21.net/org/rafi/terminator-j.html

(2) 東京工業大学では、三八・一八テラフロップス(毎秒三八兆一八〇〇億回の浮動小数点計算を実行)の持続パフォーマンスを達成。

(3) 文部科学省ナノテクノロジーネットワークセンターによれば、ナノテクノロジーとは原子や分子の配列をナノスケール（10^{-9}m・10億分の1メートル）で自在に制御することにより、望みの性質を持つ材料、望みの機能を発現するデバイスを実現し、産業に活かす技術のことである。http://www.nanonet.go.jp/japanese/nano/about.html

（4）国立環境研究所のＥＩＣネットは次のように解説している。アグリビジネスは「農林水産・食品関係企業のこと。種苗、種畜、飼料、肥料、薬品、農業用施設・装置などの農業用資材のほか、農産物や食品の貯蔵、加工、流通など幅広い分野が含まれる。最近では、ＩＴやバイオテクノロジーによる高付加価値農業と地域発展に関連して『アグリビジネス』が使用されることが多い。日本では、機械技術研究開発とその実用化・産業化のための産学官の連携による取り組みを促進するため、二〇〇四年一〇月には農林水産省により『第一回アグリビジネス創出フェア』も開催されている。地球環境問題の中でも特に生物多様性や森林の分野においては、途上国でグローバル企業などが進めるアグリビジネスによるモノカルチャーや遺伝子組み換え生物・食品（ＬＭＯ／ＧＭＯ）がおよぼす地域固有の生物や地域社会経済への影響などが懸念されている」。http://www.eic.or.jp

（5）『朝日新聞』二〇〇六年六月一四日付。

（6）「食政策センター・ビジョン21」主宰の安田節子氏によれば、一九三〇年代にとうもろこしで実用化された掛け合わせた両系統の優性を引き出すハイブリッド技術の効果は一代雑種に限られるため、農家は毎年種子を購入しなければならない。種子はそれまで自給的（自家採取か公的機関からの配布）だったが、ハイブリッド技術によって生産資材へと転換した。とうもろこしは九五％以上がハイブリッドである。ハイブリッド品種の普及によって大手種苗企業が成長してきたといえる。http://www.yasudasetsuko.com/gmo/column/050512.htm

（7）Ｍ・Ｌ・ウィンストン『トウモロコシが魚になる日』（五十嵐洋子訳、清流出版、二〇〇五年）二一一ページ。

（8）バイオエタノールはサトウキビやとうもろこしなど植物原料を搾った汁をアルコール発酵させて蒸留してつくる。環境省は国内で使用される自動車のガソリンの全量を、二〇三〇年までに植物資源からつくるバイオエタノール一〇％混合（E10）に切り替える方針を決めた（『朝日新聞』二〇〇六年六月一二日付）。
（9）フリー百科事典『ウィキペディア』「遺伝子」参照。
（10）『朝日新聞』二〇〇五年五月一七日付および一一月二〇日付。
（11）同右、二〇〇六年二月七日付。
（12）同右、二〇〇五年一二月二日付。
（13）M・L・ウィンストン、前掲書、二七九ページ。
（14）同右、七五ページ。
（15）同右、七九ページ。
（16）一九六〇年代から七〇年代にかけて開発途上国の人口増加による食糧危機克服を名分に進められた多収穫品種の開発、化学肥料や農薬の大量投入、灌漑施設の建設などの農業革命の試みを「緑の革命」と言う。それは後の多国籍アグリビジネスによる世界の農業支配を用意し、砂漠化・農薬汚染などの環境破壊や、在来品種の衰滅や生物多様性の消失を加速させたと言われている。
（17）M・L・ウィンストン、前掲書、二二八ページ。
（18）『朝日新聞』二〇〇六年七月四日付「天声人語」。
（19）M・L・ウィンストン、前掲書、二四三ページ。
（20）D・ノーブル『人間不在の進歩――新しい技術、失業、抵抗のメッセージ』（渡辺雅男・伊原亮司訳、こぶし書房、二〇〇一年）。なぜ人間は技術に惹かれるのか。技術革新による労働者の解雇とその困窮から抵抗に立ち上がったラダイツをマルクスが否定したことにより、左派も含めて技術を進歩として容認するようになった。ノーブルはカトリックによって引き継がれNASAにも蔓延する根源的な技術信仰には、産めない性による渇望があると主張する。
(21) M・L・ウィンストン、前掲書、五四ページ。
(22) 同右、二八三―二八四ページ。
(23) サイボーグ技術の進歩もめざましく、義手や義足を人間の脳の電波に接続して、自分の手のように人間の意志で動かす臨検が成功しており、実用化は目前となっている。サイボーグが人間の皮膚や血肉のようなしなやかさを持つところにはいたっていないが、人間の脳と接続できるということは人間とロボットの境界について、人間の定義についてあらたな問題を提起している。
(24) ファーミングは薬学と農業を組み合わせた造語で医薬品目的の組換え「分子農業」を指す。
(25) M・L・ウィンストン、前掲書、二八四ページ。
(26) 「ニューヨーク・サン・ワークス」のHP http://nysunworks.org/science_barge/about_the_barge.html 参照。二〇〇七年七月三〇日放送のテレビ東京WBSでも取り上げられた。
(27) C・マーチャント『自然の死――科学革命と女・エコロジー』(団まりな・垂水雄二・樋口祐子訳、工作舎、一九八五年)。ルネサンスまでは有機体哲学が普遍的であったが、一六世紀に登場したフランシス・ベーコンが産業科学の哲学を打ちたてロイヤルソサエティを組織し、機械による権力と育む地球と女に対する支配を確立した。そしてガッサンディ、デカルト、ホッブスと機械論が主流となってきた。マーチャントは女に対する支配と環境破壊は同根の機械論から発生しており地球を破壊すると警告した。今日の「産む道具としての女」の復活強制、転変地変はキャロリンの警告の賢明さを証明している。
(28) 外務省のHPによれば、自由貿易協定(FTA)は「物品の関税及びその他の制限的通商規則やサービス貿易の障壁等の撤廃を内容とするGATT第二四及びGATS(サービス貿易に関する一般協定)第五条にて定義される協定」とされ、経済連携協定（ＥＰＡ）は「ＦＴＡの要素を含みつつ、締約国間で経済取引の円滑化、経済制度の調和、協力の促進等市場制度や経済活動の一体化のための取組も含む対象分野の幅広い協定」とされている。http://www.mofa.go.jp/mofaj/gaiko/fta/policy.html

(29)『八重山毎日新聞』二〇〇六年一二月九日付。

(30) Ｊ・アタリ『カニバリスムの秩序』（金塚貞文訳、みすず書房、一八八四年）。ジャック・アタリは人体の商品化について一貫して警告を発してきた。その本質はカニバリスム、すなわち人間を食うことであり、その起因が供儀から始まりキリスト教による治療と改宗の交換からその後の治療者としての警官、治安的慈善としての監視・告発、罪体・検疫隔離を経て、機械の誕生とともに機械としての体が誕生し見世物・商品となったと解明する。今日の肉体の改造からサイボーグとの統合は人体の商品化の完成を意味している。

(31) Ｈ・フリードマン『フード・レジーム――食料の政治経済学』（渡辺雅男・記田路子訳、こぶし書房、二〇〇六年）。ハリエット・フリードマンはこれまで経済から切り離されがちであった農業と食料の供給システムについて、フード・レジームという枠組みで分析した。植民地支配から食糧援助へ、ソビエトへの販売から社会主義の崩壊へ、そして工業化からバイオテクノロジーへと、覇権国家と多国籍企業よって食料、生活と共同体が破壊されていった状況をグローバルでかつ大きな視角で分析し、新しい未来像まで指し示している。

(32)『朝日新聞』二〇〇六年七月四日付。

(33) 同右、二〇〇六年八月五日付。

(34) 同右、二〇〇六年七月二五日付。

(35) 関下稔『多国籍企業の海外子会社と企業間提携――スーパーキャピタリズムの経済的両輪』（文眞堂、二〇〇六年）。これまでの資本主義とは大きく異なる形態を流動的にとっている情報通信革命を基盤とした直近の資本主義のグローバルな実体を広く細部にわたって解明して、大きな変革が近づいてきていると予測する。だが、とりわけ日本では、民衆の側の準備はまったくなされていない。市場主義の呪縛を取り払い、いまの事象を見据えて的確な代案を早く用意すべきだと示唆している。

(36) R・ブレナー『ブームとバブル』(石倉雅男・渡辺雅男訳、こぶし書房、二〇〇五年)。一九七〇年代からアメリカの覇権を中心として日本、ドイツ経済を実証的に追って、もはや景気回復の見通しはない、財政出動を中心にとくに日本との役割分担で取り繕ってきた政策が、破綻の危機に瀕して危うい均衡のなかにあることを解明する。資本主義がもはや景気の循環による好調を生み出すことはできないという現実を多くの経済学者も政治家も決して認めようとはしない。したがって新たな活路の創出が遅れ、民衆への負担の強制が絶望的に拡大していき、制御を誤ればふたたび戦火を招く危機に直面している。

(37) C・マーチャント、前掲書、五七ページ。

(38) J・ラブロック『ガイアの復讐』(秋元勇巳監修、竹村健一訳、中央公論新社、二〇〇六年)。生物圏が地球気候と大気組成を生物が生きていくうえで最適な状態に調整・維持しているという。

一〇〇年前にギルバート・ウォーカーによって問題提起されているにもかかわらず無視された地球の呼吸が、気象異変とコンピュータによってようやく一部の研究者の認識になってきた。ルネサンス以前の有機体哲学が理解していたことを、人間が自然支配の王であるとした科学は決して理解しなかった。ラブロックは“The Revenge”としたが復讐と名づけるのは正しくない。ガイアは復讐をしているのではない。破壊に対する復讐も考えず夜に昼があり太陽に月があり水は巡るように、破壊されたバランスの調整・回復に黙って努めているのである。ただ決壊、土石流、地震などのように調整可能な閾値《いきち》がある。生物にも地球にも閾値が存在する。熊が自分を襲う人間を排除しようとするように、人間にとって被害があるのは身から出た錆と言わねばならない。

編者

森《もり》岡《おか》孝《こう》二《じ》

1944年生，関西大学経済学部教授・株主オンブズマン代表

著書『日本経済の選択』桜井書店，2000年

『働きすぎの時代』岩波新書，2005年

訳書『ワーキング・プア』（共訳）岩波書店，2007年　ほか

執筆者（執筆順）

森岡孝二（はしがき・序章・第1章）

高《たか》田《だ》好《よし》章《あき》（第2章）　1950年生，化学会社勤務

仲《なか》野《の》(菊《きく》地《ち》)組《くみ》子《こ》（第3章）　1946年生，同志社大学非常勤講師

高《たか》橋《はし》邦《くに》太《た》郎《ろう》（第4章）　1932年生，基礎経済科学研究所所員

髙《たか》島《しま》嘉《よし》巳《み》（第5章）　1935年生，不動産鑑定士

大《おお》辺《べ》誠《せい》一《いち》（第6章）　1950年生，基礎経済科学研究所所員

小《お》野《の》　満《みつる》（第7章）　1932年生，元繊維会社勤務

森《もり》井《い》久《く》美《み》子《こ》（第8章）　1939年生，基礎経済科学研究所所員

格差社会の構造 クローバル資本主義の断層

2007年9月28日　初　版

2008年2月10日　第2刷

編　者　森岡孝二

装幀者　加藤昌子

発行者　桜井　香

発行所　株式会社 桜井書店

東京都文京区本郷1丁目5-17　三洋ビル16

〒113-0033

電話（03)5803-7353

Fax　(03)5803-7356

http://www.sakurai-shoten.com/

印刷所　株式会社 ミツワ

製本所　誠製本 株式会社

ISBN978-4-921190-43-9　Printed in Japan